山西经济普查年鉴

Shanxi Economic Census Yearbook 2013

第二产业卷|下

山西省第三次全国经济普查领导小组办公室　编

中国统计出版社
China Statistics Press

图书在版编目（CIP）数据

山西经济普查年鉴. 2013 / 山西省第三次全国经济普查领导小组办公室编 -- 北京 : 中国统计出版社, 2015.10

ISBN 978-7-5037-7657-1

Ⅰ. ①山… Ⅱ. ①山… ②山… Ⅲ. ①经济－普查－山西省－2013－年鉴 Ⅳ. ①F127.25-54

中国版本图书馆 CIP 数据核字（2015）第 227113 号

山西经济普查年鉴—2013/第二产业卷下

作　　者/山西省第三次全国经济普查领导小组办公室
责任编辑/赵淑焕　尹　伊
封面设计/黄俊杰　李雪燕
出版发行/中国统计出版社
通信地址/北京市丰台区西三环南路甲 6 号　邮政编码/100073
电　　话/邮购（010）63376909　书店（010）68783171
网　　址/http://www.zgtjcbs.com/
印　　刷/河北天普润印刷厂
经　　销/新华书店
开　　本/880mm×1230mm　1/16
字　　数/728 千字
印　　张/23.25
版　　别/2015 年 11 月第 1 版
版　　次/2015 年 11 月第 1 次印刷
定　　价/880.00 元

本书附同版本 CD-ROM 一张，光盘内容以书面文字为准。
如有印装差错，由本社发行部调换。

第二产业卷（下） 目录

第四篇 规模以上工业企业科技情况

第五篇 建筑业企业生产经营及财务状况

第4篇

规模以上工业企业科技情况

资料整理校对： 徐永库

A. 企业R&D及相关活动主要指标

2-4-1　企业R&D及相关活动主要指标

主要指标	单位	总计	#大中型
企业基本情况			
有R&D活动的企业	个	327	180
有研发机构的企业	个	232	138
有新产品销售的企业	个	223	120
R&D人员情况			
R&D人员合计	人	46544	43421
#女性	人	8958	8346
#研究人员	人	24387	23284
#全时人员	人	27736	25920
R&D人员折合全时当量	人年	34024	32042
R&D经费情况			
R&D经费内部支出	万元	1237698	1164141
按支出用途分			
1.日常性支出	万元	1087278	1023974
#人员劳务费	万元	224223	212242
2.资产性支出	万元	150420	140167
#仪器和设备	万元	142521	132348
按资金来源分			
政府资金	万元	38231	33168
企业资金	万元	1185577	1118219
国外资金	万元		
其他资金	万元	13890	12755
R&D经费外部支出	万元	77681	75784
#对境内研究机构支出	万元	37425	36292
对境内高等学校支出	万元	22122	21455
对境外支出	万元	931	879
R&D项目情况			
项目数	项	2885	2520
参加项目人员	人	41908	39062
项目人员折合全时当量	人年	30557	28763
项目经费内部支出	万元	1094029	1028740

2-4-1　续表

主要指标	单位	总计	#大中型
企业办研发机构情况			
机构数	个	240	143
机构人员数	人	21132	19037
#博士	人	348	298
硕士	人	2511	2303
本科	人	11410	10292
机构经费支出	万元	418494	389570
仪器和设备原价	万元	371842	338696
#进口	万元	71512	69470
新产品开发及生产情况			
新产品开发项目数	项	2938	2405
新产品开发经费支出	万元	991958	893579
新产品销售收入	万元	10272735	9929588
#新产品出口	万元	1266926	1256374
自主知识产权及相关情况			
专利申请数	件	5083	4016
#发明专利	件	1807	1444
有效发明专利数	件	3008	2444
#境外授权	件	63	49
专利所有权转让及许可数	件	28	7
专利所有权转让及许可收入	万元	1540	310
拥有注册商标数	件	2513	2093
#境外注册	件	105	97
形成国家或行业标准数	项	317	282
政府相关政策落实情况			
使用来自政府部门的科技活动资金	万元	58407	46771
研究开发费用加计扣除减免税	万元	55050	53420
高新技术企业减免税	万元	59146	57633
技术获取和技术改造情况			
引进技术经费支出	万元	52934	52013
消化吸收经费支出	万元	26172	25847
购买国内技术经费支出	万元	33536	31705
技术改造经费支出	万元	1373318	1356857

2-4-2 分登记注册类型企业R&D及

主要指标	单位	内资企业	国有企业	集体企业	股份合作企业
企业基本情况					
有R&D活动的企业	个	307	10	2	
有研发机构的企业	个	220	7	2	1
有新产品销售的企业	个	214	10		1
R&D人员情况					
R&D人员合计	人	45569	1066	26	
#女性	人	8653	271	10	
#研究人员	人	24013	655	12	
#全时人员	人	27017	703	17	
R&D人员折合全时当量	人年	33265	843	12	
R&D经费情况					
R&D经费内部支出	万元	1218739	19458	179	
按支出用途分					
1.日常性支出	万元	1072052	19355	137	
#人员劳务费	万元	220108	2229	84	
2.资产性支出	万元	146687	103	41	
#仪器和设备	万元	138812	97	41	
按资金来源分					
政府资金	万元	36904		15	
企业资金	万元	1167945	19458	164	
国外资金	万元				
其他资金	万元	13890			
R&D经费外部支出	万元	77463	1005		
#对境内研究机构支出	万元	37270	356		
对境内高等学校支出	万元	22059	199		
对境外支出	万元	931			
R&D项目情况					
项目数	项	2783	45	2	
参加项目人员	人	41004	1003	23	
项目人员折合全时当量	人年	29841	800	11	
项目经费内部支出	万元	1076124	18548	129	

相关活动主要指标

联营企业	有限责任公司	股份有限公司	私营企业	其他企业	港澳台商投资企业	外商投资企业
	125	30	140		9	11
	78	29	103		5	7
	78	24	101		1	8
	35073	4383	5021		637	338
	6136	1250	986		198	107
	20127	1682	1537		263	111
	20489	2666	3142		542	177
	25970	3167	3272		559	199
	1014848	77002	107251		11331	7628
	901773	64499	86288		8187	7039
	181882	19404	16510		3043	1072
	113075	12503	20964		3144	590
	105551	12302	20821		3144	566
	30336	1195	5358		1210	117
	972607	75788	99928		10121	7512
	11906	19	1966			
	57295	16597	2565		174	44
	28174	7071	1669		111	44
	18460	2667	732		64	
	857		74			
	2011	289	436		41	61
	31432	4006	4540		599	305
	23155	2917	2959		533	183
	894209	67817	95421		10669	7236

2-4-2 续表

主要指标	单位	国有及国有控股企业	内资企业		
				国有企业	集体企业
企业办研发机构情况					
机构数	个	68	228	7	2
机构人员数	人	14258	20117	983	27
#博士	人	181	336	2	
硕士	人	1807	2385	179	3
本科	人	7715	10801	513	12
机构经费支出	万元	307330	397228	6607	89
仪器和设备原价	万元	271314	348568	20896	31
#进口	万元	63996	71443	350	
新产品开发及生产情况					
新产品开发项目数	项	1935	2814	215	1
新产品开发经费支出	万元	767239	965864	41104	54
新产品销售收入	万元	8642933	9929066	181300	
#新产品出口	万元	1201764	1234836	39	
自主知识产权及相关情况					
专利申请数	件	3438	4931	1071	
#发明专利	件	1198	1750	329	
有效发明专利数	件	1864	2936	94	
#境外授权	件	49	63	2	
专利所有权转让及许可数	件		28		
专利所有权转让及许可收入	万元		1540		
拥有注册商标数	件	1322	2249	10	
#境外注册	件	86	102	1	
形成国家或行业标准数	项	206	312	59	
政府相关政策落实情况					
使用来自政府部门的科技活动资金	万元	35005	56208	2135	15
研究开发费用加计扣除减免税	万元	48505	54806	1001	
高新技术企业减免税	万元	49380	57157	655	
技术获取和技术改造情况					
引进技术经费支出	万元	49810	52934	300	
消化吸收经费支出	万元	18914	26172	13	
购买国内技术经费支出	万元	29042	33536	30	
技术改造经费支出	万元	1334595	1332880	85677	3

股份合作企业	联营企业	有限责任公司	股份有限公司	私营企业	其他企业	港澳台商投资企业	外商投资企业
1		80	31	107		5	7
20		12957	2680	3450		695	320
		192	68	74		4	8
		1542	375	286		75	51
10		7090	1468	1708		444	165
335		248987	89132	52079		9229	12037
1211		225295	56682	44453		14325	8949
		52795	11884	6414		66	3
5		1768	304	521		54	70
814		726313	91457	106123		18427	7668
1396		8317911	553346	875114		101852	241817
		1171784	5062	57950		24833	7257
2		2490	230	1138		107	45
		919	87	415		48	9
2		2015	205	620		58	14
		42	6	13			
		5	2	21			
		300	280	960			
1		1080	728	430		256	8
		83	12	6			3
4		153	58	38		3	2
90		40842	2309	10817		1813	385
16		46415	5212	2163		28	215
22		49534	2665	4281		347	1643
		52217		417			
		20377	3518	2264			
		26932	5113	1462			
		1124834	98899	23467		4535	35902

2-4-3 制造业企业R&D及

主要指标	单位	制造业合计	农副食品加工业	食品制造业	酒、饮料和精制茶制造业	烟草制品业	纺织业
企业基本情况							
有R&D活动的企业	个	286	8	7	5		2
有研发机构的企业	个	214	5	7	5		2
有新产品销售的企业	个	213	6	8	4		3
R&D人员情况							
R&D人员合计	人	27691	139	154	587		94
#女性	人	7250	30	36	171		21
#研究人员	人	12825	33	57	161		13
#全时人员	人	17701	80	45	556		59
R&D人员折合全时当量	人年	20761	111	110	454		48
R&D经费情况							
R&D经费内部支出	万元	872604	10252	4006	23327		561
按支出用途分							
1.日常性支出	万元	737875	9546	3868	21427		386
#人员劳务费	万元	109850	553	426	5467		214
2.资产性支出	万元	134730	706	138	1900		175
#仪器和设备	万元	129025	705	134	1900		175
按资金来源分							
政府资金	万元	36349	152	660	234		28
企业资金	万元	827271	10100	3346	23094		532
国外资金	万元						
其他资金	万元	8985					
R&D经费外部支出	万元	20479	10	49	232		80
#对境内研究机构支出	万元	10550	10	34	9		15
对境内高等学校支出	万元	4410		15	223		15
对境外支出	万元	931					50
R&D项目情况							
项目数	项	2169	15	12	16		5
参加项目人员	人	24958	122	130	525		83
项目人员折合全时当量	人年	18646	97	92	406		42
项目经费内部支出	万元	801359	8987	3813	17491		561

相关活动主要指标

纺织服装、服饰业	皮革、毛皮、羽毛及其制品和制鞋业	木材加工和木、竹、藤、棕、草制品业	家具制造业	造纸及纸制品业	印刷和记录媒介复制业	文教、工美、体育和娱乐用品制造业	石油加工、炼焦和核燃料加工业	化学原料和化学制品制造业	医药制造业
1		1	1	2	1	2	10	32	35
2		1	2	1	1	2	6	22	20
2		1	1		1	2	4	16	18
65		36	7	91	32	166	423	3161	2121
33		3		26	5	47	68	940	949
39		6	2	22	11	29	187	1291	583
44		34		43	32	163	318	2303	1295
60		34	5	79	32	145	338	2085	1404
703		323	156	1327	538	1732	9698	51641	27897
673		240	156	1038	538	1480	7771	41096	24010
510		162	18	245	254	519	1614	11921	6729
30		83		289		252	1928	10545	3887
29		83		283		252	1886	10447	3789
		8	60			169	1048	1722	1464
703		315	96	1327	538	1564	8650	48910	26353
								1009	80
				30		10	183	4402	3152
						10	125	2327	3069
				30			58	1676	51
								155	
4		1	1	2	6	9	49	195	200
62		36	7	77	29	161	401	2833	1919
57		34	5	66	29	140	321	1806	1272
651		232	131	1038	538	1513	8994	44399	25441

2-4-3 续表 1

主要指标	单位	制造业合计	农副食品加工业	食品制造业	酒、饮料和精制茶制造业	烟草制品业	纺织业
企业办研发机构情况							
机构数	个	220	6	7	5		2
机构人员数	人	17791	103	176	400		171
#博士	人	244	2	9	2		
硕士	人	1884	21	28	22		
本科	人	9810	51	62	184		27
机构经费支出	万元	281949	669	364	2678		1334
仪器和设备原价	万元	303201	754	2199	1464		994
#进口	万元	59841	36	38	417		357
新产品开发及生产情况							
新产品开发项目数	项	2478	18	22	15		10
新产品开发经费支出	万元	763327	14154	7969	12419		1688
新产品销售收入	万元	7126502	42652	19787	177864		18795
#新产品出口	万元	760235	179		31		16681
自主知识产权及相关情况							
专利申请数	件	3433	27	25	62		4
#发明专利	件	1350	2	20	24		1
有效发明专利数	件	2737	1	16	79		11
#境外授权	件	48					
专利所有权转让及许可数	件	27			2		
专利所有权转让及许可收入	万元	1540			800		
拥有注册商标数	件	2187	57	32	531		4
#境外注册	件	104			71		
形成国家或行业标准数	项	277	1	1	8		2
政府相关政策落实情况							
使用来自政府部门的科技活动资金	万元	54618	462	1335	343		284
研究开发费用加计扣除减免税	万元	37424					5
高新技术企业减免税	万元	18172					
技术获取和技术改造情况							
引进技术经费支出	万元	7531					
消化吸收经费支出	万元	12115	3012		54		
购买国内技术经费支出	万元	13352	60		217		
技术改造经费支出	万元	883164	405	683	776		38

纺织服装、服饰业	皮革、毛皮、羽毛及其制品和制鞋业	木材加工和木、竹、藤、棕、草制品业	家具制造业	造纸及纸制品业	印刷和记录媒介复制业	文教、工美、体育和娱乐用品制造业	石油加工、炼焦和核燃料加工业	化学原料和化学制品制造业	医药制造业
2		1	2	1	1	2	6	22	21
265		36	92	38	10	171	230	2269	1210
				3	1	3	12	38	42
6		2	7	3	1	9	19	233	167
48		8	43	20	8	68	102	1490	619
1756		232	1113	20	159	1513	5890	45263	25517
2159		83	5285	250	38	1446	7222	50742	16078
279					38			12081	751
9		1	1	1	8	2	28	164	230
1402		323	156	966	690	523	12217	68640	31905
7256		19	9532		115	8560	40798	548968	299304
						1998		9000	6799
24			6		3	3	35	164	111
7					3	3	27	91	71
56					17		27	115	128
									1
							9	6	3
							60	100	280
4			9			15	5	476	522
								14	8
							2	33	51
		8	130		60	169	1318	2769	2211
					40		210	2322	721
					153		27	915	2268
							300	1283	891
						63	1100	3076	939
							1803	5039	1024
						97	13478	99318	6177

2-4-3 续表 2

主要指标	单位	化学纤维制造业	橡胶和塑料制品业	非金属矿物制品业	黑色金属冶炼和压延加工业	有色金属冶炼和压延加工业	金属制品业
企业基本情况							
有R&D活动的企业	个	9	28	14	13	13	
有研发机构的企业	个	8	19	12	9	8	
有新产品销售的企业	个	7	21	10	4	15	
R&D人员情况							
R&D人员合计	人	461	814	4882	831	3974	
#女性	人	137	117	796	110	1391	
#研究人员	人	141	207	1734	329	2552	
#全时人员	人	293	500	2701	370	2154	
R&D人员折合全时当量	人年	349	541	4197	453	3350	
R&D经费情况							
R&D经费内部支出	万元	14534	13799	407373	20564	55348	
按支出用途分							
1.日常性支出	万元	10553	11727	323069	12270	53403	
#人员劳务费	万元	971	2753	29967	2471	14522	
2.资产性支出	万元	3981	2071	84304	8294	1945	
#仪器和设备	万元	3981	2031	79174	8250	1895	
按资金来源分							
政府资金	万元	710	427	1661	1067	13236	
企业资金	万元	13824	13372	405488	19497	35673	
国外资金	万元						
其他资金	万元			224		6439	
R&D经费外部支出	万元	50	260	1073	566	3007	
#对境内研究机构支出	万元	50	187	899	556	1576	
对境内高等学校支出	万元		15	124	10	712	
对境外支出	万元		52				
R&D项目情况							
项目数	项	36	77	271	66	210	
参加项目人员	人	437	719	4498	756	3358	
项目人员折合全时当量	人年	334	481	3862	421	2831	
项目经费内部支出	万元	11105	11872	385914	18462	48814	

通用设备制造业	专用设备制造业	汽车制造业	铁路、船舶、航空航天和其他运输设备制造业	电气机械和器材制造业	计算机、通信和其他电子设备制造业	仪器仪表制造业	其他制造业	废弃资源综合利用业	金属制品、机械和设备修理业
17	37	9	5	15	10	8			1
23	22	9	6	10	7	5			
26	25	9	7	12	5	6			
761	3608	649	974	1433	888	1323			17
223	731	125	372	411	188	316			4
366	2314	342	552	918	346	585			5
633	2200	466	613	1171	637	991			
531	2312	531	753	1236	368	1228			6
11847	113500	15233	25000	33422	9382	20218			223
10272	109976	14237	20707	32014	7410	19783			223
2265	11934	2229	4372	5734	1832	2126			44
1575	3524	996	4293	1408	1972	435			
1557	3482	994	4195	1406	1959	418			
571	9406	1013	60	541	813	1300			
11257	103867	14220	23952	32881	8569	18918			223
19	227		988						
8	4587	737	1059	576	360	50			
8	1015		280	332		50			
	738	207	165	245	128				
	107	530	14		24				
108	560	51	64	84	72	52			3
680	3333	555	894	1243	821	1263			16
476	2134	462	681	1083	336	1173			6
10091	107085	14495	19420	32189	8461	19440			223

2-4-3 续表 3

主要指标	单位	化学纤维制造业	橡胶和塑料制品业	非金属矿物制品业	黑色金属冶炼和压延加工业	有色金属冶炼和压延加工业	金属制品业
企业办研发机构情况							
机构数	个		8	19	12	10	8
机构人员数	人		195	865	1249	616	3044
#博士	人			20	26	13	8
硕士	人		15	36	180	46	155
本科	人		123	255	511	360	1631
机构经费支出	万元		12485	7439	25857	9607	15277
仪器和设备原价	万元		6323	11872	39299	14858	40070
#进口	万元			247	12850	1157	18663
新产品开发及生产情况							
新产品开发项目数	项		50	105	181	56	235
新产品开发经费支出	万元		17713	16135	208415	9238	62115
新产品销售收入	万元		138921	193650	1523146	234915	616144
#新产品出口	万元		32056	18769	532659	165	41749
自主知识产权及相关情况							
专利申请数	件		80	158	632	62	351
#发明专利	件		12	82	267	29	158
有效发明专利数	件		47	120	524	70	300
#境外授权	件					2	37
专利所有权转让及许可数	件						
专利所有权转让及许可收入	万元						
拥有注册商标数	件		14	28	11	15	65
#境外注册	件			2	1	1	1
形成国家或行业标准数	项			6	13	19	17
政府相关政策落实情况							
使用来自政府部门的科技活动资金	万元		990	3098	5006	1854	13798
研究开发费用加计扣除减免税	万元			517	16272	3157	3449
高新技术企业减免税	万元		210	1343	592	9	2170
技术获取和技术改造情况							
引进技术经费支出	万元				130		238
消化吸收经费支出	万元				850	60	
购买国内技术经费支出	万元			6	1500	330	
技术改造经费支出	万元		621	2756	442985	121438	25009

通用设备制造业	专用设备制造业	汽车制造业	铁路、船舶、航空航天和其他运输设备制造业	电气机械和器材制造业	计算机、通信和其他电子设备制造业	仪器仪表制造业	其他制造业	废弃资源综合利用业	金属制品、机械和设备修理业
23	22	9	6	10	8	7			
1287	1947	720	991	752	388	566			
22	17		8	5	9	4			
90	275	51	173	167	67	111			
724	1176	550	651	417	278	404			
8187	42637	14715	17518	32571	6171	2976			
12256	36211	8463	8575	28802	5427	2332			
2140	8120	60			2608				
238	664	54	103	100	70	109	1		3
20036	141438	21956	41572	36420	9040	25940	30		223
243184	1411040	327983	713899	402408	110974	36587			
2325	88165	3983	149	2164	2438	925			
223	700	152	192	157	59	202			1
36	244	18	77	70	24	84			
102	525	273	96	113	23	94			
			4		2	2			
3	1			3					
				300					
20	51	9	9	58	11	241			
		3			2	1			
71	26		16		10	1			
2931	10163	1216	608	1881	1090	2886	10		
652	2795	407	1821	3956	112	927			59
1564	2576	52	2683	3064	378	169			
300	79	1816	2108		387				
243	276			450	1994				
30	1044	150	2108	40					
3242	142402	1417	16874	4297	1141				9

2-4-4 分地区企业R&D及

主要指标	单位	太原	大同	阳泉	长治
企业基本情况					
有R&D活动的企业	个	64	22	15	46
有研发机构的企业	个	41	19	14	26
有新产品销售的企业	个	56	18	13	23
R&D人员情况					
R&D人员合计	人	16270	3902	5950	6470
#女性	人	3200	983	299	1380
#研究人员	人	8324	1344	5605	3090
#全时人员	人	7697	2113	3250	5222
R&D人员折合全时当量	人年	12820	2472	2498	4759
R&D经费情况					
R&D经费内部支出	万元	598458	94957	40660	151608
按支出用途分					
1.日常性支出	万元	502568	91578	34285	142849
#人员劳务费	万元	63956	36390	10027	36455
2.资产性支出	万元	95890	3379	6375	8759
#仪器和设备	万元	90407	3155	5703	7458
按资金来源分					
政府资金	万元	16971	1167	699	8443
企业资金	万元	578867	92802	39961	138620
国外资金	万元				
其他资金	万元	2620	988		4545
R&D经费外部支出	万元	10318	11645	14118	9498
#对境内研究机构支出	万元	3670	5088	4991	6923
对境内高等学校支出	万元	2596	3455	5566	2103
对境外支出	万元	107	544	52	178
R&D项目情况					
项目数	项	1207	169	250	350
参加项目人员	人	14912	3335	5409	5766
项目人员折合全时当量	人年	11723	2114	2258	4202
项目经费内部支出	万元	563419	70826	36901	97739

相关活动主要指标

晋城	朔州	晋中	运城	忻州	临汾	吕梁
12	11	58	48	8	27	16
15	5	28	49	10	12	13
10	5	31	33	10	14	10
3586	540	1704	3931	440	2553	1198
578	75	391	1071	76	687	218
1786	310	562	1505	167	1340	354
2665	275	1078	2671	322	1579	864
3349	369	1220	3134	374	2368	662
123623	25310	36578	73702	9062	49073	34667
123083	21169	30065	63838	8307	41409	28127
34245	5692	6951	15153	1007	7190	7157
540	4141	6513	9864	756	7664	6540
531	4129	6497	9803	746	7580	6513
818	104	2117	1771	479	5371	291
118578	25206	33509	71776	8406	43702	34153
4228		952	155	178		224
14345	10099	729	3334	550	2707	340
10224	2274	200	1902	50	2051	53
4121	934	529	1375	500	656	288
			50			
157	75	115	224	26	251	61
3046	473	1545	3647	418	2273	1084
2849	323	1111	2888	355	2126	608
120586	23341	34284	69911	8684	40259	28082

2-4-4 续表 1

主要指标	单位	太原	大同	阳泉	长治
企业办研发机构情况					
机构数	个	46	19	14	26
机构人员数	人	5609	2348	1085	4650
#博士	人	87	20	18	94
硕士	人	928	191	50	624
本科	人	3174	1237	331	2702
机构经费支出	万元	87204	18450	69556	59222
仪器和设备原价	万元	131608	29959	18179	47704
#进口	万元	36550	10673	81	2973
新产品开发及生产情况					
新产品开发项目数	项	1326	136	234	328
新产品开发经费支出	万元	468668	57549	34004	134577
新产品销售收入	万元	4353593	2641897	236237	440217
#新产品出口	万元	693720	478840	4066	1437
自主知识产权及相关情况					
专利申请数	件	2628	263	132	345
#发明专利	件	945	100	59	138
有效发明专利数	件	1380	158	45	213
#境外授权	件	4	4		39
专利所有权转让及许可数	件		1		3
专利所有权转让及许可收入	万元		280		800
拥有注册商标数	件	560	101	106	350
#境外注册	件	5			11
形成国家或行业标准数	项	91	69	27	50
政府相关政策落实情况					
使用来自政府部门的科技活动资金	万元	21470	2848	3445	13247
研究开发费用加计扣除减免税	万元	29593	1290	4054	5164
高新技术企业减免税	万元	6242	1502	16	41384
技术获取和技术改造情况					
引进技术经费支出	万元	4299	42928		1640
消化吸收经费支出	万元	2327	7940	3675	4191
购买国内技术经费支出	万元	6691	8760	1013	2160
技术改造经费支出	万元	735305	84399	6074	14748

晋城	朔州	晋中	运城	忻州	临汾	吕梁
15	5	29	49	10	12	15
648	331	1275	3276	341	1070	499
16	9	6	70	7	9	12
47	50	43	399	42	83	54
229	207	476	2002	175	570	307
10448	44201	11138	78975	10975	20882	7443
4824	18212	19940	53763	7930	35209	4513
257	500	1616	3060		15255	546
134	47	240	227	30	201	35
104105	14805	46738	78217	7638	32998	12660
659040	8967	153517	981134	137188	366465	294480
2784	288	29096	39513		4945	12237
288	50	258	463	124	241	291
51	16	82	172	46	92	106
105	23	106	539	90	177	172
	5		1			10
		4	11		8	1
			130		330	0
124	43	84	594	6	96	449
1		5	11	1	2	69
12	8	7	37	2	6	8
2272	428	4441	3701	690	5456	410
1669	3220	346	7203	335	1379	795
312		88	6534	2058	1011	
600		330	1816		430	891
445		283	5646	317	1350	
7371	30	95	6384		1003	30
252043	64105	4590	185408	5907	14818	5921

B. 企业基本情况

2-4-5 分登记注册类型企业基本情况

单位：个

登记注册类型	有R&D活动的企业	有研发机构的企业	有新产品销售的企业
总 计	**327**	**232**	**223**
内资企业	**307**	**220**	**214**
国有企业	10	7	10
集体企业	2	2	
股份合作企业		1	1
联营企业			
有限责任公司	125	78	78
国有独资公司	23	15	17
其他有限责任公司	102	63	61
股份有限公司	30	29	24
私营企业	140	103	101
私营独资企业	1	1	
私营合伙企业			
私营有限责任公司	123	96	94
私营股份有限公司	16	6	7
其他企业			
港、澳、台商投资企业	**9**	**5**	**1**
合资经营企业	4	3	
合作经营企业			
港、澳、台商独资经营企业	4	1	
港、澳、台商投资股份有限公司	1	1	1
其他港澳台投资企业			
外商投资企业	**11**	**7**	**8**
中外合资经营企业	9	6	7
中外合作经营企业			
外资企业	2		
外商投资股份有限公司		1	1
其他外商投资企业			

2-4-6　分登记注册类型大中型企业基本情况

单位：个

登记注册类型	有R&D活动的企业	有研发机构的企业	有新产品销售的企业
总　计	**180**	**138**	**120**
内资企业	**171**	**130**	**115**
国有企业	10	7	10
集体企业	1	1	
股份合作企业			
联营企业			
有限责任公司	82	58	53
国有独资公司	21	15	17
其他有限责任公司	61	43	36
股份有限公司	26	25	19
私营企业	52	39	33
私营独资企业			
私营合伙企业			
私营有限责任公司	42	34	29
私营股份有限公司	10	5	4
其他企业			
港、澳、台商投资企业	**4**	**3**	**1**
合资经营企业	2	2	
合作经营企业			
港、澳、台商独资经营企业	1		
港、澳、台商投资股份有限公司	1	1	1
其他港澳台投资企业			
外商投资企业	**5**	**5**	**4**
中外合资经营企业	5	5	4
中外合作经营企业			
外资企业			
外商投资股份有限公司			
其他外商投资企业			

2-4-7　分行业企业基本情况

单位：个

行　　业	有R&D活动的企业	有研发机构的企业	有新产品销售的企业
总　计	**327**	**232**	**223**
制造业	**286**	**214**	**213**
#农副食品加工业	8	5	6
#饲料加工	2	2	3
植物油加工	1		
屠宰及肉类加工	1	1	
水产品加工			
蔬菜、水果和坚果加工	2	2	2
其他农副食品加工	1		
食品制造业	7	7	8
#糖果、巧克力及蜜饯制造			
方便食品制造	2	2	2
调味品、发酵制品制造	4	4	5
其他食品制造		1	
酒、饮料和精制茶制造业	5	5	4
#酒的制造	3	2	2
纺织业	2	2	3
#棉纺织及印染精加工	1	1	1
毛纺织及染整精加工			
丝绢纺织及印染精加工			
针织或钩针编织物及其制品制造			
家用纺织制成品制造			
非家用纺织制成品制造			
纺织服装、服饰业	1	2	2
机织服装制造	1	2	2
针织或钩针编织服装制造			
服饰制造			
皮革、毛皮、羽毛及其制品和制鞋业			
#皮革鞣制加工			
皮革制品制造			
制鞋业			
木材加工和木、竹、藤、棕、草制品业	1	1	1
#人造板制造			
木制品制造			1
家具制造业	1	2	1
#木质家具制造	1	2	1
金属家具制造			
其他家具制造			
造纸和纸制品业	2	1	
#造纸	1	1	
印刷和记录媒介复制业	1	1	1
#印刷	1	1	1
文教、工美、体育和娱乐用品制造业	2	2	2
文教办公用品制造			
乐器制造			
工艺美术品制造	1	1	1
体育用品制造	1	1	1
玩具制造			
游艺器材及娱乐用品制造			

2-4-7　续表 1　　单位：个

行　　业	有R&D活动的企业	有研发机构的企业	有新产品销售的企业
石油加工、炼焦和核燃料加工业	10	6	4
化学原料和化学制品制造业	32	22	16
#基础化学原料制造	10	7	3
肥料制造	7	6	2
涂料、油墨、颜料及类似产品制造	1	1	2
合成材料制造	2	1	2
专用化学产品制造	6	2	1
日用化学产品制造	1	1	1
医药制造业	35	20	18
#化学药品原料药制造	5	5	3
化学药品制剂制造	12	7	6
中成药生产	12	4	7
兽用药品制造	2		
生物药品制造	3	2	1
化学纤维制造业			
纤维素纤维原料及纤维制造			
合成纤维制造			
橡胶和塑料制品业	9	8	7
橡胶制品业	3	2	4
塑料制品业	6	6	3
非金属矿物制品业	28	19	21
#石膏、水泥制品及类似制品制造	1		1
砖瓦、石材等建筑材料制造	5	2	3
玻璃制品制造	2	2	2
玻璃纤维和玻璃纤维增强塑料制品制造			
陶瓷制品制造	1	1	1
耐火材料制品制造	7	4	8
石墨及其他非金属矿物制品制造	7	6	3
黑色金属冶炼和压延加工业	14	12	10
#黑色金属铸造	2	3	5
钢压延加工	7	5	3
有色金属冶炼和压延加工业	13	9	4
#常用有色金属冶炼	9	6	2
有色金属合金制造	1	2	2
有色金属压延加工	2	1	
金属制品业	13	8	15
#结构性金属制品制造		1	1
金属工具制造			
集装箱及金属包装容器制造	1		1
金属丝绳及其制品制造			
建筑、安全用金属制品制造	1		
金属制日用品制造			
其他金属制品制造	11	7	13
通用设备制造业	17	23	26
锅炉及原动设备制造	3	3	5
金属加工机械制造	1	2	1
物料搬运设备制造	1		1
泵、阀门、压缩机及类似机械制造	7	9	12
轴承、齿轮和传动部件制造	1	2	1

2-4-7 续表 2 单位：个

行　业	有R&D活动的企业	有研发机构的企业	有新产品销售的企业
烘炉、风机、衡器、包装等设备制造	3	4	3
文化、办公用机械制造			
通用零部件制造	1	3	3
其他通用设备制造业			
专用设备制造业	37	22	25
采矿、冶金、建筑专用设备制造	25	16	16
化工、木材、非金属加工专用设备制造	2	1	1
食品、饮料、烟草及饲料生产专用设备制造			
印刷、制药、日化及日用品生产专用设备制造	1		1
纺织、服装和皮革加工专用设备制造	4	1	3
电子和电工机械专用设备制造	1	1	
农、林、牧、渔专用机械制造	1	2	2
医疗仪器设备及器械制造			
环保、社会公共服务及其他专用设备制造	3	1	2
汽车制造业	9	9	9
#汽车整车制造	1	2	1
改装汽车制造	2	1	1
电车制造			
汽车零部件及配件制造	5	6	7
铁路、船舶、航空航天和其他运输设备制造业	5	6	7
#铁路运输设备制造	5	4	5
船舶及相关装置制造			
摩托车制造			
自行车制造			
电气机械和器材制造业	15	10	12
电机制造	2	2	2
输配电及控制设备制造	6	3	7
电线、电缆、光缆及电工器材制造	2	3	3
电池制造	3	1	
家用电力器具制造			
非电力家用器具制造			
照明器具制造	2	1	
其他电气机械及器材制造			
计算机、通信和其他电子设备制造业	10	7	5
#计算机制造	1		
通信设备制造	2	1	1
视听设备制造			
电子器件制造			
电子元件制造	3	4	2
其他电子设备制造	3	2	1
仪器仪表制造业	8	5	6
通用仪器仪表制造	6	4	3
专用仪器仪表制造	2	1	2
光学仪器及眼镜制造			1
其他制造业			
#日用杂品制造			
煤制品制造			
废弃资源综合利用业			

2-4-8　分行业大中型企业基本情况

单位：个

行　　业	有R&D活动的企业	有研发机构的企业	有新产品销售的企业
总　计	**180**	**138**	**120**
制造业	**147**	**124**	**113**
#农副食品加工业		2	1
#饲料加工			
植物油加工			
屠宰及肉类加工		1	
水产品加工			
蔬菜、水果和坚果加工		1	1
其他农副食品加工			
食品制造业	1	3	2
#糖果、巧克力及蜜饯制造			
方便食品制造			
调味品、发酵制品制造	1	2	2
其他食品制造		1	
酒、饮料和精制茶制造业	1	3	2
#酒的制造	1	1	1
纺织业	1	2	2
#棉纺织及印染精加工	1	1	1
毛纺织及染整精加工			
丝绢纺织及印染精加工			
针织或钩针编织物及其制品制造			
家用纺织制成品制造			
非家用纺织制成品制造			
纺织服装、服饰业	1	2	2
机织服装制造	1	2	2
针织或钩针编织服装制造			
服饰制造			
皮革、毛皮、羽毛及其制品和制鞋业			
#皮革鞣制加工			
皮革制品制造			
制鞋业			
木材加工和木、竹、藤、棕、草制品业	1	1	
#人造板制造			
木制品制造			
家具制造业			
#木质家具制造			
金属家具制造			
其他家具制造			
造纸和纸制品业			
#造纸			
印刷和记录媒介复制业	1		
#印刷	1		
文教、工美、体育和娱乐用品制造业	2	2	2
文教办公用品制造			
乐器制造			
工艺美术品制造	1	1	1
体育用品制造	1	1	1
玩具制造			
游艺器材及娱乐用品制造			

2-4-8 续表 1

单位：个

行 业	有R&D活动的企业	有研发机构的企业	有新产品销售的企业
石油加工、炼焦和核燃料加工业	8	5	3
化学原料和化学制品制造业	22	16	11
#基础化学原料制造	6	2	
肥料制造	6	6	2
涂料、油墨、颜料及类似产品制造	1	1	1
合成材料制造	2	1	2
专用化学产品制造	2	1	1
日用化学产品制造	1	1	1
医药制造业	14	11	8
#化学药品原料药制造	2	2	1
化学药品制剂制造	7	5	5
中成药生产	4	2	2
兽用药品制造			
生物药品制造	1	1	
化学纤维制造业			
纤维素纤维原料及纤维制造			
合成纤维制造			
橡胶和塑料制品业	6	3	4
橡胶制品业	3	1	3
塑料制品业	3	2	1
非金属矿物制品业	13	10	9
#石膏、水泥制品及类似制品制造			1
砖瓦、石材等建筑材料制造			
玻璃制品制造	2	2	2
玻璃纤维和玻璃纤维增强塑料制品制造			
陶瓷制品制造			
耐火材料制品制造	3	1	2
石墨及其他非金属矿物制品制造	5	3	1
黑色金属冶炼和压延加工业	13	9	8
#黑色金属铸造	2	2	4
钢压延加工	6	4	3
有色金属冶炼和压延加工业	8	7	3
#常用有色金属冶炼	8	6	2
有色金属合金制造		1	1
有色金属压延加工			
金属制品业	7	5	7
#结构性金属制品制造			
金属工具制造			
集装箱及金属包装容器制造			
金属丝绳及其制品制造			
建筑、安全用金属制品制造			
金属制日用品制造			
其他金属制品制造	7	5	7
通用设备制造业	6	10	12
锅炉及原动设备制造	2	3	4
金属加工机械制造	1	1	1
物料搬运设备制造	1		1
泵、阀门、压缩机及类似机械制造	2	6	6
轴承、齿轮和传动部件制造			

2-4-8 续表 2

单位：个

行　　业	有R&D活动的企业	有研发机构的企业	有新产品销售的企业
烘炉、风机、衡器、包装等设备制造			
文化、办公用机械制造			
通用零部件制造			
其他通用设备制造业			
专用设备制造业	16	11	13
采矿、冶金、建筑专用设备制造	12	7	10
化工、木材、非金属加工专用设备制造	2	1	1
食品、饮料、烟草及饲料生产专用设备制造			
印刷、制药、日化及日用品生产专用设备制造			
纺织、服装和皮革加工专用设备制造	1	1	1
电子和电工机械专用设备制造			
农、林、牧、渔专用机械制造	1	2	1
医疗仪器设备及器械制造			
环保、社会公共服务及其他专用设备制造			
汽车制造业	6	8	7
#汽车整车制造	1	2	1
改装汽车制造	1	1	1
电车制造			
汽车零部件及配件制造	4	5	5
铁路、船舶、航空航天和其他运输设备制造业	4	5	6
#铁路运输设备制造	4	3	4
船舶及相关装置制造			
摩托车制造			
自行车制造			
电气机械和器材制造业	7	4	4
电机制造	2	2	2
输配电及控制设备制造	2	1	2
电线、电缆、光缆及电工器材制造			
电池制造	1		
家用电力器具制造			
非电力家用器具制造			
照明器具制造	2	1	
其他电气机械及器材制造			
计算机、通信和其他电子设备制造业	6	3	5
#计算机制造	1		
通信设备制造	1		1
视听设备制造			
电子器件制造			
电子元件制造	2	2	2
其他电子设备制造	1	1	1
仪器仪表制造业	3	2	2
通用仪器仪表制造	2	1	
专用仪器仪表制造	1	1	1
光学仪器及眼镜制造			1
其他制造业			
#日用杂品制造			
煤制品制造			
废弃资源综合利用业			

2-4-9 分行业内资企业基本情况

单位：个

行　业	有R&D活动的企业	有研发机构的企业	有新产品销售的企业
总　计	**307**	**220**	**214**
制造业	**269**	**203**	**204**
#农副食品加工业	8	5	6
#饲料加工	2	2	3
植物油加工	1		
屠宰及肉类加工	1	1	
水产品加工			
蔬菜、水果和坚果加工	2	2	2
其他农副食品加工	1		
食品制造业	7	7	8
#糖果、巧克力及蜜饯制造			
方便食品制造	2	2	2
调味品、发酵制品制造	4	4	5
其他食品制造		1	
酒、饮料和精制茶制造业	4	5	4
#酒的制造	3	2	2
纺织业	2	2	3
#棉纺织及印染精加工	1	1	1
毛纺织及染整精加工			
丝绢纺织及印染精加工			
针织或钩针编织物及其制品制造			
家用纺织制成品制造			
非家用纺织制成品制造			
纺织服装、服饰业	1	2	2
机织服装制造	1	2	2
针织或钩针编织服装制造			
服饰制造			
皮革、毛皮、羽毛及其制品和制鞋业			
#皮革鞣制加工			
皮革制品制造			
制鞋业			
木材加工和木、竹、藤、棕、草制品业	1	1	1
#人造板制造			
木制品制造			1
家具制造业	1	2	1
#木质家具制造	1	2	1
金属家具制造			
其他家具制造			
造纸和纸制品业	2	1	
#造纸	1	1	
印刷和记录媒介复制业	1	1	1
#印刷	1	1	1
文教、工美、体育和娱乐用品制造业	2	2	2
文教办公用品制造			
乐器制造			
工艺美术品制造	1	1	1
体育用品制造	1	1	1
玩具制造			
游艺器材及娱乐用品制造			

2-4-9　续表 1　　单位：个

行　业	有R&D活动的企业	有研发机构的企业	有新产品销售的企业
石油加工、炼焦和核燃料加工业	9	4	3
化学原料和化学制品制造业	30	21	16
#基础化学原料制造	9	7	3
肥料制造	6	5	2
涂料、油墨、颜料及类似产品制造	1	1	2
合成材料制造	2	1	2
专用化学产品制造	6	2	1
日用化学产品制造	1	1	1
医药制造业	28	18	16
#化学药品原料药制造	4	4	2
化学药品制剂制造	9	6	6
中成药生产	9	4	6
兽用药品制造	2		
生物药品制造	3	2	1
化学纤维制造业			
纤维素纤维原料及纤维制造			
合成纤维制造			
橡胶和塑料制品业	9	8	7
橡胶制品业	3	2	4
塑料制品业	6	6	3
非金属矿物制品业	27	19	21
#石膏、水泥制品及类似制品制造	1		1
砖瓦、石材等建筑材料制造	5	2	3
玻璃制品制造	2	2	2
玻璃纤维和玻璃纤维增强塑料制品制造			
陶瓷制品制造	1	1	1
耐火材料制品制造	6	4	8
石墨及其他非金属矿物制品制造	7	6	3
黑色金属冶炼和压延加工业	14	11	9
#黑色金属铸造	2	2	4
钢压延加工	7	5	3
有色金属冶炼和压延加工业	13	9	4
#常用有色金属冶炼	9	6	2
有色金属合金制造	1	2	2
有色金属压延加工	2	1	
金属制品业	12	7	14
#结构性金属制品制造		1	1
金属工具制造			
集装箱及金属包装容器制造	1		1
金属丝绳及其制品制造			
建筑、安全用金属制品制造	1		
金属制日用品制造			
其他金属制品制造	10	6	12
通用设备制造业	17	23	26
锅炉及原动设备制造	3	3	5
金属加工机械制造	1	2	1
物料搬运设备制造	1		1
泵、阀门、压缩机及类似机械制造	7	9	12
轴承、齿轮和传动部件制造	1	2	1

2-4-9 续表 2

单位：个

行　业	有R&D活动的企业	有研发机构的企业	有新产品销售的企业
烘炉、风机、衡器、包装等设备制造	3	4	3
文化、办公用机械制造			
通用零部件制造	1	3	3
其他通用设备制造业			
专用设备制造业	36	21	24
采矿、冶金、建筑专用设备制造	25	16	16
化工、木材、非金属加工专用设备制造	2	1	1
食品、饮料、烟草及饲料生产专用设备制造			
印刷、制药、日化及日用品生产专用设备制造	1		1
纺织、服装和皮革加工专用设备制造	3		2
电子和电工机械专用设备制造	1	1	
农、林、牧、渔专用机械制造	1	2	2
医疗仪器设备及器械制造			
环保、社会公共服务及其他专用设备制造	3	1	2
汽车制造业	8	8	7
#汽车整车制造	1	2	1
改装汽车制造	2	1	1
电车制造			
汽车零部件及配件制造	4	5	5
铁路、船舶、航空航天和其他运输设备制造业	4	5	6
#铁路运输设备制造	4	3	4
船舶及相关装置制造			
摩托车制造			
自行车制造			
电气机械和器材制造业	15	10	12
电机制造	2	2	2
输配电及控制设备制造	6	3	7
电线、电缆、光缆及电工器材制造	2	3	3
电池制造	3	1	
家用电力器具制造			
非电力家用器具制造			
照明器具制造	2	1	
其他电气机械及器材制造			
计算机、通信和其他电子设备制造业	10	7	5
#计算机制造	1		
通信设备制造	2	1	1
视听设备制造			
电子器件制造			
电子元件制造	3	4	2
其他电子设备制造	3	2	1
仪器仪表制造业	7	4	6
通用仪器仪表制造	5	3	3
专用仪器仪表制造	2	1	2
光学仪器及眼镜制造			1
其他制造业			
#日用杂品制造			
煤制品制造			
废弃资源综合利用业			

2-4-10　分行业港澳台商投资企业基本情况

单位：个

行　　业	有R&D活动的企业	有研发机构的企业	有新产品销售的企业
总　计	**9**	**5**	**1**
制造业	**7**	**4**	**1**
#农副食品加工业			
#饲料加工			
植物油加工			
屠宰及肉类加工			
水产品加工			
蔬菜、水果和坚果加工			
其他农副食品加工			
食品制造业			
#糖果、巧克力及蜜饯制造			
方便食品制造			
调味品、发酵制品制造			
其他食品制造			
酒、饮料和精制茶制造业			
#酒的制造			
纺织业			
#棉纺织及印染精加工			
毛纺织及染整精加工			
丝绢纺织及印染精加工			
针织或钩针编织物及其制品制造			
家用纺织制成品制造			
非家用纺织制成品制造			
纺织服装、服饰业			
机织服装制造			
针织或钩针编织服装制造			
服饰制造			
皮革、毛皮、羽毛及其制品和制鞋业			
#皮革鞣制加工			
皮革制品制造			
制鞋业			
木材加工和木、竹、藤、棕、草制品业			
#人造板制造			
木制品制造			
家具制造业			
#木质家具制造			
金属家具制造			
其他家具制造			
造纸和纸制品业			
#造纸			
印刷和记录媒介复制业			
#印刷			
文教、工美、体育和娱乐用品制造业			
文教办公用品制造			
乐器制造			
工艺美术品制造			
体育用品制造			
玩具制造			
游艺器材及娱乐用品制造			

2-4-10 续表 1

单位：个

行　　业	有R&D活动的企业	有研发机构的企业	有新产品销售的企业
石油加工、炼焦和核燃料加工业	1	1	
化学原料和化学制品制造业			
#基础化学原料制造			
肥料制造			
涂料、油墨、颜料及类似产品制造			
合成材料制造			
专用化学产品制造			
日用化学产品制造			
医药制造业	3	1	
#化学药品原料药制造			
化学药品制剂制造	1	1	
中成药生产	2		
兽用药品制造			
生物药品制造			
化学纤维制造业			
纤维素纤维原料及纤维制造			
合成纤维制造			
橡胶和塑料制品业			
橡胶制品业			
塑料制品业			
非金属矿物制品业			
#石膏、水泥制品及类似制品制造			
砖瓦、石材等建筑材料制造			
玻璃制品制造			
玻璃纤维和玻璃纤维增强塑料制品制造			
陶瓷制品制造			
耐火材料制品制造			
石墨及其他非金属矿物制品制造			
黑色金属冶炼和压延加工业			
#黑色金属铸造			
钢压延加工			
有色金属冶炼和压延加工业			
#常用有色金属冶炼			
有色金属合金制造			
有色金属压延加工			
金属制品业			
#结构性金属制品制造			
金属工具制造			
集装箱及金属包装容器制造			
金属丝绳及其制品制造			
建筑、安全用金属制品制造			
金属制日用品制造			
其他金属制品制造			
通用设备制造业			
锅炉及原动设备制造			
金属加工机械制造			
物料搬运设备制造			
泵、阀门、压缩机及类似机械制造			
轴承、齿轮和传动部件制造			

2-4-10　续表 2　　单位：个

行　　业	有R&D活动的企业	有研发机构的企业	有新产品销售的企业
烘炉、风机、衡器、包装等设备制造			
文化、办公用机械制造			
通用零部件制造			
其他通用设备制造业			
专用设备制造业	1	1	1
采矿、冶金、建筑专用设备制造			
化工、木材、非金属加工专用设备制造			
食品、饮料、烟草及饲料生产专用设备制造			
印刷、制药、日化及日用品生产专用设备制造			
纺织、服装和皮革加工专用设备制造	1	1	1
电子和电工机械专用设备制造			
农、林、牧、渔专用机械制造			
医疗仪器设备及器械制造			
环保、社会公共服务及其他专用设备制造			
汽车制造业			
#汽车整车制造			
改装汽车制造			
电车制造			
汽车零部件及配件制造			
铁路、船舶、航空航天和其他运输设备制造业			
#铁路运输设备制造			
船舶及相关装置制造			
摩托车制造			
自行车制造			
电气机械和器材制造业			
电机制造			
输配电及控制设备制造			
电线、电缆、光缆及电工器材制造			
电池制造			
家用电力器具制造			
非电力家用器具制造			
照明器具制造			
其他电气机械及器材制造			
计算机、通信和其他电子设备制造业			
#计算机制造			
通信设备制造			
视听设备制造			
电子器件制造			
电子元件制造			
其他电子设备制造			
仪器仪表制造业	1	1	
通用仪器仪表制造	1	1	
专用仪器仪表制造			
光学仪器及眼镜制造			
其他制造业			
#日用杂品制造			
煤制品制造			
废弃资源综合利用业			

2-4-11 分行业外商投资企业基本情况

单位：个

行　　业	有R&D活动的企业	有研发机构的企业	有新产品销售的企业
总　计	**11**	**7**	**8**
制造业	**10**	**7**	**8**
#农副食品加工业			
#饲料加工			
植物油加工			
屠宰及肉类加工			
水产品加工			
蔬菜、水果和坚果加工			
其他农副食品加工			
食品制造业			
#糖果、巧克力及蜜饯制造			
方便食品制造			
调味品、发酵制品制造			
其他食品制造			
酒、饮料和精制茶制造业	1		
#酒的制造			
纺织业			
#棉纺织及印染精加工			
毛纺织及染整精加工			
丝绢纺织及印染精加工			
针织或钩针编织物及其制品制造			
家用纺织制成品制造			
非家用纺织制成品制造			
纺织服装、服饰业			
机织服装制造			
针织或钩针编织服装制造			
服饰制造			
皮革、毛皮、羽毛及其制品和制鞋业			
#皮革鞣制加工			
皮革制品制造			
制鞋业			
木材加工和木、竹、藤、棕、草制品业			
#人造板制造			
木制品制造			
家具制造业			
#木质家具制造			
金属家具制造			
其他家具制造			
造纸和纸制品业			
#造纸			
印刷和记录媒介复制业			
#印刷			
文教、工美、体育和娱乐用品制造业			
文教办公用品制造			
乐器制造			
工艺美术品制造			
体育用品制造			
玩具制造			
游艺器材及娱乐用品制造			

2-4-11　续表 1　　　　单位：个

行　　业	有R&D活动的企业	有研发机构的企业	有新产品销售的企业
石油加工、炼焦和核燃料加工业		1	1
化学原料和化学制品制造业	1	1	
#基础化学原料制造			
肥料制造	1	1	
涂料、油墨、颜料及类似产品制造			
合成材料制造			
专用化学产品制造			
日用化学产品制造			
医药制造业	4	1	2
#化学药品原料药制造	1	1	1
化学药品制剂制造	2		
中成药生产	1		1
兽用药品制造			
生物药品制造			
化学纤维制造业			
纤维素纤维原料及纤维制造			
合成纤维制造			
橡胶和塑料制品业			
橡胶制品业			
塑料制品业			
非金属矿物制品业	1		
#石膏、水泥制品及类似制品制造			
砖瓦、石材等建筑材料制造			
玻璃制品制造			
玻璃纤维和玻璃纤维增强塑料制品制造			
陶瓷制品制造			
耐火材料制品制造	1		
石墨及其他非金属矿物制品制造			
黑色金属冶炼和压延加工业		1	1
#黑色金属铸造		1	1
钢压延加工			
有色金属冶炼和压延加工业			
#常用有色金属冶炼			
有色金属合金制造			
有色金属压延加工			
金属制品业	1	1	1
#结构性金属制品制造			
金属工具制造			
集装箱及金属包装容器制造			
金属丝绳及其制品制造			
建筑、安全用金属制品制造			
金属制日用品制造			
其他金属制品制造	1	1	1
通用设备制造业			
锅炉及原动设备制造			
金属加工机械制造			
物料搬运设备制造			
泵、阀门、压缩机及类似机械制造			
轴承、齿轮和传动部件制造			

2-4-11 续表 2

单位：个

行业	有R&D活动的企业	有研发机构的企业	有新产品销售的企业
烘炉、风机、衡器、包装等设备制造			
文化、办公用机械制造			
通用零部件制造			
其他通用设备制造业			
专用设备制造业			
采矿、冶金、建筑专用设备制造			
化工、木材、非金属加工专用设备制造			
食品、饮料、烟草及饲料生产专用设备制造			
印刷、制药、日化及日用品生产专用设备制造			
纺织、服装和皮革加工专用设备制造			
电子和电工机械专用设备制造			
农、林、牧、渔专用机械制造			
医疗仪器设备及器械制造			
环保、社会公共服务及其他专用设备制造			
汽车制造业	1	1	2
#汽车整车制造			
改装汽车制造			
电车制造			
汽车零部件及配件制造	1	1	2
铁路、船舶、航空航天和其他运输设备制造业	1	1	1
#铁路运输设备制造	1	1	1
船舶及相关装置制造			
摩托车制造			
自行车制造			
电气机械和器材制造业			
电机制造			
输配电及控制设备制造			
电线、电缆、光缆及电工器材制造			
电池制造			
家用电力器具制造			
非电力家用器具制造			
照明器具制造			
其他电气机械及器材制造			
计算机、通信和其他电子设备制造业			
#计算机制造			
通信设备制造			
视听设备制造			
电子器件制造			
电子元件制造			
其他电子设备制造			
仪器仪表制造业			
通用仪器仪表制造			
专用仪器仪表制造			
光学仪器及眼镜制造			
其他制造业			
#日用杂品制造			
煤制品制造			
废弃资源综合利用业			

2-4-12　各地区企业基本情况

地　区	有R&D活动的企业	有研发机构的企业	有新产品销售的企业
全　省	**327**	**232**	**223**
太原市	64	41	56
大同市	22	19	18
阳泉市	15	14	13
长治市	46	26	23
晋城市	12	15	10
朔州市	11	5	5
晋中市	58	28	31
运城市	48	49	33
忻州市	8	10	10
临汾市	27	12	14
吕梁市	16	13	10

2-4-13　各地区大中型企业基本情况

地　区	有R&D活动的企业	有研发机构的企业	有新产品销售的企业
全　省	**180**	**138**	**120**
太原市	37	23	35
大同市	14	12	11
阳泉市	7	6	6
长治市	29	21	15
晋城市	9	10	8
朔州市	5	1	1
晋中市	18	12	8
运城市	27	31	17
忻州市	6	6	7
临汾市	19	10	9
吕梁市	9	6	3

2-4-14　各地区内资企业基本情况

地　区	有R&D活动的企业	有研发机构的企业	有新产品销售的企业
全　省	**307**	**220**	**214**
太原市	61	38	53
大同市	21	18	17
阳泉市	14	14	13
长治市	45	25	22
晋城市	12	15	10
朔州市	9	4	5
晋中市	49	25	29
运城市	46	46	31
忻州市	8	10	10
临汾市	27	12	14
吕梁市	15	13	10

2-4-15　各地区港澳台商投资企业基本情况

地　区	有R&D活动的企业	有研发机构的企业	有新产品销售的企业
全　省	**9**	**5**	**1**
太原市	1	1	
大同市			
阳泉市			
长治市			
晋城市			
朔州市	1	1	
晋中市	6	3	1
运城市			
忻州市			
临汾市			
吕梁市	1		

2-4-16　各地区外商投资企业基本情况

地　区	有R&D活动的企业	有研发机构的企业	有新产品销售的企业
全　省	**11**	**7**	**8**
太原市	2	2	3
大同市	1	1	1
阳泉市	1		
长治市	1	1	1
晋城市			
朔州市	1		
晋中市	3		1
运城市	2	3	2
忻州市			
临汾市			
吕梁市			

C. 企业R&D人员情况

2-4-17 分登记注册类型企业R&D人员情况

登记注册类型	R&D人员合计(人)	#女性	#研究人员	#全时人员	R&D人员折合全时当量(人年)
总 计	**46544**	**8958**	**24387**	**27736**	**34024**
内资企业	**45569**	**8653**	**24013**	**27017**	**33265**
国有企业	1066	271	655	703	843
集体企业	26	10	12	17	12
股份合作企业					
联营企业					
国有联营企业					
集体联营企业					
国有与集体联营企业					
其他联营企业					
有限责任公司	35073	6136	20127	20489	25970
国有独资公司	13457	3057	7576	9073	10955
其他有限责任公司	21616	3079	12551	11416	15015
股份有限公司	4383	1250	1682	2666	3167
私营企业	5021	986	1537	3142	3272
私营独资企业	9	1	3	9	9
私营合伙企业					
私营有限责任公司	4161	797	1283	2684	2710
私营股份有限公司	851	188	251	449	554
其他企业					
港、澳、台商投资企业	**637**	**198**	**263**	**542**	**559**
合资经营企业	153	33	36	100	111
合作经营企业					
港、澳、台商独资经营企业	85	31	6	73	48
港、澳、台商投资股份有限公司	399	134	221	369	399
其他港澳台投资企业					
外商投资企业	**338**	**107**	**111**	**177**	**199**
中外合资经营企业	315	104	108	172	183
中外合作经营企业					
外资企业	23	3	3	5	17
外商投资股份有限公司					
其他外商投资企业					

2-4-18　分登记注册类型大中型企业R&D人员情况

登记注册类型	R&D人员合计(人)	#女性	#研究人员	#全时人员	R&D人员折合全时当量(人年)
总　计	**43421**	**8346**	**23284**	**25920**	**32042**
内资企业	**42679**	**8121**	**23006**	**25347**	**31427**
国有企业	1066	271	655	703	843
集体企业	18	9	7	13	7
股份合作企业					
联营企业					
国有联营企业					
集体联营企业					
国有与集体联营企业					
其他联营企业					
有限责任公司	34195	5975	19812	19994	25425
国有独资公司	13357	3045	7568	9071	10945
其他有限责任公司	20838	2930	12244	10923	14481
股份有限公司	4311	1237	1667	2606	3113
私营企业	3089	629	865	2031	2040
私营独资企业					
私营合伙企业					
私营有限责任公司	2378	476	676	1661	1568
私营股份有限公司	711	153	189	370	471
其他企业					
港、澳、台商投资企业	**538**	**169**	**230**	**480**	**494**
合资经营企业	114	29	7	86	94
合作经营企业					
港、澳、台商独资经营企业	25	6	2	25	1
港、澳、台商投资股份有限公司	399	134	221	369	399
其他港澳台投资企业					
外商投资企业	**204**	**56**	**48**	**93**	**120**
中外合资经营企业	204	56	48	93	120
中外合作经营企业					
外资企业					
外商投资股份有限公司					
其他外商投资企业					

2-4-19 分行业企业R&D人员情况

行业	R&D人员合计(人)	#女性	#研究人员	#全时人员	R&D人员折合全时当量(人年)
总 计	**46544**	**8958**	**24387**	**27736**	**34024**
采矿业	**18704**	**1691**	**11448**	**9962**	**13183**
煤炭开采和洗选业	18699	1691	11447	9962	13182
烟煤和无烟煤开采洗选	18699	1691	11447	9962	13182
褐煤开采洗选					
其他煤炭采选					
石油和天然气开采业					
石油开采					
天然气开采					
黑色金属矿采选业	5		1		1
铁矿采选					
锰矿、铬矿采选	5		1		1
其他黑色金属矿采选					
有色金属矿采选业					
常用有色金属矿采选					
贵金属矿采选					
稀有稀土金属矿采选					
非金属矿采选业					
土砂石开采					
化学矿开采					
采盐					
石棉及其他非金属矿采选					
开采辅助活动					
煤炭开采和洗选辅助活动					
石油和天然气开采辅助活动					
其他开采辅助活动					
其他采矿业					
其他采矿业					
制造业	**27691**	**7250**	**12825**	**17701**	**20761**
农副食品加工业	139	30	33	80	111
谷物磨制	11		1	7	10
饲料加工	45	8	7	12	28
植物油加工	9		1	8	5
制糖业					
屠宰及肉类加工	17	8	17	5	17
水产品加工					
蔬菜、水果和坚果加工	49	12	6	43	48
其他农副食品加工	8	2	1	5	2
食品制造业	154	36	57	45	110
焙烤食品制造					
糖果、巧克力及蜜饯制造					
方便食品制造	17	2	8	5	4
乳制品制造					
罐头食品制造	15	8	2	8	15
调味品、发酵制品制造	122	26	47	32	90
其他食品制造					
酒、饮料和精制茶制造业	587	171	161	556	454
酒的制造	580	169	159	552	450
饮料制造	7	2	2	4	4
精制茶加工					

2-4-19　续表 1

行　业	R&D人员合计(人)	#女性	#研究人员	#全时人员	R&D人员折合全时当量(人年)
烟草制品业					
烟叶复烤					
卷烟制造					
其他烟草制品制造					
纺织业	94	21	13	59	48
棉纺织及印染精加工	66	16	8	49	36
毛纺织及染整精加工					
麻纺织及染整精加工					
丝绢纺织及印染精加工					
化纤织造及印染精加工	28	5	5	10	12
针织或钩针编织物及其制品制造					
家用纺织制成品制造					
非家用纺织制成品制造					
纺织服装、服饰业	65	33	39	44	60
机织服装制造	65	33	39	44	60
针织或钩针编织服装制造					
服饰制造					
皮革、毛皮、羽毛及其制品和制鞋业					
皮革鞣制加工					
皮革制品制造					
毛皮鞣制及制品加工					
羽毛(绒)加工及制品制造					
制鞋业					
木材加工和木、竹、藤、棕、草制品业	36	3	6	34	34
木材加工	36	3	6	34	34
人造板制造					
木制品制造					
竹、藤、棕、草等制品制造					
家具制造业	7		2		5
木质家具制造	7		2		5
竹、藤家具制造					
金属家具制造					
塑料家具制造					
其他家具制造					
造纸和纸制品业	91	26	22	43	79
纸浆制造					
造纸	35	1	7	5	23
纸制品制造	56	25	15	38	56
印刷和记录媒介复制业	32	5	11	32	32
印刷	32	5	11	32	32
装订及印刷相关服务					
记录媒介复制					
文教、工美、体育和娱乐用品制造业	166	47	29	163	145
文教办公用品制造					
乐器制造					
工艺美术品制造	51	8	4	48	44
体育用品制造	115	39	25	115	100
玩具制造					
游艺器材及娱乐用品制造					

2-4-19 续表 2

行业	R&D人员合计(人)	#女性	#研究人员	#全时人员	R&D人员折合全时当量(人年)
石油加工、炼焦和核燃料加工业	423	68	187	318	338
精炼石油产品制造	15	4	10	11	12
炼焦	408	64	177	307	326
核燃料加工					
化学原料和化学制品制造业	3161	940	1291	2303	2085
基础化学原料制造	274	70	97	93	188
肥料制造	1145	195	333	1049	443
农药制造	13	6	2	4	10
涂料、油墨、颜料及类似产品制造	56	17	4	56	56
合成材料制造	422	162	281	325	346
专用化学产品制造	96	20	39	34	60
炸药、火工及焰火产品制造	567	232	338	550	555
日用化学产品制造	588	238	197	192	428
医药制造业	2121	949	583	1295	1404
化学药品原料药制造	165	59	55	88	113
化学药品制剂制造	1197	542	198	672	702
中药饮片加工					
中成药生产	466	229	136	310	347
兽用药品制造	37	3	10	26	30
生物药品制造	234	110	179	177	198
卫生材料及医药用品制造	22	6	5	22	14
化学纤维制造业					
纤维素纤维原料及纤维制造					
合成纤维制造					
橡胶和塑料制品业	461	137	141	293	349
橡胶制品业	269	73	115	184	213
塑料制品业	192	64	26	109	136
非金属矿物制品业	814	117	207	500	541
水泥、石灰和石膏制造	100	16	33	49	49
石膏、水泥制品及类似制品制造	2		1	1	2
砖瓦、石材等建筑材料制造	104	12	60	74	98
玻璃制造	24		3	24	2
玻璃制品制造	145	22	18	80	53
玻璃纤维和玻璃纤维增强塑料制品制造					
陶瓷制品制造	17		6	14	9
耐火材料制品制造	158	27	32	104	113
石墨及其他非金属矿物制品制造	264	40	54	154	215
黑色金属冶炼和压延加工业	4882	796	1734	2701	4197
炼铁					
炼钢	173	32	65	136	138
黑色金属铸造	151	29	38	99	139
钢压延加工	4333	729	1608	2318	3900
铁合金冶炼	225	6	23	148	20
有色金属冶炼和压延加工业	831	110	329	370	453
常用有色金属冶炼	754	80	300	345	429
贵金属冶炼					
稀有稀土金属冶炼	30	15	10	11	15
有色金属合金制造	10	2	10	9	1
有色金属铸造					
有色金属压延加工	37	13	9	5	7

2-4-19　续表 3

行　业	R&D人员合计(人)	#女性	#研究人员	#全时人员	R&D人员折合全时当量(人年)
金属制品业	3974	1391	2552	2154	3350
结构性金属制品制造					
金属工具制造					
集装箱及金属包装容器制造	70	20	15	48	46
金属丝绳及其制品制造					
建筑、安全用金属制品制造	16	4	8	11	1
金属表面处理及热处理加工					
搪瓷制品制造					
金属制日用品制造					
其他金属制品制造	3888	1367	2529	2095	3303
通用设备制造业	761	223	366	633	531
锅炉及原动设备制造	406	137	247	393	291
金属加工机械制造	67	38	17	42	19
物料搬运设备制造	5	1	4	2	2
泵、阀门、压缩机及类似机械制造	219	41	84	146	169
轴承、齿轮和传动部件制造	6	1	1	6	6
烘炉、风机、衡器、包装等设备制造	41	3	7	35	30
文化、办公用机械制造					
通用零部件制造	17	2	6	9	15
其他通用设备制造业					
专用设备制造业	3608	731	2314	2200	2312
采矿、冶金、建筑专用设备制造	2918	540	2025	1671	1738
化工、木材、非金属加工专用设备制造	70	20	14	9	6
食品、饮料、烟草及饲料生产专用设备制造					
印刷、制药、日化及日用品生产专用设备制造	9	2	1	9	5
纺织、服装和皮革加工专用设备制造	453	145	233	389	436
电子和电工机械专用设备制造	53	9	1	53	35
农、林、牧、渔专用机械制造	43	6	13	21	43
医疗仪器设备及器械制造					
环保、社会公共服务及其他专用设备制造	62	9	27	48	49
汽车制造业	649	125	342	466	531
汽车整车制造	39	7	6	39	28
改装汽车制造	208	28	69	136	208
低速载货汽车制造					
电车制造					
汽车车身、挂车制造	10	1	1	8	1
汽车零部件及配件制造	392	89	266	283	294
铁路、船舶、航空航天和其他运输设备制造业	974	372	552	613	753
铁路运输设备制造	974	372	552	613	753
城市轨道交通设备制造					
船舶及相关装置制造					
航空、航天器及设备制造					
摩托车制造					
自行车制造					
非公路休闲车及零配件制造					
潜水救捞及其他未列明运输设备制造					
电气机械和器材制造业	1433	411	918	1171	1236
电机制造	932	317	665	896	894
输配电及控制设备制造	277	75	187	194	213

2-4-19 续表 4

行业	R&D人员合计(人)	#女性	#研究人员	#全时人员	R&D人员折合全时当量(人年)
电线、电缆、光缆及电工器材制造	16	2	5	11	15
电池制造	51	8	5	35	41
家用电力器具制造					
非电力家用器具制造					
照明器具制造	157	9	56	35	73
其他电气机械及器材制造					
计算机、通信和其他电子设备制造业	888	188	346	637	368
计算机制造	136	37	100	112	52
通信设备制造	84	17	24	14	34
广播电视设备制造					
雷达及配套设备制造	29	11	28	26	6
视听设备制造					
电子器件制造					
电子元件制造	383	70	139	313	148
其他电子设备制造	256	53	55	172	127
仪器仪表制造业	1323	316	585	991	1228
通用仪器仪表制造	876	239	517	582	781
专用仪器仪表制造	447	77	68	409	447
钟表与计时仪器制造					
光学仪器及眼镜制造					
其他仪器仪表制造业					
其他制造业					
日用杂品制造					
煤制品制造					
核辐射加工					
其他未列明制造业					
废弃资源综合利用业					
金属废料和碎屑加工处理					
非金属废料和碎屑加工处理					
金属制品、机械和设备修理业	17	4	5		6
金属制品修理					
通用设备修理					
专用设备修理					
铁路、船舶、航空航天等运输设备修理	17	4	5		6
电气设备修理					
仪器仪表修理					
其他机械和设备修理业					
电力、热力、燃气及水生产和供应业	**149**	**17**	**114**	**73**	**80**
电力、热力生产和供应业	149	17	114	73	80
电力生产	71	7	51	18	23
电力供应	78	10	63	55	57
热力生产和供应					
燃气生产和供应业					
燃气生产和供应业					
水的生产和供应业					
自来水生产和供应					
污水处理及其再生利用					
其他水的处理、利用与分配					

2-4-20　分行业大中型企业R&D人员情况

行　　业	R&D人员合计(人)	#女性	#研究人员	#全时人员	R&D人员折合全时当量(人年)
总　计	**43421**	**8346**	**23284**	**25920**	**32042**
采矿业	**18520**	**1678**	**11423**	**9887**	**13082**
煤炭开采和洗选业	18520	1678	11423	9887	13082
烟煤和无烟煤开采洗选	18520	1678	11423	9887	13082
褐煤开采洗选					
其他煤炭采选					
石油和天然气开采业					
石油开采					
天然气开采					
黑色金属矿采选业					
铁矿采选					
锰矿、铬矿采选					
其他黑色金属矿采选					
有色金属矿采选业					
常用有色金属矿采选					
贵金属矿采选					
稀有稀土金属矿采选					
非金属矿采选业					
土砂石开采					
化学矿开采					
采盐					
石棉及其他非金属矿采选					
开采辅助活动					
煤炭开采和洗选辅助活动					
石油和天然气开采辅助活动					
其他开采辅助活动					
其他采矿业					
其他采矿业					
制造业	**24791**	**6655**	**11776**	**15974**	**18897**
农副食品加工业					
谷物磨制					
饲料加工					
植物油加工					
制糖业					
屠宰及肉类加工					
水产品加工					
蔬菜、水果和坚果加工					
其他农副食品加工					
食品制造业	56	15	5		42
焙烤食品制造					
糖果、巧克力及蜜饯制造					
方便食品制造					
乳制品制造					
罐头食品制造					
调味品、发酵制品制造	56	15	5		42
其他食品制造					
酒、饮料和精制茶制造业	539	166	134	526	409
酒的制造	539	166	134	526	409
饮料制造					
精制茶加工					

2-4-20 续表 1

行　业	R&D人员合计(人)	#女性	#研究人员	#全时人员	R&D人员折合全时当量(人年)
烟草制品业					
烟叶复烤					
卷烟制造					
其他烟草制品制造					
纺织业	66	16	8	49	36
棉纺织及印染精加工	66	16	8	49	36
毛纺织及染整精加工					
麻纺织及染整精加工					
丝绢纺织及印染精加工					
化纤织造及印染精加工					
针织或钩针编织物及其制品制造					
家用纺织制成品制造					
非家用纺织制成品制造					
纺织服装、服饰业	65	33	39	44	60
机织服装制造	65	33	39	44	60
针织或钩针编织服装制造					
服饰制造					
皮革、毛皮、羽毛及其制品和制鞋业					
皮革鞣制加工					
皮革制品制造					
毛皮鞣制及制品加工					
羽毛(绒)加工及制品制造					
制鞋业					
木材加工和木、竹、藤、棕、草制品业	36	3	6	34	34
木材加工	36	3	6	34	34
人造板制造					
木制品制造					
竹、藤、棕、草等制品制造					
家具制造业					
木质家具制造					
竹、藤家具制造					
金属家具制造					
塑料家具制造					
其他家具制造					
造纸和纸制品业					
纸浆制造					
造纸					
纸制品制造					
印刷和记录媒介复制业	32	5	11	32	32
印刷	32	5	11	32	32
装订及印刷相关服务					
记录媒介复制					
文教、工美、体育和娱乐用品制造业	166	47	29	163	145
文教办公用品制造					
乐器制造					
工艺美术品制造	51	8	4	48	44
体育用品制造	115	39	25	115	100
玩具制造					
游艺器材及娱乐用品制造					

2-4-20　续表 2

行　业	R&D人员合计(人)	#女性	#研究人员	#全时人员	R&D人员折合全时当量(人年)
石油加工、炼焦和核燃料加工业	393	62	173	297	316
精炼石油产品制造					
炼焦	393	62	173	297	316
核燃料加工					
化学原料和化学制品制造业	3011	914	1250	2244	2002
基础化学原料制造	188	59	78	60	153
肥料制造	1136	195	331	1044	434
农药制造					
涂料、油墨、颜料及类似产品制造	56	17	4	56	56
合成材料制造	422	162	281	325	346
专用化学产品制造	54	11	21	17	31
炸药、火工及焰火产品制造	567	232	338	550	555
日用化学产品制造	588	238	197	192	428
医药制造业	1692	780	415	1021	1089
化学药品原料药制造	106	50	21	58	80
化学药品制剂制造	1117	520	181	643	650
中药饮片加工					
中成药生产	259	111	42	162	185
兽用药品制造					
生物药品制造	210	99	171	158	174
卫生材料及医药用品制造					
化学纤维制造业					
纤维素纤维原料及纤维制造					
合成纤维制造					
橡胶和塑料制品业	420	134	136	289	327
橡胶制品业	269	73	115	184	213
塑料制品业	151	61	21	105	114
非金属矿物制品业	583	90	106	355	362
水泥、石灰和石膏制造	86	16	23	45	39
石膏、水泥制品及类似制品制造					
砖瓦、石材等建筑材料制造					
玻璃制造	24		3	24	2
玻璃制品制造	145	22	18	80	53
玻璃纤维和玻璃纤维增强塑料制品制造					
陶瓷制品制造					
耐火材料制品制造	84	13	21	61	64
石墨及其他非金属矿物制品制造	244	39	41	145	204
黑色金属冶炼和压延加工业	4840	790	1726	2684	4194
炼铁					
炼钢	173	32	65	136	138
黑色金属铸造	151	29	38	99	139
钢压延加工	4291	723	1600	2301	3897
铁合金冶炼	225	6	23	148	20
有色金属冶炼和压延加工业	748	79	295	341	426
常用有色金属冶炼	748	79	295	341	426
贵金属冶炼					
稀有稀土金属冶炼					
有色金属合金制造					
有色金属铸造					
有色金属压延加工					

2-4-20 续表 3

行业	R&D人员合计(人)	#女性	#研究人员	#全时人员	R&D人员折合全时当量(人年)
金属制品业	3785	1347	2453	2018	3222
结构性金属制品制造					
金属工具制造					
集装箱及金属包装容器制造					
金属丝绳及其制品制造					
建筑、安全用金属制品制造					
金属表面处理及热处理加工					
搪瓷制品制造					
金属制日用品制造					
其他金属制品制造	3785	1347	2453	2018	3222
通用设备制造业	458	180	230	410	325
锅炉及原动设备制造	342	127	187	329	281
金属加工机械制造	67	38	17	42	19
物料搬运设备制造	5	1	4	2	2
泵、阀门、压缩机及类似机械制造	44	14	22	37	24
轴承、齿轮和传动部件制造					
烘炉、风机、衡器、包装等设备制造					
文化、办公用机械制造					
通用零部件制造					
其他通用设备制造业					
专用设备制造业	3242	679	2202	1958	2062
采矿、冶金、建筑专用设备制造	2730	519	1954	1559	1614
化工、木材、非金属加工专用设备制造	70	20	14	9	6
食品、饮料、烟草及饲料生产专用设备制造					
印刷、制药、日化及日用品生产专用设备制造					
纺织、服装和皮革加工专用设备制造	399	134	221	369	399
电子和电工机械专用设备制造					
农、林、牧、渔专用机械制造	43	6	13	21	43
医疗仪器设备及器械制造					
环保、社会公共服务及其他专用设备制造					
汽车制造业	577	109	323	436	495
汽车整车制造	39	7	6	39	28
改装汽车制造	188	24	56	131	188
低速载货汽车制造					
电车制造					
汽车车身、挂车制造					
汽车零部件及配件制造	350	78	261	266	279
铁路、船舶、航空航天和其他运输设备制造业	908	369	507	547	704
铁路运输设备制造	908	369	507	547	704
城市轨道交通设备制造					
船舶及相关装置制造					
航空、航天器及设备制造					
摩托车制造					
自行车制造					
非公路休闲车及零配件制造					
潜水救捞及其他未列明运输设备制造					
电气机械和器材制造业	1277	381	879	1070	1108
电机制造	932	317	665	896	894
输配电及控制设备制造	182	54	157	134	141

2-4-20 续表 4

行　业	R&D人员合计(人)	#女性	#研究人员	#全时人员	R&D人员折合全时当量(人年)
电线、电缆、光缆及电工器材制造					
电池制造	6	1	1	5	1
家用电力器具制造					
非电力家用器具制造					
照明器具制造	157	9	56	35	73
其他电气机械及器材制造					
计算机、通信和其他电子设备制造业	672	156	296	548	331
计算机制造	136	37	100	112	52
通信设备制造	21	3	9	14	21
广播电视设备制造					
雷达及配套设备制造	29	11	28	26	6
视听设备制造					
电子器件制造					
电子元件制造	361	67	127	291	126
其他电子设备制造	125	38	32	105	125
仪器仪表制造业	1225	300	553	908	1173
通用仪器仪表制造	795	223	487	516	743
专用仪器仪表制造	430	77	66	392	430
钟表与计时仪器制造					
光学仪器及眼镜制造					
其他仪器仪表制造业					
其他制造业					
日用杂品制造					
煤制品制造					
核辐射加工					
其他未列明制造业					
废弃资源综合利用业					
金属废料和碎屑加工处理					
非金属废料和碎屑加工处理					
金属制品、机械和设备修理业					
金属制品修理					
通用设备修理					
专用设备修理					
铁路、船舶、航空航天等运输设备修理					
电气设备修理					
仪器仪表修理					
其他机械和设备修理业					
电力、热力、燃气及水生产和供应业	**110**	**13**	**85**	**59**	**62**
电力、热力生产和供应业	110	13	85	59	62
电力生产	32	3	22	4	6
电力供应	78	10	63	55	57
热力生产和供应					
燃气生产和供应业					
燃气生产和供应业					
水的生产和供应业					
自来水生产和供应					
污水处理及其再生利用					
其他水的处理、利用与分配					

2-4-21 分行业内资企业R&D人员情况

行 业	R&D人员合计（人）	#女性	#研究人员	#全时人员	R&D人员折合全时当量（人年）
总 计	**45569**	**8653**	**24013**	**27017**	**33265**
采矿业	**18682**	**1687**	**11441**	**9940**	**13161**
煤炭开采和洗选业	18677	1687	11440	9940	13160
烟煤和无烟煤开采洗选	18677	1687	11440	9940	13160
褐煤开采洗选					
其他煤炭采选					
石油和天然气开采业					
石油开采					
天然气开采					
黑色金属矿采选业	5		1		1
铁矿采选					
锰矿、铬矿采选	5		1		1
其他黑色金属矿采选					
有色金属矿采选业					
常用有色金属矿采选					
贵金属矿采选					
稀有稀土金属矿采选					
非金属矿采选业					
土砂石开采					
化学矿开采					
采盐					
石棉及其他非金属矿采选					
开采辅助活动					
煤炭开采和洗选辅助活动					
石油和天然气开采辅助活动					
其他开采辅助活动					
其他采矿业					
其他采矿业					
制造业	**26777**	**6953**	**12487**	**17018**	**20042**
农副食品加工业	139	30	33	80	111
谷物磨制	11		1	7	10
饲料加工	45	8	7	12	28
植物油加工	9		1	8	5
制糖业					
屠宰及肉类加工	17	8	17	5	17
水产品加工					
蔬菜、水果和坚果加工	49	12	6	43	48
其他农副食品加工	8	2	1	5	2
食品制造业	154	36	57	45	110
焙烤食品制造					
糖果、巧克力及蜜饯制造					
方便食品制造	17	2	8	5	4
乳制品制造					
罐头食品制造	15	8	2	8	15
调味品、发酵制品制造	122	26	47	32	90
其他食品制造					
酒、饮料和精制茶制造业	583	170	160	553	451
酒的制造	580	169	159	552	450
饮料制造	3	1	1	1	1
精制茶加工					

2-4-21　续表 1

行　　业	R&D人员合计(人)	#女性	#研究人员	#全时人员	R&D人员折合全时当量(人年)
烟草制品业					
烟叶复烤					
卷烟制造					
其他烟草制品制造					
纺织业	94	21	13	59	48
棉纺织及印染精加工	66	16	8	49	36
毛纺织及染整精加工					
麻纺织及染整精加工					
丝绢纺织及印染精加工					
化纤织造及印染精加工	28	5	5	10	12
针织或钩针编织物及其制品制造					
家用纺织制成品制造					
非家用纺织制成品制造					
纺织服装、服饰业	65	33	39	44	60
机织服装制造	65	33	39	44	60
针织或钩针编织服装制造					
服饰制造					
皮革、毛皮、羽毛及其制品和制鞋业					
皮革鞣制加工					
皮革制品制造					
毛皮鞣制及制品加工					
羽毛(绒)加工及制品制造					
制鞋业					
木材加工和木、竹、藤、棕、草制品业	36	3	6	34	34
木材加工	36	3	6	34	34
人造板制造					
木制品制造					
竹、藤、棕、草等制品制造					
家具制造业	7		2		5
木质家具制造	7		2		5
竹、藤家具制造					
金属家具制造					
塑料家具制造					
其他家具制造					
造纸和纸制品业	91	26	22	43	79
纸浆制造					
造纸	35	1	7	5	23
纸制品制造	56	25	15	38	56
印刷和记录媒介复制业	32	5	11	32	32
印刷	32	5	11	32	32
装订及印刷相关服务					
记录媒介复制					
文教、工美、体育和娱乐用品制造业	166	47	29	163	145
文教办公用品制造					
乐器制造					
工艺美术品制造	51	8	4	48	44
体育用品制造	115	39	25	115	100
玩具制造					
游艺器材及娱乐用品制造					

2-4-21 续表 2

行业	R&D人员合计(人)	#女性	#研究人员	#全时人员	R&D人员折合全时当量(人年)
石油加工、炼焦和核燃料加工业	399	65	184	295	334
精炼石油产品制造	15	4	10	11	12
炼焦	384	61	174	284	322
核燃料加工					
化学原料和化学制品制造业	3124	933	1284	2269	2080
基础化学原料制造	249	64	95	68	186
肥料制造	1133	194	328	1040	439
农药制造	13	6	2	4	10
涂料、油墨、颜料及类似产品制造	56	17	4	56	56
合成材料制造	422	162	281	325	346
专用化学产品制造	96	20	39	34	60
炸药、火工及焰火产品制造	567	232	338	550	555
日用化学产品制造	588	238	197	192	428
医药制造业	1910	845	533	1160	1234
化学药品原料药制造	70	15	37	36	37
化学药品制剂制造	1150	523	194	654	665
中药饮片加工					
中成药生产	397	188	108	245	289
兽用药品制造	37	3	10	26	30
生物药品制造	234	110	179	177	198
卫生材料及医药用品制造	22	6	5	22	14
化学纤维制造业					
纤维素纤维原料及纤维制造					
合成纤维制造					
橡胶和塑料制品业	461	137	141	293	349
橡胶制品业	269	73	115	184	213
塑料制品业	192	64	26	109	136
非金属矿物制品业	809	116	205	498	541
水泥、石灰和石膏制造	100	16	33	49	49
石膏、水泥制品及类似制品制造	2		1	1	2
砖瓦、石材等建筑材料制造	104	12	60	74	98
玻璃制造	24		3	24	2
玻璃制品制造	145	22	18	80	53
玻璃纤维和玻璃纤维增强塑料制品制造					
陶瓷制品制造	17		6	14	9
耐火材料制品制造	153	26	30	102	112
石墨及其他非金属矿物制品制造	264	40	54	154	215
黑色金属冶炼和压延加工业	4882	796	1734	2701	4197
炼铁					
炼钢	173	32	65	136	138
黑色金属铸造	151	29	38	99	139
钢压延加工	4333	729	1608	2318	3900
铁合金冶炼	225	6	23	148	20
有色金属冶炼和压延加工业	831	110	329	370	453
常用有色金属冶炼	754	80	300	345	429
贵金属冶炼					
稀有稀土金属冶炼	30	15	10	11	15
有色金属合金制造	10	2	10	9	1
有色金属铸造					
有色金属压延加工	37	13	9	5	7

2-4-21　续表 3

行　业	R&D人员合计(人)	#女性	#研究人员	#全时人员	R&D人员折合全时当量(人年)
金属制品业	3942	1387	2523	2125	3336
结构性金属制品制造					
金属工具制造					
集装箱及金属包装容器制造	70	20	15	48	46
金属丝绳及其制品制造					
建筑、安全用金属制品制造	16	4	8	11	1
金属表面处理及热处理加工					
搪瓷制品制造					
金属制日用品制造					
其他金属制品制造	3856	1363	2500	2066	3289
通用设备制造业	761	223	366	633	531
锅炉及原动设备制造	406	137	247	393	291
金属加工机械制造	67	38	17	42	19
物料搬运设备制造	5	1	4	2	2
泵、阀门、压缩机及类似机械制造	219	41	84	146	169
轴承、齿轮和传动部件制造	6	1	1	6	6
烘炉、风机、衡器、包装等设备制造	41	3	7	35	30
文化、办公用机械制造					
通用零部件制造	17	2	6	9	15
其他通用设备制造业					
专用设备制造业	3209	597	2093	1831	1913
采矿、冶金、建筑专用设备制造	2918	540	2025	1671	1738
化工、木材、非金属加工专用设备制造	70	20	14	9	6
食品、饮料、烟草及饲料生产专用设备制造					
印刷、制药、日化及日用品生产专用设备制造	9	2	1	9	5
纺织、服装和皮革加工专用设备制造	54	11	12	20	37
电子和电工机械专用设备制造	53	9	1	53	35
农、林、牧、渔专用机械制造	43	6	13	21	43
医疗仪器设备及器械制造					
环保、社会公共服务及其他专用设备制造	62	9	27	48	49
汽车制造业	607	114	337	449	517
汽车整车制造	39	7	6	39	28
改装汽车制造	208	28	69	136	208
低速载货汽车制造					
电车制造					
汽车车身、挂车制造	10	1	1	8	1
汽车零部件及配件制造	350	78	261	266	279
铁路、船舶、航空航天和其他运输设备制造业	904	366	536	605	735
铁路运输设备制造	904	366	536	605	735
城市轨道交通设备制造					
船舶及相关装置制造					
航空、航天器及设备制造					
摩托车制造					
自行车制造					
非公路休闲车及零配件制造					
潜水救捞及其他未列明运输设备制造					
电气机械和器材制造业	1433	411	918	1171	1236
电机制造	932	317	665	896	894
输配电及控制设备制造	277	75	187	194	213

2-4-21 续表 4

行业	R&D人员合计(人)	#女性	#研究人员	#全时人员	R&D人员折合全时当量(人年)
电线、电缆、光缆及电工器材制造	16	2	5	11	15
电池制造	51	8	5	35	41
家用电力器具制造					
非电力家用器具制造					
照明器具制造	157	9	56	35	73
其他电气机械及器材制造					
计算机、通信和其他电子设备制造业	888	188	346	637	368
计算机制造	136	37	100	112	52
通信设备制造	84	17	24	14	34
广播电视设备制造					
雷达及配套设备制造	29	11	28	26	6
视听设备制造					
电子器件制造					
电子元件制造	383	70	139	313	148
其他电子设备制造	256	53	55	172	127
仪器仪表制造业	1233	290	581	928	1138
通用仪器仪表制造	786	213	513	519	691
专用仪器仪表制造	447	77	68	409	447
钟表与计时仪器制造					
光学仪器及眼镜制造					
其他仪器仪表制造业					
其他制造业					
日用杂品制造					
煤制品制造					
核辐射加工					
其他未列明制造业					
废弃资源综合利用业					
金属废料和碎屑加工处理					
非金属废料和碎屑加工处理					
金属制品、机械和设备修理业	17	4	5		6
金属制品修理					
通用设备修理					
专用设备修理					
铁路、船舶、航空航天等运输设备修理	17	4	5		6
电气设备修理					
仪器仪表修理					
其他机械和设备修理业					
电力、热力、燃气及水生产和供应业	**110**	**13**	**85**	**59**	**62**
电力、热力生产和供应业	110	13	85	59	62
电力生产	32	3	22	4	6
电力供应	78	10	63	55	57
热力生产和供应					
燃气生产和供应业					
燃气生产和供应业					
水的生产和供应业					
自来水生产和供应					
污水处理及其再生利用					
其他水的处理、利用与分配					

2-4-22　分行业港澳台商投资企业R&D人员情况

行　业	R&D人员合计(人)	#女性	#研究人员	#全时人员	R&D人员折合全时当量(人年)
总　计	**637**	**198**	**263**	**542**	**559**
采矿业					
煤炭开采和洗选业					
烟煤和无烟煤开采洗选					
褐煤开采洗选					
其他煤炭采选					
石油和天然气开采业					
石油开采					
天然气开采					
黑色金属矿采选业					
铁矿采选					
锰矿、铬矿采选					
其他黑色金属矿采选					
有色金属矿采选业					
常用有色金属矿采选					
贵金属矿采选					
稀有稀土金属矿采选					
非金属矿采选业					
土砂石开采					
化学矿开采					
采盐					
石棉及其他非金属矿采选					
开采辅助活动					
煤炭开采和洗选辅助活动					
石油和天然气开采辅助活动					
其他开采辅助活动					
其他采矿业					
其他采矿业					
制造业	**598**	**194**	**234**	**528**	**541**
农副食品加工业					
谷物磨制					
饲料加工					
植物油加工					
制糖业					
屠宰及肉类加工					
水产品加工					
蔬菜、水果和坚果加工					
其他农副食品加工					
食品制造业					
焙烤食品制造					
糖果、巧克力及蜜饯制造					
方便食品制造					
乳制品制造					
罐头食品制造					
调味品、发酵制品制造					
其他食品制造					
酒、饮料和精制茶制造业					
酒的制造					
饮料制造					
精制茶加工					

2-4-22 续表 1

行业	R&D人员合计（人）	#女性	#研究人员	#全时人员	R&D人员折合全时当量（人年）
烟草制品业					
烟叶复烤					
卷烟制造					
其他烟草制品制造					
纺织业					
棉纺织及印染精加工					
毛纺织及染整精加工					
麻纺织及染整精加工					
丝绢纺织及印染精加工					
化纤织造及印染精加工					
针织或钩针编织物及其制品制造					
家用纺织制成品制造					
非家用纺织制成品制造					
纺织服装、服饰业					
机织服装制造					
针织或钩针编织服装制造					
服饰制造					
皮革、毛皮、羽毛及其制品和制鞋业					
皮革鞣制加工					
皮革制品制造					
毛皮鞣制及制品加工					
羽毛(绒)加工及制品制造					
制鞋业					
木材加工和木、竹、藤、棕、草制品业					
木材加工					
人造板制造					
木制品制造					
竹、藤、棕、草等制品制造					
家具制造业					
木质家具制造					
竹、藤家具制造					
金属家具制造					
塑料家具制造					
其他家具制造					
造纸和纸制品业					
纸浆制造					
造纸					
纸制品制造					
印刷和记录媒介复制业					
印刷					
装订及印刷相关服务					
记录媒介复制					
文教、工美、体育和娱乐用品制造业					
文教办公用品制造					
乐器制造					
工艺美术品制造					
体育用品制造					
玩具制造					
游艺器材及娱乐用品制造					

2-4-22　续表 2

行　业	R&D人员合计(人)	#女性	#研究人员	#全时人员	R&D人员折合全时当量(人年)
石油加工、炼焦和核燃料加工业	24	3	3	23	4
精炼石油产品制造					
炼焦	24	3	3	23	4
核燃料加工					
化学原料和化学制品制造业	25	6	2	25	1
基础化学原料制造	25	6	2	25	1
肥料制造					
农药制造					
涂料、油墨、颜料及类似产品制造					
合成材料制造					
专用化学产品制造					
炸药、火工及焰火产品制造					
日用化学产品制造					
医药制造业	60	25	4	48	47
化学药品原料药制造					
化学药品制剂制造	24	14	1	16	22
中药饮片加工					
中成药生产	36	11	3	32	25
兽用药品制造					
生物药品制造					
卫生材料及医药用品制造					
化学纤维制造业					
纤维素纤维原料及纤维制造					
合成纤维制造					
橡胶和塑料制品业					
橡胶制品业					
塑料制品业					
非金属矿物制品业					
水泥、石灰和石膏制造					
石膏、水泥制品及类似制品制造					
砖瓦、石材等建筑材料制造					
玻璃制造					
玻璃制品制造					
玻璃纤维和玻璃纤维增强塑料制品制造					
陶瓷制品制造					
耐火材料制品制造					
石墨及其他非金属矿物制品制造					
黑色金属冶炼和压延加工业					
炼铁					
炼钢					
黑色金属铸造					
钢压延加工					
铁合金冶炼					
有色金属冶炼和压延加工业					
常用有色金属冶炼					
贵金属冶炼					
稀有稀土金属冶炼					
有色金属合金制造					
有色金属铸造					
有色金属压延加工					

2-4-22 续表 3

行　业	R&D人员合计（人）	#女性	#研究人员	#全时人员	R&D人员折合全时当量（人年）
金属制品业					
结构性金属制品制造					
金属工具制造					
集装箱及金属包装容器制造					
金属丝绳及其制品制造					
建筑、安全用金属制品制造					
金属表面处理及热处理加工					
搪瓷制品制造					
金属制日用品制造					
其他金属制品制造					
通用设备制造业					
锅炉及原动设备制造					
金属加工机械制造					
物料搬运设备制造					
泵、阀门、压缩机及类似机械制造					
轴承、齿轮和传动部件制造					
烘炉、风机、衡器、包装等设备制造					
文化、办公用机械制造					
通用零部件制造					
其他通用设备制造业					
专用设备制造业	399	134	221	369	399
采矿、冶金、建筑专用设备制造					
化工、木材、非金属加工专用设备制造					
食品、饮料、烟草及饲料生产专用设备制造					
印刷、制药、日化及日用品生产专用设备制造					
纺织、服装和皮革加工专用设备制造	399	134	221	369	399
电子和电工机械专用设备制造					
农、林、牧、渔专用机械制造					
医疗仪器设备及器械制造					
环保、社会公共服务及其他专用设备制造					
汽车制造业					
汽车整车制造					
改装汽车制造					
低速载货汽车制造					
电车制造					
汽车车身、挂车制造					
汽车零部件及配件制造					
铁路、船舶、航空航天和其他运输设备制造业					
铁路运输设备制造					
城市轨道交通设备制造					
船舶及相关装置制造					
航空、航天器及设备制造					
摩托车制造					
自行车制造					
非公路休闲车及零配件制造					
潜水救捞及其他未列明运输设备制造					
电气机械和器材制造业					
电机制造					
输配电及控制设备制造					

2-4-22　续表 4

行　业	R&D人员合计(人)	#女性	#研究人员	#全时人员	R&D人员折合全时当量(人年)
电线、电缆、光缆及电工器材制造					
电池制造					
家用电力器具制造					
非电力家用器具制造					
照明器具制造					
其他电气机械及器材制造					
计算机、通信和其他电子设备制造业					
计算机制造					
通信设备制造					
广播电视设备制造					
雷达及配套设备制造					
视听设备制造					
电子器件制造					
电子元件制造					
其他电子设备制造					
仪器仪表制造业	90	26	4	63	90
通用仪器仪表制造	90	26	4	63	90
专用仪器仪表制造					
钟表与计时仪器制造					
光学仪器及眼镜制造					
其他仪器仪表制造业					
其他制造业					
日用杂品制造					
煤制品制造					
核辐射加工					
其他未列明制造业					
废弃资源综合利用业					
金属废料和碎屑加工处理					
非金属废料和碎屑加工处理					
金属制品、机械和设备修理业					
金属制品修理					
通用设备修理					
专用设备修理					
铁路、船舶、航空航天等运输设备修理					
电气设备修理					
仪器仪表修理					
其他机械和设备修理业					
电力、热力、燃气及水生产和供应业	**39**	**4**	**29**	**14**	**17**
电力、热力生产和供应业	39	4	29	14	17
电力生产	39	4	29	14	17
电力供应					
热力生产和供应					
燃气生产和供应业					
燃气生产和供应业					
水的生产和供应业					
自来水生产和供应					
污水处理及其再生利用					
其他水的处理、利用与分配					

2-4-23 分行业外商投资企业R&D人员情况

行业	R&D人员合计(人)	#女性	#研究人员	#全时人员	R&D人员折合全时当量(人年)
总计	**338**	**107**	**111**	**177**	**199**
采矿业	**22**	**4**	**7**	**22**	**22**
煤炭开采和洗选业	22	4	7	22	22
烟煤和无烟煤开采洗选	22	4	7	22	22
褐煤开采洗选					
其他煤炭采选					
石油和天然气开采业					
石油开采					
天然气开采					
黑色金属矿采选业					
铁矿采选					
锰矿、铬矿采选					
其他黑色金属矿采选					
有色金属矿采选业					
常用有色金属矿采选					
贵金属矿采选					
稀有稀土金属矿采选					
非金属矿采选业					
土砂石开采					
化学矿开采					
采盐					
石棉及其他非金属矿采选					
开采辅助活动					
煤炭开采和洗选辅助活动					
石油和天然气开采辅助活动					
其他开采辅助活动					
其他采矿业					
其他采矿业					
制造业	**316**	**103**	**104**	**155**	**177**
农副食品加工业					
谷物磨制					
饲料加工					
植物油加工					
制糖业					
屠宰及肉类加工					
水产品加工					
蔬菜、水果和坚果加工					
其他农副食品加工					
食品制造业					
焙烤食品制造					
糖果、巧克力及蜜饯制造					
方便食品制造					
乳制品制造					
罐头食品制造					
调味品、发酵制品制造					
其他食品制造					
酒、饮料和精制茶制造业	4	1	1	3	3
酒的制造					
饮料制造	4	1	1	3	3
精制茶加工					

2-4-23　续表 1

行　业	R&D 人员合计 (人)	#女性	#研究人员	#全时人员	R&D人员折合全时当量 (人年)
烟草制品业					
烟叶复烤					
卷烟制造					
其他烟草制品制造					
纺织业					
棉纺织及印染精加工					
毛纺织及染整精加工					
麻纺织及染整精加工					
丝绢纺织及印染精加工					
化纤织造及印染精加工					
针织或钩针编织物及其制品制造					
家用纺织制成品制造					
非家用纺织制成品制造					
纺织服装、服饰业					
机织服装制造					
针织或钩针编织服装制造					
服饰制造					
皮革、毛皮、羽毛及其制品和制鞋业					
皮革鞣制加工					
皮革制品制造					
毛皮鞣制及制品加工					
羽毛(绒)加工及制品制造					
制鞋业					
木材加工和木、竹、藤、棕、草制品业					
木材加工					
人造板制造					
木制品制造					
竹、藤、棕、草等制品制造					
家具制造业					
木质家具制造					
竹、藤家具制造					
金属家具制造					
塑料家具制造					
其他家具制造					
造纸和纸制品业					
纸浆制造					
造纸					
纸制品制造					
印刷和记录媒介复制业					
印刷					
装订及印刷相关服务					
记录媒介复制					
文教、工美、体育和娱乐用品制造业					
文教办公用品制造					
乐器制造					
工艺美术品制造					
体育用品制造					
玩具制造					
游艺器材及娱乐用品制造					

2-4-23 续表 2

行业	R&D人员合计(人)	#女性	#研究人员	#全时人员	R&D人员折合全时当量(人年)
石油加工、炼焦和核燃料加工业					
精炼石油产品制造					
炼焦					
核燃料加工					
化学原料和化学制品制造业	12	1	5	9	4
基础化学原料制造					
肥料制造	12	1	5	9	4
农药制造					
涂料、油墨、颜料及类似产品制造					
合成材料制造					
专用化学产品制造					
炸药、火工及焰火产品制造					
日用化学产品制造					
医药制造业	151	79	46	87	123
化学药品原料药制造	95	44	18	52	76
化学药品制剂制造	23	5	3	2	15
中药饮片加工					
中成药生产	33	30	25	33	33
兽用药品制造					
生物药品制造					
卫生材料及医药用品制造					
化学纤维制造业					
纤维素纤维原料及纤维制造					
合成纤维制造					
橡胶和塑料制品业					
橡胶制品业					
塑料制品业					
非金属矿物制品业	5	1	2	2	
水泥、石灰和石膏制造					
石膏、水泥制品及类似制品制造					
砖瓦、石材等建筑材料制造					
玻璃制造					
玻璃制品制造					
玻璃纤维和玻璃纤维增强塑料制品制造					
陶瓷制品制造					
耐火材料制品制造	5	1	2	2	
石墨及其他非金属矿物制品制造					
黑色金属冶炼和压延加工业					
炼铁					
炼钢					
黑色金属铸造					
钢压延加工					
铁合金冶炼					
有色金属冶炼和压延加工业					
常用有色金属冶炼					
贵金属冶炼					
稀有稀土金属冶炼					
有色金属合金制造					
有色金属铸造					
有色金属压延加工					

2-4-23 续表 3

行　业	R&D人员合计（人）	#女性	#研究人员	#全时人员	R&D人员折合全时当量（人年）
金属制品业	32	4	29	29	14
结构性金属制品制造					
金属工具制造					
集装箱及金属包装容器制造					
金属丝绳及其制品制造					
建筑、安全用金属制品制造					
金属表面处理及热处理加工					
搪瓷制品制造					
金属制日用品制造					
其他金属制品制造	32	4	29	29	14
通用设备制造业					
锅炉及原动设备制造					
金属加工机械制造					
物料搬运设备制造					
泵、阀门、压缩机及类似机械制造					
轴承、齿轮和传动部件制造					
烘炉、风机、衡器、包装等设备制造					
文化、办公用机械制造					
通用零部件制造					
其他通用设备制造业					
专用设备制造业					
采矿、冶金、建筑专用设备制造					
化工、木材、非金属加工专用设备制造					
食品、饮料、烟草及饲料生产专用设备制造					
印刷、制药、日化及日用品生产专用设备制造					
纺织、服装和皮革加工专用设备制造					
电子和电工机械专用设备制造					
农、林、牧、渔专用机械制造					
医疗仪器设备及器械制造					
环保、社会公共服务及其他专用设备制造					
汽车制造业	42	11	5	17	15
汽车整车制造					
改装汽车制造					
低速载货汽车制造					
电车制造					
汽车车身、挂车制造					
汽车零部件及配件制造	42	11	5	17	15
铁路、船舶、航空航天和其他运输设备制造业	70	6	16	8	18
铁路运输设备制造	70	6	16	8	18
城市轨道交通设备制造					
船舶及相关装置制造					
航空、航天器及设备制造					
摩托车制造					
自行车制造					
非公路休闲车及零配件制造					
潜水救捞及其他未列明运输设备制造					
电气机械和器材制造业					
电机制造					
输配电及控制设备制造					

2-4-23 续表 4

行业	R&D人员合计（人）	#女性	#研究人员	#全时人员	R&D人员折合全时当量（人年）
电线、电缆、光缆及电工器材制造					
电池制造					
家用电力器具制造					
非电力家用器具制造					
照明器具制造					
其他电气机械及器材制造					
计算机、通信和其他电子设备制造业					
计算机制造					
通信设备制造					
广播电视设备制造					
雷达及配套设备制造					
视听设备制造					
电子器件制造					
电子元件制造					
其他电子设备制造					
仪器仪表制造业					
通用仪器仪表制造					
专用仪器仪表制造					
钟表与计时仪器制造					
光学仪器及眼镜制造					
其他仪器仪表制造业					
其他制造业					
日用杂品制造					
煤制品制造					
核辐射加工					
其他未列明制造业					
废弃资源综合利用业					
金属废料和碎屑加工处理					
非金属废料和碎屑加工处理					
金属制品、机械和设备修理业					
金属制品修理					
通用设备修理					
专用设备修理					
铁路、船舶、航空航天等运输设备修理					
电气设备修理					
仪器仪表修理					
其他机械和设备修理业					
电力、热力、燃气及水生产和供应业					
电力、热力生产和供应业					
电力生产					
电力供应					
热力生产和供应					
燃气生产和供应业					
燃气生产和供应业					
水的生产和供应业					
自来水生产和供应					
污水处理及其再生利用					
其他水的处理、利用与分配					

2-4-24 各地区企业R&D人员情况

地 区	R&D人员合计(人)	#女性	#研究人员	#全时人员	R&D人员折合全时当量(人年)
全 省	**46544**	**8958**	**24387**	**27736**	**34024**
太原市	16270	3200	8324	7697	12820
大同市	3902	983	1344	2113	2472
阳泉市	5950	299	5605	3250	2498
长治市	6470	1380	3090	5222	4759
晋城市	3586	578	1786	2665	3349
朔州市	540	75	310	275	369
晋中市	1704	391	562	1078	1220
运城市	3931	1071	1505	2671	3134
忻州市	440	76	167	322	374
临汾市	2553	687	1340	1579	2368
吕梁市	1198	218	354	864	662

2-4-25 各地区大中型企业R&D人员情况

地 区	R&D人员合计(人)	#女性	#研究人员	#全时人员	R&D人员折合全时当量(人年)
全 省	**43421**	**8346**	**23284**	**25920**	**32042**
太原市	15460	3013	8087	7220	12484
大同市	3753	962	1246	1996	2386
阳泉市	5865	287	5569	3213	2459
长治市	6168	1309	2994	4992	4473
晋城市	3486	568	1779	2616	3301
朔州市	424	59	247	239	305
晋中市	993	235	353	712	701
运城市	3431	1031	1320	2384	2812
忻州市	391	66	135	293	327
临汾市	2336	613	1244	1443	2181
吕梁市	1114	203	310	812	612

2-4-26 各地区内资企业R&D人员情况

地 区	R&D人员合计(人)	#女性	#研究人员	#全时人员	R&D人员折合全时当量(人年)
全 省	**45569**	**8653**	**24013**	**27017**	**33265**
太原市	16077	3138	8279	7593	12679
大同市	3807	939	1326	2061	2396
阳泉市	5945	298	5603	3248	2497
长治市	6466	1379	3089	5219	4756
晋城市	3586	578	1786	2665	3349
朔州市	493	70	282	270	348
晋中市	1142	210	318	588	722
运城市	3887	1066	1471	2633	3117
忻州市	440	76	167	322	374
临汾市	2553	687	1340	1579	2368
吕梁市	1173	212	352	839	660

2-4-27 各地区港澳台商投资企业R&D人员情况

地 区	R&D人员合计(人)	#女性	#研究人员	#全时人员	R&D人员折合全时当量(人年)
全 省	**637**	**198**	**263**	**542**	**559**
太原市	90	26	4	63	90
大同市					
阳泉市					
长治市					
晋城市					
朔州市	28	3	26	3	7
晋中市	494	163	231	451	460
运城市					
忻州市					
临汾市					
吕梁市	25	6	2	25	1

2-4-28　各地区外商投资企业R&D人员情况

地　区	R&D人员合计(人)	#女性	#研究人员	#全时人员	R&D人员折合全时当量(人年)
全　省	**338**	**107**	**111**	**177**	**199**
太原市	103	36	41	41	51
大同市	95	44	18	52	76
阳泉市	5	1	2	2	
长治市	4	1	1	3	3
晋城市					
朔州市	19	2	2	2	14
晋中市	68	18	13	39	38
运城市	44	5	34	38	18
忻州市					
临汾市					
吕梁市					

D. 企业R&D经费支出情况

2-4-29 分登记注册类型企业R&D经费内部支出情况

单位：万元

登记注册类型	R&D经费内部支出	日常性支出	#人员劳务费	资产性支出	#仪器和设备	#政府资金	#企业资金
总　计	**1237698**	**1087278**	**224223**	**150420**	**142521**	**38231**	**1185577**
内资企业	**1218739**	**1072052**	**220108**	**146687**	**138812**	**36904**	**1167945**
国有企业	19458	19355	2229	103	97		19458
集体企业	179	137	84	41	41	15	164
股份合作企业							
联营企业							
国有联营企业							
集体联营企业							
国有与集体联营企业							
其他联营企业							
有限责任公司	1014848	901773	181882	113075	105551	30336	972607
国有独资公司	636776	548239	74576	88537	82192	17856	614875
其他有限责任公司	378072	353534	107306	24538	23359	12480	357732
股份有限公司	77002	64499	19404	12503	12302	1195	75788
私营企业	107251	86288	16510	20964	20821	5358	99928
私营独资企业	308	308	26				308
私营合伙企业							
私营有限责任公司	89605	70885	13481	18720	18577	4371	83269
私营股份有限公司	17338	15094	3002	2244	2244	987	16351
其他企业							
港、澳、台商投资企业	**11331**	**8187**	**3043**	**3144**	**3144**	**1210**	**10121**
合资经营企业	3497	2914	474	583	583	746	2751
合作经营企业							
港、澳、台商独资经营企业	2517	688	126	1830	1830	464	2053
港、澳、台商投资股份有限公司	5317	4586	2443	731	731		5317
其他港澳台投资企业							
外商投资企业	**7628**	**7039**	**1072**	**590**	**566**	**117**	**7512**
中外合资经营企业	7066	6527	921	540	516	72	6995
中外合作经营企业							
外资企业	562	512	151	50	50	45	517
外商投资股份有限公司							
其他外商投资企业							

2-4-30　分登记注册类型大中型企业R&D经费内部支出情况

单位：万元

登记注册类型	R&D经费内部支出	日常性支出	#人员劳务费	资产性支出	#仪器和设备	#政府资金	#企业资金
总　计	**1164141**	**1023974**	**212242**	**140167**	**132348**	**33168**	**1118219**
内资企业	**1150236**	**1012119**	**208927**	**138117**	**130322**	**32350**	**1105131**
国有企业	19458	19355	2229	103	97		19458
集体企业	125	90	60	35	35		125
股份合作企业							
联营企业							
国有联营企业							
集体联营企业							
国有与集体联营企业							
其他联营企业							
有限责任公司	993804	883008	177963	110796	103307	28520	953403
国有独资公司	632777	544240	73603	88537	82192	17856	610876
其他有限责任公司	361028	338768	104360	22260	21115	10664	342528
股份有限公司	76026	63542	19197	12484	12285	1162	74864
私营企业	60822	46123	9479	14699	14599	2668	57280
私营独资企业							
私营合伙企业							
私营有限责任公司	48977	35469	7288	13508	13409	1828	46276
私营股份有限公司	11844	10654	2191	1190	1190	840	11004
其他企业							
港、澳、台商投资企业	**8296**	**6697**	**2633**	**1599**	**1599**	**746**	**7550**
合资经营企业	2149	2066	182	83	83	746	1403
合作经营企业							
港、澳、台商独资经营企业	830	45	8	785	785		830
港、澳、台商投资股份有限公司	5317	4586	2443	731	731		5317
其他港澳台投资企业							
外商投资企业	**5610**	**5159**	**682**	**451**	**427**	**72**	**5538**
中外合资经营企业	5610	5159	682	451	427	72	5538
中外合作经营企业							
外资企业							
外商投资股份有限公司							
其他外商投资企业							

2-4-31 分行业企业R&D经费内部支出情况

单位：万元

行业	R&D经费内部支出	日常性支出	#人员劳务费	资产性支出	#仪器和设备	#政府资金	#企业资金
总计	**1237698**	**1087278**	**224223**	**150420**	**142521**	**38231**	**1185577**
采矿业	**361651**	**346514**	**113461**	**15137**	**12948**	**1882**	**354864**
煤炭开采和洗选业	361651	346513	113460	15137	12948	1882	354864
烟煤和无烟煤开采洗选	361651	346513	113460	15137	12948	1882	354864
褐煤开采洗选							
其他煤炭采选							
石油和天然气开采业							
石油开采							
天然气开采							
黑色金属矿采选业	1	1					1
铁矿采选							
锰矿、铬矿采选	1	1					1
其他黑色金属矿采选							
有色金属矿采选业							
常用有色金属矿采选							
贵金属矿采选							
稀有稀土金属矿采选							
非金属矿采选业							
土砂石开采							
化学矿开采							
采盐							
石棉及其他非金属矿采选							
开采辅助活动							
煤炭开采和洗选辅助活动							
石油和天然气开采辅助活动							
其他开采辅助活动							
其他采矿业							
其他采矿业							
制造业	**872604**	**737875**	**109850**	**134730**	**129025**	**36349**	**827271**
农副食品加工业	10252	9546	553	706	705	152	10100
谷物磨制	960	577	21	383	383		960
饲料加工	3130	3122	201	8	7	45	3085
植物油加工	570	280	19	290	290		570
制糖业							
屠宰及肉类加工	554	554	167			30	524
水产品加工							
蔬菜、水果和坚果加工	5031	5005	140	26	25	77	4954
其他农副食品加工	8	8	4				8
食品制造业	4006	3868	426	138	134	660	3346
焙烤食品制造							
糖果、巧克力及蜜饯制造							
方便食品制造	152	77	32	75	75	15	137
乳制品制造							
罐头食品制造	1320	1320	92				1320
调味品、发酵制品制造	2534	2471	302	63	59	645	1889
其他食品制造							
酒、饮料和精制茶制造业	23327	21427	5467	1900	1900	234	23094
酒的制造	23079	21188	5441	1891	1891	209	22870
饮料制造	249	240	26	9	9	25	224
精制茶加工							

2-4-31　续表 1　　单位：万元

行　业	R&D经费内部支出	日常性支出	#人员劳务费	资产性支出	#仪器和设备	#政府资金	#企业资金
烟草制品业							
烟叶复烤							
卷烟制造							
其他烟草制品制造							
纺织业	561	386	214	175	175	28	532
棉纺织及印染精加工	500	325	180	175	175	5	495
毛纺织及染整精加工							
麻纺织及染整精加工							
丝绢纺织及印染精加工							
化纤织造及印染精加工	61	61	34			23	37
针织或钩针编织物及其制品制造							
家用纺织制成品制造							
非家用纺织制成品制造							
纺织服装、服饰业	703	673	510	30	29		703
机织服装制造	703	673	510	30	29		703
针织或钩针编织服装制造							
服饰制造							
皮革、毛皮、羽毛及其制品和制鞋业							
皮革鞣制加工							
皮革制品制造							
毛皮鞣制及制品加工							
羽毛(绒)加工及制品制造							
制鞋业							
木材加工和木、竹、藤、棕、草制品业	323	240	162	83	83	8	315
木材加工	323	240	162	83	83	8	315
人造板制造							
木制品制造							
竹、藤、棕、草等制品制造							
家具制造业	156	156	18			60	96
木质家具制造	156	156	18			60	96
竹、藤家具制造							
金属家具制造							
塑料家具制造							
其他家具制造							
造纸和纸制品业	1327	1038	245	289	283		1327
纸浆制造							
造纸	966	710	46	256	250		966
纸制品制造	361	328	199	33	33		361
印刷和记录媒介复制业	538	538	254				538
印刷	538	538	254				538
装订及印刷相关服务							
记录媒介复制							
文教、工美、体育和娱乐用品制造业	1732	1480	519	252	252	169	1564
文教办公用品制造							
乐器制造							
工艺美术品制造	833	662	274	171	171	30	803
体育用品制造	900	819	246	81	81	139	761
玩具制造							
游艺器材及娱乐用品制造							

2-4-31 续表 2

单位：万元

行业	R&D经费内部支出	日常性支出	#人员劳务费	资产性支出	#仪器和设备	#政府资金	#企业资金
石油加工、炼焦和核燃料加工业	9698	7771	1614	1928	1886	1048	8650
精炼石油产品制造	253	233	43	20	20	70	183
炼焦	9445	7538	1571	1908	1866	978	8467
核燃料加工							
化学原料和化学制品制造业	51641	41096	11921	10545	10447	1722	48910
基础化学原料制造	6558	4367	1056	2191	2189	470	5438
肥料制造	23326	21240	5893	2085	2029	691	22351
农药制造	405	236	49	170	168		405
涂料、油墨、颜料及类似产品制造	1200	1200	256				1200
合成材料制造	9649	5380	1655	4268	4241		9649
专用化学产品制造	2858	1770	373	1088	1084	250	2533
炸药、火工及焰火产品制造	4963	4606	1269	357	356	268	4695
日用化学产品制造	2683	2297	1371	386	381	43	2640
医药制造业	27897	24010	6729	3887	3789	1464	26353
化学药品原料药制造	3315	2347	529	968	957	154	3161
化学药品制剂制造	10948	8543	4069	2405	2404	478	10471
中药饮片加工							
中成药生产	4079	3777	997	302	299	413	3666
兽用药品制造	336	311	102	25	25	10	246
生物药品制造	8731	8580	930	151	68	410	8321
卫生材料及医药用品制造	489	452	103	37	37		489
化学纤维制造业							
纤维素纤维原料及纤维制造							
合成纤维制造							
橡胶和塑料制品业	14534	10553	971	3981	3981	710	13824
橡胶制品业	4230	3642	343	589	589	470	3760
塑料制品业	10304	6912	628	3392	3392	240	10064
非金属矿物制品业	13799	11727	2753	2071	2031	427	13372
水泥、石灰和石膏制造	2694	2225	461	469	436	126	2569
石膏、水泥制品及类似制品制造	49	49	6				49
砖瓦、石材等建筑材料制造	2414	2101	385	313	313		2414
玻璃制造	800	600	60	200	200		800
玻璃制品制造	929	738	344	192	192		929
玻璃纤维和玻璃纤维增强塑料制品制造							
陶瓷制品制造	690	690	90			10	680
耐火材料制品制造	2408	2123	551	284	279	271	2137
石墨及其他非金属矿物制品制造	3814	3201	856	613	612	20	3794
黑色金属冶炼和压延加工业	407373	323069	29967	84304	79174	1661	405488
炼铁							
炼钢	1232	998	407	234	233	100	1132
黑色金属铸造	3318	2952	493	366	360		3318
钢压延加工	399534	315831	28792	83704	78581	1531	398003
铁合金冶炼	3289	3289	275			30	3035
有色金属冶炼和压延加工业	20564	12270	2471	8294	8250	1067	19497
常用有色金属冶炼	15903	7745	2145	8158	8114	968	14935
贵金属冶炼							
稀有稀土金属冶炼	854	854	133			91	763
有色金属合金制造	166	108	5	58	58	8	158
有色金属铸造							
有色金属压延加工	3641	3563	189	78	78		3641

2-4-31　续表 3

单位：万元

行　　业	R&D经费内部支出	日常性支出	#人员劳务费	资产性支出	#仪器和设备	#政府资金	#企业资金
金属制品业	55348	53403	14522	1945	1895	13236	35673
结构性金属制品制造							
金属工具制造							
集装箱及金属包装容器制造	101	101	34				101
金属丝绳及其制品制造							
建筑、安全用金属制品制造	327	327	122				327
金属表面处理及热处理加工							
搪瓷制品制造							
金属制日用品制造							
其他金属制品制造	54920	52975	14366	1945	1895	13236	35244
通用设备制造业	11847	10272	2265	1575	1557	571	11257
锅炉及原动设备制造	6639	6175	1287	464	461	302	6337
金属加工机械制造	151	140	80	11	10		151
物料搬运设备制造	114	75	37	39	38		114
泵、阀门、压缩机及类似机械制造	3012	2190	634	822	822	178	2815
轴承、齿轮和传动部件制造	1308	1143	53	165	152	47	1261
烘炉、风机、衡器、包装等设备制造	511	446	124	65	65	19	492
文化、办公用机械制造							
通用零部件制造	113	103	49	9	9	25	88
其他通用设备制造业							
专用设备制造业	113500	109976	11934	3524	3482	9406	103867
采矿、冶金、建筑专用设备制造	104179	101896	8254	2283	2242	8978	94975
化工、木材、非金属加工专用设备制造	1390	1244	273	146	146	200	1190
食品、饮料、烟草及饲料生产专用设备制造							
印刷、制药、日化及日用品生产专用设备制造	30	30	17				30
纺织、服装和皮革加工专用设备制造	6500	5563	2827	937	937	30	6470
电子和电工机械专用设备制造	336	329	260	7	7		336
农、林、牧、渔专用机械制造	347	211	69	136	136	58	289
医疗仪器设备及器械制造							
环保、社会公共服务及其他专用设备制造	719	704	236	15	15	140	579
汽车制造业	15233	14237	2229	996	994	1013	14220
汽车整车制造	287	260	165	28	28		287
改装汽车制造	7571	7477	762	94	94	424	7147
低速载货汽车制造							
电车制造							
汽车车身、挂车制造	400	400	2				400
汽车零部件及配件制造	6975	6101	1301	874	873	589	6386
铁路、船舶、航空航天和其他运输设备制造业	25000	20707	4372	4293	4195	60	23952
铁路运输设备制造	25000	20707	4372	4293	4195	60	23952
城市轨道交通设备制造							
船舶及相关装置制造							
航空、航天器及设备制造							
摩托车制造							
自行车制造							
非公路休闲车及零配件制造							
潜水救捞及其他未列明运输设备制造							
电气机械和器材制造业	33422	32014	5734	1408	1406	541	32881
电机制造	27966	27255	3648	711	711	230	27736
输配电及控制设备制造	3157	2968	1274	189	189	171	2987

2-4-31 续表 4

单位：万元

行业	R&D经费内部支出	日常性支出	#人员劳务费	资产性支出	#仪器和设备	#政府资金	#企业资金
电线、电缆、光缆及电工器材制造	278	212	38	66	65		278
电池制造	783	531	247	252	251		783
家用电力器具制造							
非电力家用器具制造							
照明器具制造	1239	1049	527	190	190	140	1099
其他电气机械及器材制造							
计算机、通信和其他电子设备制造业	9382	7410	1832	1972	1959	813	8569
计算机制造	140	140	49				140
通信设备制造	2252	1608	421	644	642	670	1582
广播电视设备制造							
雷达及配套设备制造	97	97	84				97
视听设备制造							
电子器件制造							
电子元件制造	2073	1998	366	75	71	43	2030
其他电子设备制造	4820	3568	911	1252	1246	100	4720
仪器仪表制造业	20218	19783	2126	435	418	1300	18918
通用仪器仪表制造	18841	18745	1856	96	95	863	17978
专用仪器仪表制造	1377	1038	269	339	323	437	940
钟表与计时仪器制造							
光学仪器及眼镜制造							
其他仪器仪表制造业							
其他制造业							
日用杂品制造							
煤制品制造							
核辐射加工							
其他未列明制造业							
废弃资源综合利用业							
金属废料和碎屑加工处理							
非金属废料和碎屑加工处理							
金属制品、机械和设备修理业	223	223	44				223
金属制品修理							
通用设备修理							
专用设备修理							
铁路、船舶、航空航天等运输设备修理	223	223	44				223
电气设备修理							
仪器仪表修理							
其他机械和设备修理业							
电力、热力、燃气及水生产和供应业	**3443**	**2889**	**912**	**553**	**549**		**3443**
电力、热力生产和供应业	3443	2889	912	553	549		3443
电力生产	1799	1299	338	500	500		1799
电力供应	1644	1591	575	53	49		1644
热力生产和供应							
燃气生产和供应业							
燃气生产和供应业							
水的生产和供应业							
自来水生产和供应							
污水处理及其再生利用							
其他水的处理、利用与分配							

2-4-32　分行业大中型企业R&D经费内部支出情况

单位：万元

行　　业	R&D经费内部支出	日常性支　出	#人　员劳务费	资产性支　出	#仪器和设　备	#政府资金	#企业资金
总　计	**1164141**	**1023974**	**212242**	**140167**	**132348**	**33168**	**1118219**
采矿业	**356486**	**341349**	**111939**	**15137**	**12948**	**1492**	**350564**
煤炭开采和洗选业	356486	341349	111939	15137	12948	1492	350564
烟煤和无烟煤开采洗选	356486	341349	111939	15137	12948	1492	350564
褐煤开采洗选							
其他煤炭采选							
石油和天然气开采业							
石油开采							
天然气开采							
黑色金属矿采选业							
铁矿采选							
锰矿、铬矿采选							
其他黑色金属矿采选							
有色金属矿采选业							
常用有色金属矿采选							
贵金属矿采选							
稀有稀土金属矿采选							
非金属矿采选业							
土砂石开采							
化学矿开采							
采盐							
石棉及其他非金属矿采选							
开采辅助活动							
煤炭开采和洗选辅助活动							
石油和天然气开采辅助活动							
其他开采辅助活动							
其他采矿业							
其他采矿业							
制造业	**805561**	**680584**	**99683**	**124977**	**119352**	**31676**	**765560**
农副食品加工业							
谷物磨制							
饲料加工							
植物油加工							
制糖业							
屠宰及肉类加工							
水产品加工							
蔬菜、水果和坚果加工							
其他农副食品加工							
食品制造业	415	387	83	27	23	10	405
焙烤食品制造							
糖果、巧克力及蜜饯制造							
方便食品制造							
乳制品制造							
罐头食品制造							
调味品、发酵制品制造	415	387	83	27	23	10	405
其他食品制造							
酒、饮料和精制茶制造业	18638	17545	5166	1093	1093	159	18479
酒的制造	18638	17545	5166	1093	1093	159	18479
饮料制造							
精制茶加工							

2-4-32 续表 1 单位：万元

行业	R&D经费内部支出	日常性支出	#人员劳务费	资产性支出	#仪器和设备	#政府资金	#企业资金
烟草制品业							
烟叶复烤							
卷烟制造							
其他烟草制品制造							
纺织业	500	325	180	175	175	5	495
棉纺织及印染精加工	500	325	180	175	175	5	495
毛纺织及染整精加工							
麻纺织及染整精加工							
丝绢纺织及印染精加工							
化纤织造及印染精加工							
针织或钩针编织物及其制品制造							
家用纺织制成品制造							
非家用纺织制成品制造							
纺织服装、服饰业	703	673	510	30	29		703
机织服装制造	703	673	510	30	29		703
针织或钩针编织服装制造							
服饰制造							
皮革、毛皮、羽毛及其制品和制鞋业							
皮革鞣制加工							
皮革制品制造							
毛皮鞣制及制品加工							
羽毛(绒)加工及制品制造							
制鞋业							
木材加工和木、竹、藤、棕、草制品业	323	240	162	83	83	8	315
木材加工	323	240	162	83	83	8	315
人造板制造							
木制品制造							
竹、藤、棕、草等制品制造							
家具制造业							
木质家具制造							
竹、藤家具制造							
金属家具制造							
塑料家具制造							
其他家具制造							
造纸和纸制品业							
纸浆制造							
造纸							
纸制品制造							
印刷和记录媒介复制业	538	538	254				538
印刷	538	538	254				538
装订及印刷相关服务							
记录媒介复制							
文教、工美、体育和娱乐用品制造业	1732	1480	519	252	252	169	1564
文教办公用品制造							
乐器制造							
工艺美术品制造	833	662	274	171	171	30	803
体育用品制造	900	819	246	81	81	139	761
玩具制造							
游艺器材及娱乐用品制造							

2-4-32 续表 2

单位：万元

行　　业	R&D经费内部支出	日常性支出	#人员劳务费	资产性支出	#仪器和设备	#政府资金	#企业资金
石油加工、炼焦和核燃料加工业	9338	7430	1561	1908	1866	978	8360
精炼石油产品制造							
炼焦	9338	7430	1561	1908	1866	978	8360
核燃料加工							
化学原料和化学制品制造业	47377	38096	11514	9281	9184	1410	45317
基础化学原料制造	5168	3004	858	2163	2161	370	4148
肥料制造	22697	20611	5857	2085	2029	629	22068
农药制造							
涂料、油墨、颜料及类似产品制造	1200	1200	256				1200
合成材料制造	9649	5380	1655	4268	4241		9649
专用化学产品制造	1019	998	248	21	17	100	919
炸药、火工及焰火产品制造	4963	4606	1269	357	356	268	4695
日用化学产品制造	2683	2297	1371	386	381	43	2640
医药制造业	21034	19570	5706	1464	1378	720	20314
化学药品原料药制造	1894	1826	404	68	68	82	1812
化学药品制剂制造	9024	7863	3812	1161	1159	159	8865
中药饮片加工							
中成药生产	2025	1940	595	85	82	130	1895
兽用药品制造							
生物药品制造	8092	7941	895	151	68	350	7742
卫生材料及医药用品制造							
化学纤维制造业							
纤维素纤维原料及纤维制造							
合成纤维制造							
橡胶和塑料制品业	13867	9972	819	3895	3895	710	13157
橡胶制品业	4230	3642	343	589	589	470	3760
塑料制品业	9637	6331	476	3306	3306	240	9397
非金属矿物制品业	7669	6555	1739	1114	1106	1	7669
水泥、石灰和石膏制造	1452	1325	246	127	126	1	1452
石膏、水泥制品及类似制品制造							
砖瓦、石材等建筑材料制造							
玻璃制造	800	600	60	200	200		800
玻璃制品制造	929	738	344	192	192		929
玻璃纤维和玻璃纤维增强塑料制品制造							
陶瓷制品制造							
耐火材料制品制造	912	834	287	79	73		912
石墨及其他非金属矿物制品制造	3575	3058	801	517	516		3575
黑色金属冶炼和压延加工业	407035	322731	29849	84304	79174	1631	405180
炼铁							
炼钢	1232	998	407	234	233	100	1132
黑色金属铸造	3318	2952	493	366	360		3318
钢压延加工	399197	315493	28674	83704	78581	1501	397696
铁合金冶炼	3289	3289	275			30	3035
有色金属冶炼和压延加工业	15790	7633	2135	8158	8114	935	14855
常用有色金属冶炼	15790	7633	2135	8158	8114	935	14855
贵金属冶炼							
稀有稀土金属冶炼							
有色金属合金制造							
有色金属铸造							
有色金属压延加工							

2-4-32 续表 3

单位：万元

行业	R&D经费内部支出	日常性支出	#人员劳务费	资产性支出	#仪器和设备	#政府资金	#企业资金
金属制品业	53056	51182	14046	1874	1824	13086	33708
结构性金属制品制造							
金属工具制造							
集装箱及金属包装容器制造							
金属丝绳及其制品制造							
建筑、安全用金属制品制造							
金属表面处理及热处理加工							
搪瓷制品制造							
金属制日用品制造							
其他金属制品制造	53056	51182	14046	1874	1824	13086	33708
通用设备制造业	6792	5912	1285	881	875	243	6549
锅炉及原动设备制造	5586	5122	915	464	461	202	5384
金属加工机械制造	151	140	80	11	10		151
物料搬运设备制造	114	75	37	39	38		114
泵、阀门、压缩机及类似机械制造	941	574	253	366	366	41	900
轴承、齿轮和传动部件制造							
烘炉、风机、衡器、包装等设备制造							
文化、办公用机械制造							
通用零部件制造							
其他通用设备制造业							
专用设备制造业	107360	104505	10383	2855	2816	9093	98065
采矿、冶金、建筑专用设备制造	100306	98464	7598	1842	1803	8835	91270
化工、木材、非金属加工专用设备制造	1390	1244	273	146	146	200	1190
食品、饮料、烟草及饲料生产专用设备制造							
印刷、制药、日化及日用品生产专用设备制造							
纺织、服装和皮革加工专用设备制造	5317	4586	2443	731	731		5317
电子和电工机械专用设备制造							
农、林、牧、渔专用机械制造	347	211	69	136	136	58	289
医疗仪器设备及器械制造							
环保、社会公共服务及其他专用设备制造							
汽车制造业	14077	13082	2105	996	994	863	13215
汽车整车制造	287	260	165	28	28		287
改装汽车制造	7211	7117	666	94	94	274	6937
低速载货汽车制造							
电车制造							
汽车车身、挂车制造							
汽车零部件及配件制造	6580	5705	1275	874	873	589	5991
铁路、船舶、航空航天和其他运输设备制造业	24009	20016	4070	3993	3895	60	22961
铁路运输设备制造	24009	20016	4070	3993	3895	60	22961
城市轨道交通设备制造							
船舶及相关装置制造							
航空、航天器及设备制造							
摩托车制造							
自行车制造							
非公路休闲车及零配件制造							
潜水救捞及其他未列明运输设备制造							
电气机械和器材制造业	31147	30058	5140	1090	1090	370	30777
电机制造	27966	27255	3648	711	711	230	27736
输配电及控制设备制造	1807	1619	851	189	189		1807

2-4-32　续表 4　　　单位：万元

行　业	R&D经费内部支出	日常性支出	#人员劳务费	资产性支出	#仪器和设备	#政府资金	#企业资金
电线、电缆、光缆及电工器材制造							
电池制造	135	135	114				135
家用电力器具制造							
非电力家用器具制造							
照明器具制造	1239	1049	527	190	190	140	1099
其他电气机械及器材制造							
计算机、通信和其他电子设备制造业	5778	4604	1126	1174	1164	43	5735
计算机制造	140	140	49				140
通信设备制造	246	246	121				246
广播电视设备制造							
雷达及配套设备制造	97	97	84				97
视听设备制造							
电子器件制造							
电子元件制造	1706	1687	322	19	15	43	1663
其他电子设备制造	3590	2435	550	1155	1148		3590
仪器仪表制造业	18381	18049	1333	332	323	1183	17198
通用仪器仪表制造	17321	17291	1244	30	30	746	16575
专用仪器仪表制造	1060	758	89	302	293	437	623
钟表与计时仪器制造							
光学仪器及眼镜制造							
其他仪器仪表制造业							
其他制造业							
日用杂品制造							
煤制品制造							
核辐射加工							
其他未列明制造业							
废弃资源综合利用业							
金属废料和碎屑加工处理							
非金属废料和碎屑加工处理							
金属制品、机械和设备修理业							
金属制品修理							
通用设备修理							
专用设备修理							
铁路、船舶、航空航天等运输设备修理							
电气设备修理							
仪器仪表修理							
其他机械和设备修理业							
电力、热力、燃气及水生产和供应业	**2095**	**2042**	**620**	**53**	**49**		**2095**
电力、热力生产和供应业	2095	2042	620	53	49		2095
电力生产	451	451	46				451
电力供应	1644	1591	575	53	49		1644
热力生产和供应							
燃气生产和供应业							
燃气生产和供应业							
水的生产和供应业							
自来水生产和供应							
污水处理及其再生利用							
其他水的处理、利用与分配							

2-4-33 分行业内资企业R&D经费内部支出情况

单位：万元

行业	R&D经费内部支出	日常性支出	#人员劳务费	资产性支出	#仪器和设备	#政府资金	#企业资金
总计	**1218739**	**1072052**	**220108**	**146687**	**138812**	**36904**	**1167945**
采矿业	**361124**	**345987**	**113329**	**15137**	**12948**	**1882**	**354337**
煤炭开采和洗选业	361124	345986	113328	15137	12948	1882	354337
烟煤和无烟煤开采洗选	361124	345986	113328	15137	12948	1882	354337
褐煤开采洗选							
其他煤炭采选							
石油和天然气开采业							
石油开采							
天然气开采							
黑色金属矿采选业	1	1	0				1
铁矿采选							
锰矿、铬矿采选	1	1	0				1
其他黑色金属矿采选							
有色金属矿采选业							
常用有色金属矿采选							
贵金属矿采选							
稀有稀土金属矿采选							
非金属矿采选业							
土砂石开采							
化学矿开采							
采盐							
石棉及其他非金属矿采选							
开采辅助活动							
煤炭开采和洗选辅助活动							
石油和天然气开采辅助活动							
其他开采辅助活动							
其他采矿业							
其他采矿业							
制造业	**855520**	**724024**	**106159**	**131496**	**125815**	**35022**	**811513**
农副食品加工业	10252	9546	553	706	705	152	10100
谷物磨制	960	577	21	383	383		960
饲料加工	3130	3122	201	8	7	45	3085
植物油加工	570	280	19	290	290		570
制糖业							
屠宰及肉类加工	554	554	167			30	524
水产品加工							
蔬菜、水果和坚果加工	5031	5005	140	26	25	77	4954
其他农副食品加工	8	8	4				8
食品制造业	4006	3868	426	138	134	660	3346
焙烤食品制造							
糖果、巧克力及蜜饯制造							
方便食品制造	152	77	32	75	75	15	137
乳制品制造							
罐头食品制造	1320	1320	92				1320
调味品、发酵制品制造	2534	2471	302	63	59	645	1889
其他食品制造							
酒、饮料和精制茶制造业	23102	21202	5443	1900	1900	209	22894
酒的制造	23079	21188	5441	1891	1891	209	22870
饮料制造	24	15	2	9	9		24
精制茶加工							

2-4-33 续表 1　　　　单位：万元

行　业	R&D经费内部支出	日常性支出	#人员劳务费	资产性支出	#仪器和设备	#政府资金	#企业资金
烟草制品业							
烟叶复烤							
卷烟制造							
其他烟草制品制造							
纺织业	561	386	214	175	175	28	532
棉纺织及印染精加工	500	325	180	175	175	5	495
毛纺织及染整精加工							
麻纺织及染整精加工							
丝绢纺织及印染精加工							
化纤织造及印染精加工	61	61	34			23	37
针织或钩针编织物及其制品制造							
家用纺织制成品制造							
非家用纺织制成品制造							
纺织服装、服饰业	703	673	510	30	29		703
机织服装制造	703	673	510	30	29		703
针织或钩针编织服装制造							
服饰制造							
皮革、毛皮、羽毛及其制品和制鞋业							
皮革鞣制加工							
皮革制品制造							
毛皮鞣制及制品加工							
羽毛(绒)加工及制品制造							
制鞋业							
木材加工和木、竹、藤、棕、草制品业	323	240	162	83	83	8	315
木材加工	323	240	162	83	83	8	315
人造板制造							
木制品制造							
竹、藤、棕、草等制品制造							
家具制造业	156	156	18			60	96
木质家具制造	156	156	18			60	96
竹、藤家具制造							
金属家具制造							
塑料家具制造							
其他家具制造							
造纸和纸制品业	1327	1038	245	289	283		1327
纸浆制造							
造纸	966	710	46	256	250		966
纸制品制造	361	328	199	33	33		361
印刷和记录媒介复制业	538	538	254				538
印刷	538	538	254				538
装订及印刷相关服务							
记录媒介复制							
文教、工美、体育和娱乐用品制造业	1732	1480	519	252	252	169	1564
文教办公用品制造							
乐器制造							
工艺美术品制造	833	662	274	171	171	30	803
体育用品制造	900	819	246	81	81	139	761
玩具制造							
游艺器材及娱乐用品制造							

2-4-33 续表 2

单位：万元

行　　业	R&D经费内部支出	日常性支出	#人员劳务费	资产性支出	#仪器和设备	#政府资金	#企业资金
石油加工、炼焦和核燃料加工业	9608	7734	1585	1875	1833	1048	8560
精炼石油产品制造	253	233	43	20	20	70	183
炼焦	9356	7501	1543	1855	1813	978	8378
核燃料加工							
化学原料和化学制品制造业	48771	39331	11834	9440	9362	1722	46041
基础化学原料制造	5728	4322	1048	1406	1403	470	4608
肥料制造	21286	19521	5813	1765	1729	691	20311
农药制造	405	236	49	170	168		405
涂料、油墨、颜料及类似产品制造	1200	1200	256				1200
合成材料制造	9649	5380	1655	4268	4241		9649
专用化学产品制造	2858	1770	373	1088	1084	250	2533
炸药、火工及焰火产品制造	4963	4606	1269	357	356	268	4695
日用化学产品制造	2683	2297	1371	386	381	43	2640
医药制造业	23690	21007	6058	2683	2585	908	22702
化学药品原料药制造	1469	555	141	914	903	82	1387
化学药品制剂制造	9294	7983	3879	1311	1309	169	9125
中药饮片加工							
中成药生产	3372	3126	903	246	243	238	3134
兽用药品制造	336	311	102	25	25	10	246
生物药品制造	8731	8580	930	151	68	410	8321
卫生材料及医药用品制造	489	452	103	37	37		489
化学纤维制造业							
纤维素纤维原料及纤维制造							
合成纤维制造							
橡胶和塑料制品业	14534	10553	971	3981	3981	710	13824
橡胶制品业	4230	3642	343	589	589	470	3760
塑料制品业	10304	6912	628	3392	3392	240	10064
非金属矿物制品业	13734	11667	2752	2067	2031	427	13308
水泥、石灰和石膏制造	2694	2225	461	469	436	126	2569
石膏、水泥制品及类似制品制造	49	49	6				49
砖瓦、石材等建筑材料制造	2414	2101	385	313	313		2414
玻璃制造	800	600	60	200	200		800
玻璃制品制造	929	738	344	192	192		929
玻璃纤维和玻璃纤维增强塑料制品制造							
陶瓷制品制造	690	690	90			10	680
耐火材料制品制造	2343	2063	550	280	278	271	2072
石墨及其他非金属矿物制品制造	3814	3201	856	613	612	20	3794
黑色金属冶炼和压延加工业	407373	323069	29967	84304	79174	1661	405488
炼铁							
炼钢	1232	998	407	234	233	100	1132
黑色金属铸造	3318	2952	493	366	360		3318
钢压延加工	399534	315831	28792	83704	78581	1531	398003
铁合金冶炼	3289	3289	275			30	3035
有色金属冶炼和压延加工业	20564	12270	2471	8294	8250	1067	19497
常用有色金属冶炼	15903	7745	2145	8158	8114	968	14935
贵金属冶炼							
稀有稀土金属冶炼	854	854	133			91	763
有色金属合金制造	166	108	5	58	58	8	158
有色金属铸造							
有色金属压延加工	3641	3563	189	78	78		3641

2-4-33　续表 3　　　　单位：万元

行　　业	R&D经费内部支出	日常性支出	#人员劳务费	资产性支出	#仪器和设备	#政府资金	#企业资金
金属制品业	54624	52713	14347	1912	1862	13236	34949
结构性金属制品制造							
金属工具制造							
集装箱及金属包装容器制造	101	101	34				101
金属丝绳及其制品制造							
建筑、安全用金属制品制造	327	327	122				327
金属表面处理及热处理加工							
搪瓷制品制造							
金属制日用品制造							
其他金属制品制造	54196	52284	14191	1912	1862	13236	34520
通用设备制造业	11847	10272	2265	1575	1557	571	11257
锅炉及原动设备制造	6639	6175	1287	464	461	302	6337
金属加工机械制造	151	140	80	11	10		151
物料搬运设备制造	114	75	37	39	38		114
泵、阀门、压缩机及类似机械制造	3012	2190	634	822	822	178	2815
轴承、齿轮和传动部件制造	1308	1143	53	165	152	47	1261
烘炉、风机、衡器、包装等设备制造	511	446	124	65	65	19	492
文化、办公用机械制造							
通用零部件制造	113	103	49	9	9	25	88
其他通用设备制造业							
专用设备制造业	108183	105390	9491	2793	2752	9406	98551
采矿、冶金、建筑专用设备制造	104179	101896	8254	2283	2242	8978	94975
化工、木材、非金属加工专用设备制造	1390	1244	273	146	146	200	1190
食品、饮料、烟草及饲料生产专用设备制造							
印刷、制药、日化及日用品生产专用设备制造	30	30	17				30
纺织、服装和皮革加工专用设备制造	1183	977	384	206	206	30	1153
电子和电工机械专用设备制造	336	329	260	7	7		336
农、林、牧、渔专用机械制造	347	211	69	136	136	58	289
医疗仪器设备及器械制造							
环保、社会公共服务及其他专用设备制造	719	704	236	15	15	140	579
汽车制造业	14838	13842	2203	996	994	1013	13825
汽车整车制造	287	260	165	28	28		287
改装汽车制造	7571	7477	762	94	94	424	7147
低速载货汽车制造							
电车制造							
汽车车身、挂车制造	400	400	2				400
汽车零部件及配件制造	6580	5705	1275	874	873	589	5991
铁路、船舶、航空航天和其他运输设备制造业	23867	19647	4291	4220	4122	60	22819
铁路运输设备制造	23867	19647	4291	4220	4122	60	22819
城市轨道交通设备制造							
船舶及相关装置制造							
航空、航天器及设备制造							
摩托车制造							
自行车制造							
非公路休闲车及零配件制造							
潜水救捞及其他未列明运输设备制造							
电气机械和器材制造业	33422	32014	5734	1408	1406	541	32881
电机制造	27966	27255	3648	711	711	230	27736
输配电及控制设备制造	3157	2968	1274	189	189	171	2987

2-4-33 续表 4 单位：万元

行业	R&D经费内部支出	日常性支出	#人员劳务费	资产性支出	#仪器和设备	#政府资金	#企业资金
电线、电缆、光缆及电工器材制造	278	212	38	66	65		278
电池制造	783	531	247	252	251		783
家用电力器具制造							
非电力家用器具制造							
照明器具制造	1239	1049	527	190	190	140	1099
其他电气机械及器材制造							
计算机、通信和其他电子设备制造业	9382	7410	1832	1972	1959	813	8569
计算机制造	140	140	49				140
通信设备制造	2252	1608	421	644	642	670	1582
广播电视设备制造							
雷达及配套设备制造	97	97	84				97
视听设备制造							
电子器件制造							
电子元件制造	2073	1998	366	75	71	43	2030
其他电子设备制造	4820	3568	911	1252	1246	100	4720
仪器仪表制造业	18159	17753	1972	405	388	554	17605
通用仪器仪表制造	16782	16715	1703	66	65	117	16665
专用仪器仪表制造	1377	1038	269	339	323	437	940
钟表与计时仪器制造							
光学仪器及眼镜制造							
其他仪器仪表制造业							
其他制造业							
日用杂品制造							
煤制品制造							
核辐射加工							
其他未列明制造业							
废弃资源综合利用业							
金属废料和碎屑加工处理							
非金属废料和碎屑加工处理							
金属制品、机械和设备修理业	223	223	44				223
金属制品修理							
通用设备修理							
专用设备修理							
铁路、船舶、航空航天等运输设备修理	223	223	44				223
电气设备修理							
仪器仪表修理							
其他机械和设备修理业							
电力、热力、燃气及水生产和供应业	**2095**	**2042**	**620**	**53**	**49**		**2095**
电力、热力生产和供应业	2095	2042	620	53	49		2095
电力生产	451	451	46				451
电力供应	1644	1591	575	53	49		1644
热力生产和供应							
燃气生产和供应业							
燃气生产和供应业							
水的生产和供应业							
自来水生产和供应							
污水处理及其再生利用							
其他水的处理、利用与分配							

2-4-34　分行业港澳台商投资企业R&D经费内部支出情况

单位：万元

行　业	R&D经费内部支出	日常性支出	#人员劳务费	资产性支出	#仪器和设备	#政府资金	#企业资金
总　计	**11331**	**8187**	**3043**	**3144**	**3144**	**1210**	**10121**
采矿业							
煤炭开采和洗选业							
烟煤和无烟煤开采洗选							
褐煤开采洗选							
其他煤炭采选							
石油和天然气开采业							
石油开采							
天然气开采							
黑色金属矿采选业							
铁矿采选							
锰矿、铬矿采选							
其他黑色金属矿采选							
有色金属矿采选业							
常用有色金属矿采选							
贵金属矿采选							
稀有稀土金属矿采选							
非金属矿采选业							
土砂石开采							
化学矿开采							
采盐							
石棉及其他非金属矿采选							
开采辅助活动							
煤炭开采和洗选辅助活动							
石油和天然气开采辅助活动							
其他开采辅助活动							
其他采矿业							
其他采矿业							
制造业	**9983**	**7340**	**2752**	**2643**	**2643**	**1210**	**8773**
农副食品加工业							
谷物磨制							
饲料加工							
植物油加工							
制糖业							
屠宰及肉类加工							
水产品加工							
蔬菜、水果和坚果加工							
其他农副食品加工							
食品制造业							
焙烤食品制造							
糖果、巧克力及蜜饯制造							
方便食品制造							
乳制品制造							
罐头食品制造							
调味品、发酵制品制造							
其他食品制造							
酒、饮料和精制茶制造业							
酒的制造							
饮料制造							
精制茶加工							

2-4-34 续表 1

单位：万元

行　业	R&D经费内部支出	日常性支出	#人员劳务费	资产性支出	#仪器和设备	#政府资金	#企业资金
烟草制品业							
烟叶复烤							
卷烟制造							
其他烟草制品制造							
纺织业							
棉纺织及印染精加工							
毛纺织及染整精加工							
麻纺织及染整精加工							
丝绢纺织及印染精加工							
化纤织造及印染精加工							
针织或钩针编织物及其制品制造							
家用纺织制成品制造							
非家用纺织制成品制造							
纺织服装、服饰业							
机织服装制造							
针织或钩针编织服装制造							
服饰制造							
皮革、毛皮、羽毛及其制品和制鞋业							
皮革鞣制加工							
皮革制品制造							
毛皮鞣制及制品加工							
羽毛(绒)加工及制品制造							
制鞋业							
木材加工和木、竹、藤、棕、草制品业							
木材加工							
人造板制造							
木制品制造							
竹、藤、棕、草等制品制造							
家具制造业							
木质家具制造							
竹、藤家具制造							
金属家具制造							
塑料家具制造							
其他家具制造							
造纸和纸制品业							
纸浆制造							
造纸							
纸制品制造							
印刷和记录媒介复制业							
印刷							
装订及印刷相关服务							
记录媒介复制							
文教、工美、体育和娱乐用品制造业							
文教办公用品制造							
乐器制造							
工艺美术品制造							
体育用品制造							
玩具制造							
游艺器材及娱乐用品制造							

2-4-34 续表 2

单位：万元

行 业	R&D经费内部支出	日常性支出	#人员劳务费	资产性支出	#仪器和设备	#政府资金	#企业资金
石油加工、炼焦和核燃料加工业	90	37	29	53	53		90
精炼石油产品制造							
炼焦	90	37	29	53	53		90
核燃料加工							
化学原料和化学制品制造业	830	45	8	785	785		830
基础化学原料制造	830	45	8	785	785		830
肥料制造							
农药制造							
涂料、油墨、颜料及类似产品制造							
合成材料制造							
专用化学产品制造							
炸药、火工及焰火产品制造							
日用化学产品制造							
医药制造业	1687	643	118	1044	1044	464	1223
化学药品原料药制造							
化学药品制剂制造	1217	173	43	1044	1044	289	928
中药饮片加工							
中成药生产	470	470	76			175	295
兽用药品制造							
生物药品制造							
卫生材料及医药用品制造							
化学纤维制造业							
纤维素纤维原料及纤维制造							
合成纤维制造							
橡胶和塑料制品业							
橡胶制品业							
塑料制品业							
非金属矿物制品业							
水泥、石灰和石膏制造							
石膏、水泥制品及类似制品制造							
砖瓦、石材等建筑材料制造							
玻璃制造							
玻璃制品制造							
玻璃纤维和玻璃纤维增强塑料制品制造							
陶瓷制品制造							
耐火材料制品制造							
石墨及其他非金属矿物制品制造							
黑色金属冶炼和压延加工业							
炼铁							
炼钢							
黑色金属铸造							
钢压延加工							
铁合金冶炼							
有色金属冶炼和压延加工业							
常用有色金属冶炼							
贵金属冶炼							
稀有稀土金属冶炼							
有色金属合金制造							
有色金属铸造							
有色金属压延加工							

2-4-34 续表 3

单位：万元

行 业	R&D经费内部支出	日常性支出	#人员劳务费	资产性支出	#仪器和设备	#政府资金	#企业资金
金属制品业							
结构性金属制品制造							
金属工具制造							
集装箱及金属包装容器制造							
金属丝绳及其制品制造							
建筑、安全用金属制品制造							
金属表面处理及热处理加工							
搪瓷制品制造							
金属制日用品制造							
其他金属制品制造							
通用设备制造业							
锅炉及原动设备制造							
金属加工机械制造							
物料搬运设备制造							
泵、阀门、压缩机及类似机械制造							
轴承、齿轮和传动部件制造							
烘炉、风机、衡器、包装等设备制造							
文化、办公用机械制造							
通用零部件制造							
其他通用设备制造业							
专用设备制造业	5317	4586	2443	731	731		5317
采矿、冶金、建筑专用设备制造							
化工、木材、非金属加工专用设备制造							
食品、饮料、烟草及饲料生产专用设备制造							
印刷、制药、日化及日用品生产专用设备制造							
纺织、服装和皮革加工专用设备制造	5317	4586	2443	731	731		5317
电子和电工机械专用设备制造							
农、林、牧、渔专用机械制造							
医疗仪器设备及器械制造							
环保、社会公共服务及其他专用设备制造							
汽车制造业							
汽车整车制造							
改装汽车制造							
低速载货汽车制造							
电车制造							
汽车车身、挂车制造							
汽车零部件及配件制造							
铁路、船舶、航空航天和其他运输设备制造业							
铁路运输设备制造							
城市轨道交通设备制造							
船舶及相关装置制造							
航空、航天器及设备制造							
摩托车制造							
自行车制造							
非公路休闲车及零配件制造							
潜水救捞及其他未列明运输设备制造							
电气机械和器材制造业							
电机制造							
输配电及控制设备制造							

2-4-34 续表 4

单位：万元

行　业	R&D经费内部支出	日常性支出	#人员劳务费	资产性支出	#仪器和设备	#政府资金	#企业资金
电线、电缆、光缆及电工器材制造							
电池制造							
家用电力器具制造							
非电力家用器具制造							
照明器具制造							
其他电气机械及器材制造							
计算机、通信和其他电子设备制造业							
计算机制造							
通信设备制造							
广播电视设备制造							
雷达及配套设备制造							
视听设备制造							
电子器件制造							
电子元件制造							
其他电子设备制造							
仪器仪表制造业	2059	2029	154	30	30	746	1313
通用仪器仪表制造	2059	2029	154	30	30	746	1313
专用仪器仪表制造							
钟表与计时仪器制造							
光学仪器及眼镜制造							
其他仪器仪表制造业							
其他制造业							
日用杂品制造							
煤制品制造							
核辐射加工							
其他未列明制造业							
废弃资源综合利用业							
金属废料和碎屑加工处理							
非金属废料和碎屑加工处理							
金属制品、机械和设备修理业							
金属制品修理							
通用设备修理							
专用设备修理							
铁路、船舶、航空航天等运输设备修理							
电气设备修理							
仪器仪表修理							
其他机械和设备修理业							
电力、热力、燃气及水生产和供应业	**1348**	**848**	**292**	**500**	**500**		**1348**
电力、热力生产和供应业	1348	848	292	500	500		1348
电力生产	1348	848	292	500	500		1348
电力供应							
热力生产和供应							
燃气生产和供应业							
燃气生产和供应业							
水的生产和供应业							
自来水生产和供应							
污水处理及其再生利用							
其他水的处理、利用与分配							

2-4-35 分行业外商投资企业R&D经费内部支出情况

单位：万元

行业	R&D经费内部支出	日常性支出	#人员劳务费	资产性支出	#仪器和设备	#政府资金	#企业资金
总计	**7628**	**7039**	**1072**	**590**	**566**	**117**	**7512**
采矿业	**527**	**527**	**132**				**527**
煤炭开采和洗选业	527	527	132				527
烟煤和无烟煤开采洗选	527	527	132				527
褐煤开采洗选							
其他煤炭采选							
石油和天然气开采业							
石油开采							
天然气开采							
黑色金属矿采选业							
铁矿采选							
锰矿、铬矿采选							
其他黑色金属矿采选							
有色金属矿采选业							
常用有色金属矿采选							
贵金属矿采选							
稀有稀土金属矿采选							
非金属矿采选业							
土砂石开采							
化学矿开采							
采盐							
石棉及其他非金属矿采选							
开采辅助活动							
煤炭开采和洗选辅助活动							
石油和天然气开采辅助活动							
其他开采辅助活动							
其他采矿业							
其他采矿业							
制造业	**7101**	**6512**	**940**	**590**	**566**	**117**	**6985**
农副食品加工业							
谷物磨制							
饲料加工							
植物油加工							
制糖业							
屠宰及肉类加工							
水产品加工							
蔬菜、水果和坚果加工							
其他农副食品加工							
食品制造业							
焙烤食品制造							
糖果、巧克力及蜜饯制造							
方便食品制造							
乳制品制造							
罐头食品制造							
调味品、发酵制品制造							
其他食品制造							
酒、饮料和精制茶制造业	225	225	24			25	200
酒的制造							
饮料制造	225	225	24			25	200
精制茶加工							

2-4-35　续表 1

单位：万元

行　业	R&D经费内部支出	日常性支出	#人员劳务费	资产性支出	#仪器和设备	#政府资金	#企业资金
烟草制品业							
烟叶复烤							
卷烟制造							
其他烟草制品制造							
纺织业							
棉纺织及印染精加工							
毛纺织及染整精加工							
麻纺织及染整精加工							
丝绢纺织及印染精加工							
化纤织造及印染精加工							
针织或钩针编织物及其制品制造							
家用纺织制成品制造							
非家用纺织制成品制造							
纺织服装、服饰业							
机织服装制造							
针织或钩针编织服装制造							
服饰制造							
皮革、毛皮、羽毛及其制品和制鞋业							
皮革鞣制加工							
皮革制品制造							
毛皮鞣制及制品加工							
羽毛(绒)加工及制品制造							
制鞋业							
木材加工和木、竹、藤、棕、草制品业							
木材加工							
人造板制造							
木制品制造							
竹、藤、棕、草等制品制造							
家具制造业							
木质家具制造							
竹、藤家具制造							
金属家具制造							
塑料家具制造							
其他家具制造							
造纸和纸制品业							
纸浆制造							
造纸							
纸制品制造							
印刷和记录媒介复制业							
印刷							
装订及印刷相关服务							
记录媒介复制							
文教、工美、体育和娱乐用品制造业							
文教办公用品制造							
乐器制造							
工艺美术品制造							
体育用品制造							
玩具制造							
游艺器材及娱乐用品制造							

2-4-35 续表 2

单位：万元

行业	R&D经费内部支出	日常性支出	#人员劳务费	资产性支出	#仪器和设备	#政府资金	#企业资金
石油加工、炼焦和核燃料加工业							
精炼石油产品制造							
炼焦							
核燃料加工							
化学原料和化学制品制造业	2040	1720	80	320	300		2040
基础化学原料制造							
肥料制造	2040	1720	80	320	300		2040
农药制造							
涂料、油墨、颜料及类似产品制造							
合成材料制造							
专用化学产品制造							
炸药、火工及焰火产品制造							
日用化学产品制造							
医药制造业	2520	2360	553	160	160	92	2428
化学药品原料药制造	1846	1792	388	54	54	72	1774
化学药品制剂制造	437	387	147	50	50	20	417
中药饮片加工							
中成药生产	237	182	18	56	56		237
兽用药品制造							
生物药品制造							
卫生材料及医药用品制造							
化学纤维制造业							
纤维素纤维原料及纤维制造							
合成纤维制造							
橡胶和塑料制品业							
橡胶制品业							
塑料制品业							
非金属矿物制品业	65	60	1	5	1		65
水泥、石灰和石膏制造							
石膏、水泥制品及类似制品制造							
砖瓦、石材等建筑材料制造							
玻璃制造							
玻璃制品制造							
玻璃纤维和玻璃纤维增强塑料制品制造							
陶瓷制品制造							
耐火材料制品制造	65	60	1	5	1		65
石墨及其他非金属矿物制品制造							
黑色金属冶炼和压延加工业							
炼铁							
炼钢							
黑色金属铸造							
钢压延加工							
铁合金冶炼							
有色金属冶炼和压延加工业							
常用有色金属冶炼							
贵金属冶炼							
稀有稀土金属冶炼							
有色金属合金制造							
有色金属铸造							
有色金属压延加工							

2-4-35　续表 3

单位：万元

行　　业	R&D经费内部支出	日常性支出	#人员劳务费	资产性支出	#仪器和设备	#政府资金	#企业资金
金属制品业	724	691	175	33	33		724
结构性金属制品制造							
金属工具制造							
集装箱及金属包装容器制造							
金属丝绳及其制品制造							
建筑、安全用金属制品制造							
金属表面处理及热处理加工							
搪瓷制品制造							
金属制日用品制造							
其他金属制品制造	724	691	175	33	33		724
通用设备制造业							
锅炉及原动设备制造							
金属加工机械制造							
物料搬运设备制造							
泵、阀门、压缩机及类似机械制造							
轴承、齿轮和传动部件制造							
烘炉、风机、衡器、包装等设备制造							
文化、办公用机械制造							
通用零部件制造							
其他通用设备制造业							
专用设备制造业							
采矿、冶金、建筑专用设备制造							
化工、木材、非金属加工专用设备制造							
食品、饮料、烟草及饲料生产专用设备制造							
印刷、制药、日化及日用品生产专用设备制造							
纺织、服装和皮革加工专用设备制造							
电子和电工机械专用设备制造							
农、林、牧、渔专用机械制造							
医疗仪器设备及器械制造							
环保、社会公共服务及其他专用设备制造							
汽车制造业	395	395	26				395
汽车整车制造							
改装汽车制造							
低速载货汽车制造							
电车制造							
汽车车身、挂车制造							
汽车零部件及配件制造	395	395	26				395
铁路、船舶、航空航天和其他运输设备制造业	1133	1061	81	73	73		1133
铁路运输设备制造	1133	1061	81	73	73		1133
城市轨道交通设备制造							
船舶及相关装置制造							
航空、航天器及设备制造							
摩托车制造							
自行车制造							
非公路休闲车及零配件制造							
潜水救捞及其他未列明运输设备制造							
电气机械和器材制造业							
电机制造							
输配电及控制设备制造							

2-4-35 续表 4

单位：万元

行业	R&D经费内部支出	日常性支出	#人员劳务费	资产性支出	#仪器和设备	#政府资金	#企业资金
电线、电缆、光缆及电工器材制造							
电池制造							
家用电力器具制造							
非电力家用器具制造							
照明器具制造							
其他电气机械及器材制造							
计算机、通信和其他电子设备制造业							
计算机制造							
通信设备制造							
广播电视设备制造							
雷达及配套设备制造							
视听设备制造							
电子器件制造							
电子元件制造							
其他电子设备制造							
仪器仪表制造业							
通用仪器仪表制造							
专用仪器仪表制造							
钟表与计时仪器制造							
光学仪器及眼镜制造							
其他仪器仪表制造业							
其他制造业							
日用杂品制造							
煤制品制造							
核辐射加工							
其他未列明制造业							
废弃资源综合利用业							
金属废料和碎屑加工处理							
非金属废料和碎屑加工处理							
金属制品、机械和设备修理业							
金属制品修理							
通用设备修理							
专用设备修理							
铁路、船舶、航空航天等运输设备修理							
电气设备修理							
仪器仪表修理							
其他机械和设备修理业							
电力、热力、燃气及水生产和供应业							
电力、热力生产和供应业							
电力生产							
电力供应							
热力生产和供应							
燃气生产和供应业							
燃气生产和供应业							
水的生产和供应业							
自来水生产和供应							
污水处理及其再生利用							
其他水的处理、利用与分配							

2-4-36　各地区企业R&D经费内部支出情况

单位：万元

地　区	R&D经费内部支出	日常性支出	#人员劳务费	资产性支出	#仪器和设备	#政府资金	#企业资金
全　省	**1237698**	**1087278**	**224223**	**150420**	**142521**	**38231**	**1185577**
太原市	598458	502568	63956	95890	90407	16971	578867
大同市	94957	91578	36390	3379	3155	1167	92802
阳泉市	40660	34285	10027	6375	5703	699	39961
长治市	151608	142849	36455	8759	7458	8443	138620
晋城市	123623	123083	34245	540	531	818	118578
朔州市	25310	21169	5692	4141	4129	104	25206
晋中市	36578	30065	6951	6513	6497	2117	33509
运城市	73702	63838	15153	9864	9803	1771	71776
忻州市	9062	8307	1007	756	746	479	8406
临汾市	49073	41409	7190	7664	7580	5371	43702
吕梁市	34667	28127	7157	6540	6513	291	34153

2-4-37　各地区大中型企业R&D经费内部支出情况

单位：万元

地　区	R&D经费内部支出	日常性支出	#人员劳务费	资产性支出	#仪器和设备	#政府资金	#企业资金
全　省	**1164141**	**1023974**	**212242**	**140167**	**132348**	**33168**	**1118219**
太原市	583725	489175	60726	94549	89077	15662	565443
大同市	93231	89894	35751	3337	3113	847	91396
阳泉市	38098	32447	9553	5651	5011	308	37789
长治市	136000	127941	35191	8059	6758	7656	124298
晋城市	122622	122273	34020	349	341	818	117577
朔州市	22554	19654	5161	2901	2900	64	22490
晋中市	17037	13316	4574	3721	3718	370	16017
运城市	64433	56777	12778	7656	7603	1459	62974
忻州市	8407	7739	875	667	658	479	7928
临汾市	44423	37387	6665	7036	6952	5286	39137
吕梁市	33613	27371	6950	6241	6217	219	33170

2-4-38 各地区内资企业R&D经费内部支出情况

单位：万元

地 区	R&D经费内部支出	日常性支出	#人员劳务费	资产性支出	#仪器和设备	#政府资金	#企业资金
全 省	**1218739**	**1072052**	**220108**	**146687**	**138812**	**36904**	**1167945**
太原市	595028	499297	63703	95732	90249	16225	576183
大同市	93111	89786	36003	3325	3101	1096	91028
阳泉市	40596	34225	10026	6370	5703	699	39896
长治市	151383	142624	36431	8759	7458	8418	138420
晋城市	123623	123083	34245	540	531	818	118578
朔州市	23891	20300	5358	3591	3579	84	23807
晋中市	28196	23511	4098	4685	4669	1653	25591
运城市	70938	61428	14898	9510	9470	1771	69012
忻州市	9062	8307	1007	756	746	479	8406
临汾市	49073	41409	7190	7664	7580	5371	43702
吕梁市	33837	28083	7150	5755	5728	291	33323

2-4-39 各地区港澳台商投资企业R&D经费内部支出情况

单位：万元

地 区	R&D经费内部支出	日常性支出	#人员劳务费	资产性支出	#仪器和设备	#政府资金	#企业资金
全 省	**11331**	**8187**	**3043**	**3144**	**3144**	**1210**	**10121**
太原市	2059	2029	154	30	30	746	1313
大同市							
阳泉市							
长治市							
晋城市							
朔州市	1081	581	207	500	500		1081
晋中市	7360	5532	2675	1828	1828	464	6896
运城市							
忻州市							
临汾市							
吕梁市	830	45	8	785	785		830

2-4-40　各地区外商投资企业R&D经费内部支出情况

单位：万元

地　区	R&D经费内部支出	日常性支出	#人员劳务费	资产性支出	#仪器和设备	#政府资金	#企业资金
全　省	**7628**	**7039**	**1072**	**590**	**566**	**117**	**7512**
太原市	1370	1242	99	128	128		1370
大同市	1846	1792	388	54	54	72	1774
阳泉市	65	60	1	5	1		65
长治市	225	225	24			25	200
晋城市							
朔州市	337	287	127	50	50	20	317
晋中市	1022	1022	178				1022
运城市	2764	2410	255	353	333		2764
忻州市							
临汾市							
吕梁市							

2-4-41 分登记注册类型企业R&D经费外部支出情况

单位：万元

登记注册类型	R&D经费外部支出	#对境内研究机构支出	#对境内高等学校支出
总　计	**77681**	**37425**	**22122**
内资企业	**77463**	**37270**	**22059**
国有企业	1005	356	199
集体企业			
股份合作企业			
联营企业			
国有联营企业			
集体联营企业			
国有与集体联营企业			
其他联营企业			
有限责任公司	57295	28174	18460
国有独资公司	13447	6905	3708
其他有限责任公司	43848	21269	14752
股份有限公司	16597	7071	2667
私营企业	2565	1669	732
私营独资企业			
私营合伙企业			
私营有限责任公司	1378	482	732
私营股份有限公司	1188	1188	
其他企业			
港、澳、台商投资企业	**174**	**111**	**64**
合资经营企业	16		16
合作经营企业			
港、澳、台商独资经营企业	111	111	
港、澳、台商投资股份有限公司	48		48
其他港澳台投资企业			
外商投资企业	**44**	**44**	
中外合资经营企业	44	44	
中外合作经营企业			
外资企业			
外商投资股份有限公司			
其他外商投资企业			

2-4-42　分登记注册类型大中型企业R&D经费外部支出情况

单位：万元

登记注册类型	R&D经费外部支出	#对境内研究机构支出	#对境内高等学校支出
总　计	**75784**	**36292**	**21455**
内资企业	**75724**	**36280**	**21407**
国有企业	1005	356	199
集体企业			
股份合作企业			
联营企业			
国有联营企业			
集体联营企业			
国有与集体联营企业			
其他联营企业			
有限责任公司	56019	27414	18010
国有独资公司	12589	6462	3293
其他有限责任公司	43429	20952	14716
股份有限公司	16595	7070	2666
私营企业	2105	1441	533
私营独资企业			
私营合伙企业			
私营有限责任公司	917	253	533
私营股份有限公司	1188	1188	
其他企业			
港、澳、台商投资企业	**48**		**48**
合资经营企业			
合作经营企业			
港、澳、台商独资经营企业			
港、澳、台商投资股份有限公司	48		48
其他港澳台投资企业			
外商投资企业	**12**	**12**	
中外合资经营企业	12	12	
中外合作经营企业			
外资企业			
外商投资股份有限公司			
其他外商投资企业			

2-4-43 分行业企业R&D经费外部支出情况

单位：万元

行业	R&D经费外部支出	#对境内研究机构支出	#对境内高等学校支出
总 计	**77681**	**37425**	**22122**
采矿业	**56418**	**26531**	**17568**
煤炭开采和洗选业	56418	26531	17568
烟煤和无烟煤开采洗选	56418	26531	17568
褐煤开采洗选			
其他煤炭采选			
石油和天然气开采业			
石油开采			
天然气开采			
黑色金属矿采选业			
铁矿采选			
锰矿、铬矿采选			
其他黑色金属矿采选			
有色金属矿采选业			
常用有色金属矿采选			
贵金属矿采选			
稀有稀土金属矿采选			
非金属矿采选业			
土砂石开采			
化学矿开采			
采盐			
石棉及其他非金属矿采选			
开采辅助活动			
煤炭开采和洗选辅助活动			
石油和天然气开采辅助活动			
其他开采辅助活动			
其他采矿业			
其他采矿业			
制造业	**20479**	**10550**	**4410**
农副食品加工业	10	10	
谷物磨制			
饲料加工			
植物油加工			
制糖业			
屠宰及肉类加工			
水产品加工			
蔬菜、水果和坚果加工	10	10	
其他农副食品加工			
食品制造业	49	34	15
焙烤食品制造			
糖果、巧克力及蜜饯制造			
方便食品制造	8	8	
乳制品制造			
罐头食品制造			
调味品、发酵制品制造	41	26	15
其他食品制造			
酒、饮料和精制茶制造业	232	9	223
酒的制造	232	9	223
饮料制造			
精制茶加工			

2-4-43　续表 1　　　　单位：万元

行　业	R&D经费外部支出	#对境内研究机构支出	#对境内高等学校支出
烟草制品业			
烟叶复烤			
卷烟制造			
其他烟草制品制造			
纺织业	80	15	15
棉纺织及印染精加工	80	15	15
毛纺织及染整精加工			
麻纺织及染整精加工			
丝绢纺织及印染精加工			
化纤织造及印染精加工			
针织或钩针编织物及其制品制造			
家用纺织制成品制造			
非家用纺织制成品制造			
纺织服装、服饰业			
机织服装制造			
针织或钩针编织服装制造			
服饰制造			
皮革、毛皮、羽毛及其制品和制鞋业			
皮革鞣制加工			
皮革制品制造			
毛皮鞣制及制品加工			
羽毛(绒)加工及制品制造			
制鞋业			
木材加工和木、竹、藤、棕、草制品业			
木材加工			
人造板制造			
木制品制造			
竹、藤、棕、草等制品制造			
家具制造业			
木质家具制造			
竹、藤家具制造			
金属家具制造			
塑料家具制造			
其他家具制造			
造纸和纸制品业	30		30
纸浆制造			
造纸	30		30
纸制品制造			
印刷和记录媒介复制业			
印刷			
装订及印刷相关服务			
记录媒介复制			
文教、工美、体育和娱乐用品制造业	10	10	
文教办公用品制造			
乐器制造			
工艺美术品制造	10	10	
体育用品制造			
玩具制造			
游艺器材及娱乐用品制造			

2-4-43 续表 2

单位：万元

行业	R&D经费外部支出	#对境内研究机构支出	#对境内高等学校支出
石油加工、炼焦和核燃料加工业	183	125	58
精炼石油产品制造	8		8
炼焦	175	125	50
核燃料加工			
化学原料和化学制品制造业	4402	2327	1676
基础化学原料制造	450		450
肥料制造	2803	1775	637
农药制造	90	82	
涂料、油墨、颜料及类似产品制造			
合成材料制造	100		100
专用化学产品制造	40	40	
炸药、火工及焰火产品制造	9	9	
日用化学产品制造	911	422	489
医药制造业	3152	3069	51
化学药品原料药制造	27	12	15
化学药品制剂制造	1906	1876	30
中药饮片加工			
中成药生产	257	251	6
兽用药品制造			
生物药品制造	930	930	
卫生材料及医药用品制造	32		
化学纤维制造业			
纤维素纤维原料及纤维制造			
合成纤维制造			
橡胶和塑料制品业	50	50	
橡胶制品业	50	50	
塑料制品业			
非金属矿物制品业	260	187	15
水泥、石灰和石膏制造	90	90	0
石膏、水泥制品及类似制品制造			
砖瓦、石材等建筑材料制造	77	6	13
玻璃制造			
玻璃制品制造			
玻璃纤维和玻璃纤维增强塑料制品制造			
陶瓷制品制造			
耐火材料制品制造			
石墨及其他非金属矿物制品制造	93	91	2
黑色金属冶炼和压延加工业	1073	899	124
炼铁			
炼钢	90	20	20
黑色金属铸造			
钢压延加工	983	879	104
铁合金冶炼			
有色金属冶炼和压延加工业	566	556	10
常用有色金属冶炼	566	556	10
贵金属冶炼			
稀有稀土金属冶炼			
有色金属合金制造			
有色金属铸造			
有色金属压延加工			

2-4-43　续表 3

单位：万元

行　　业	R&D经费外部支出	#对境内研究机构支出	#对境内高等学校支出
金属制品业	3007	1576	712
结构性金属制品制造			
金属工具制造			
集装箱及金属包装容器制造			
金属丝绳及其制品制造			
建筑、安全用金属制品制造			
金属表面处理及热处理加工			
搪瓷制品制造			
金属制日用品制造			
其他金属制品制造	3007	1576	712
通用设备制造业	8	8	
锅炉及原动设备制造			
金属加工机械制造			
物料搬运设备制造			
泵、阀门、压缩机及类似机械制造	8	8	
轴承、齿轮和传动部件制造			
烘炉、风机、衡器、包装等设备制造			
文化、办公用机械制造			
通用零部件制造			
其他通用设备制造业			
专用设备制造业	4587	1015	738
采矿、冶金、建筑专用设备制造	4519	1015	670
化工、木材、非金属加工专用设备制造			
食品、饮料、烟草及饲料生产专用设备制造			
印刷、制药、日化及日用品生产专用设备制造			
纺织、服装和皮革加工专用设备制造	48		48
电子和电工机械专用设备制造			
农、林、牧、渔专用机械制造			
医疗仪器设备及器械制造			
环保、社会公共服务及其他专用设备制造	20		20
汽车制造业	737		207
汽车整车制造			
改装汽车制造	207		207
低速载货汽车制造			
电车制造			
汽车车身、挂车制造			
汽车零部件及配件制造	530		
铁路、船舶、航空航天和其他运输设备制造业	1059	280	165
铁路运输设备制造	1059	280	165
城市轨道交通设备制造			
船舶及相关装置制造			
航空、航天器及设备制造			
摩托车制造			
自行车制造			
非公路休闲车及零配件制造			
潜水救捞及其他未列明运输设备制造			
电气机械和器材制造业	576	332	245
电机制造	405	234	171
输配电及控制设备制造	127	54	73

2-4-43 续表 4

单位：万元

行业	R&D经费外部支出	#对境内研究机构支出	#对境内高等学校支出
电线、电缆、光缆及电工器材制造	14	14	1
电池制造			
家用电力器具制造			
非电力家用器具制造			
照明器具制造	30	30	
其他电气机械及器材制造			
计算机、通信和其他电子设备制造业	360		128
计算机制造	46		
通信设备制造	283		128
广播电视设备制造			
雷达及配套设备制造			
视听设备制造			
电子器件制造			
电子元件制造			
其他电子设备制造	31		
仪器仪表制造业	50	50	
通用仪器仪表制造			
专用仪器仪表制造	50	50	
钟表与计时仪器制造			
光学仪器及眼镜制造			
其他仪器仪表制造业			
其他制造业			
日用杂品制造			
煤制品制造			
核辐射加工			
其他未列明制造业			
废弃资源综合利用业			
金属废料和碎屑加工处理			
非金属废料和碎屑加工处理			
金属制品、机械和设备修理业			
金属制品修理			
通用设备修理			
专用设备修理			
铁路、船舶、航空航天等运输设备修理			
电气设备修理			
仪器仪表修理			
其他机械和设备修理业			
电力、热力、燃气及水生产和供应业	**784**	**344**	**144**
电力、热力生产和供应业	784	344	144
电力生产	66	2	64
电力供应	718	342	81
热力生产和供应			
燃气生产和供应业			
燃气生产和供应业			
水的生产和供应业			
自来水生产和供应			
污水处理及其再生利用			
其他水的处理、利用与分配			

2-4-44　分行业大中型企业R&D经费外部支出情况

单位：万元

行　业	R&D经费外部支出	#对境内研究机构支出	#对境内高等学校支出
总　计	**75784**	**36292**	**21455**
采矿业	**55553**	**26087**	**17147**
煤炭开采和洗选业	55553	26087	17147
烟煤和无烟煤开采洗选	55553	26087	17147
褐煤开采洗选			
其他煤炭采选			
石油和天然气开采业			
石油开采			
天然气开采			
黑色金属矿采选业			
铁矿采选			
锰矿、铬矿采选			
其他黑色金属矿采选			
有色金属矿采选业			
常用有色金属矿采选			
贵金属矿采选			
稀有稀土金属矿采选			
非金属矿采选业			
土砂石开采			
化学矿开采			
采盐			
石棉及其他非金属矿采选			
开采辅助活动			
煤炭开采和洗选辅助活动			
石油和天然气开采辅助活动			
其他开采辅助活动			
其他采矿业			
其他采矿业			
制造业	**19463**	**9862**	**4179**
农副食品加工业			
谷物磨制			
饲料加工			
植物油加工			
制糖业			
屠宰及肉类加工			
水产品加工			
蔬菜、水果和坚果加工			
其他农副食品加工			
食品制造业			
焙烤食品制造			
糖果、巧克力及蜜饯制造			
方便食品制造			
乳制品制造			
罐头食品制造			
调味品、发酵制品制造			
其他食品制造			
酒、饮料和精制茶制造业	232	9	223
酒的制造	232	9	223
饮料制造			
精制茶加工			

2-4-44 续表 1

单位：万元

行业	R&D经费外部支出	#对境内研究机构支出	#对境内高等学校支出
烟草制品业			
烟叶复烤			
卷烟制造			
其他烟草制品制造			
纺织业	80	15	15
棉纺织及印染精加工	80	15	15
毛纺织及染整精加工			
麻纺织及染整精加工			
丝绢纺织及印染精加工			
化纤织造及印染精加工			
针织或钩针编织物及其制品制造			
家用纺织制成品制造			
非家用纺织制成品制造			
纺织服装、服饰业			
机织服装制造			
针织或钩针编织服装制造			
服饰制造			
皮革、毛皮、羽毛及其制品和制鞋业			
皮革鞣制加工			
皮革制品制造			
毛皮鞣制及制品加工			
羽毛(绒)加工及制品制造			
制鞋业			
木材加工和木、竹、藤、棕、草制品业			
木材加工			
人造板制造			
木制品制造			
竹、藤、棕、草等制品制造			
家具制造业			
木质家具制造			
竹、藤家具制造			
金属家具制造			
塑料家具制造			
其他家具制造			
造纸和纸制品业			
纸浆制造			
造纸			
纸制品制造			
印刷和记录媒介复制业			
印刷			
装订及印刷相关服务			
记录媒介复制			
文教、工美、体育和娱乐用品制造业	10	10	
文教办公用品制造			
乐器制造			
工艺美术品制造	10	10	
体育用品制造			
玩具制造			
游艺器材及娱乐用品制造			

2-4-44　续表 2

单位：万元

行　业	R&D经费外部支出	#对境内研究机构支出	#对境内高等学校支出
石油加工、炼焦和核燃料加工业	175	125	50
精炼石油产品制造			
炼焦	175	125	50
核燃料加工			
化学原料和化学制品制造业	4272	2205	1676
基础化学原料制造	450		450
肥料制造	2803	1775	637
农药制造			
涂料、油墨、颜料及类似产品制造			
合成材料制造	100		100
专用化学产品制造			
炸药、火工及焰火产品制造	9	9	
日用化学产品制造	911	422	489
医药制造业	2786	2756	30
化学药品原料药制造	12	12	
化学药品制剂制造	1831	1801	30
中药饮片加工			
中成药生产	13	13	
兽用药品制造			
生物药品制造	930	930	
卫生材料及医药用品制造			
化学纤维制造业			
纤维素纤维原料及纤维制造			
合成纤维制造			
橡胶和塑料制品业	50	50	
橡胶制品业	50	50	
塑料制品业			
非金属矿物制品业	90	90	0
水泥、石灰和石膏制造	0		0
石膏、水泥制品及类似制品制造			
砖瓦、石材等建筑材料制造			
玻璃制造			
玻璃制品制造			
玻璃纤维和玻璃纤维增强塑料制品制造			
陶瓷制品制造			
耐火材料制品制造			
石墨及其他非金属矿物制品制造	90	90	
黑色金属冶炼和压延加工业	1073	899	124
炼铁			
炼钢	90	20	20
黑色金属铸造			
钢压延加工	983	879	104
铁合金冶炼			
有色金属冶炼和压延加工业	566	556	10
常用有色金属冶炼	566	556	10
贵金属冶炼			
稀有稀土金属冶炼			
有色金属合金制造			
有色金属铸造			
有色金属压延加工			

2-4-44 续表 3

单位：万元

行业	R&D经费外部支出	#对境内研究机构支出	#对境内高等学校支出
金属制品业	3007	1576	712
结构性金属制品制造			
金属工具制造			
集装箱及金属包装容器制造			
金属丝绳及其制品制造			
建筑、安全用金属制品制造			
金属表面处理及热处理加工			
搪瓷制品制造			
金属制日用品制造			
其他金属制品制造	3007	1576	712
通用设备制造业			
锅炉及原动设备制造			
金属加工机械制造			
物料搬运设备制造			
泵、阀门、压缩机及类似机械制造			
轴承、齿轮和传动部件制造			
烘炉、风机、衡器、包装等设备制造			
文化、办公用机械制造			
通用零部件制造			
其他通用设备制造业			
专用设备制造业	4503	1014	655
采矿、冶金、建筑专用设备制造	4455	1014	607
化工、木材、非金属加工专用设备制造			
食品、饮料、烟草及饲料生产专用设备制造			
印刷、制药、日化及日用品生产专用设备制造			
纺织、服装和皮革加工专用设备制造	48		48
电子和电工机械专用设备制造			
农、林、牧、渔专用机械制造			
医疗仪器设备及器械制造			
环保、社会公共服务及其他专用设备制造			
汽车制造业	737		207
汽车整车制造			
改装汽车制造	207		207
低速载货汽车制造			
电车制造			
汽车车身、挂车制造			
汽车零部件及配件制造	530		
铁路、船舶、航空航天和其他运输设备制造业	1059	280	165
铁路运输设备制造	1059	280	165
城市轨道交通设备制造			
船舶及相关装置制造			
航空、航天器及设备制造			
摩托车制造			
自行车制造			
非公路休闲车及零配件制造			
潜水救捞及其他未列明运输设备制造			
电气机械和器材制造业	522	278	244
电机制造	405	234	171
输配电及控制设备制造	87	14	73

2-4-44　续表 4　　单位：万元

行　业	R&D经费外部支出	#对境内研究机构支出	#对境内高等学校支出
电线、电缆、光缆及电工器材制造			
电池制造			
家用电力器具制造			
非电力家用器具制造			
照明器具制造	30	30	
其他电气机械及器材制造			
计算机、通信和其他电子设备制造业	302		70
计算机制造	46		
通信设备制造	225		70
广播电视设备制造			
雷达及配套设备制造			
视听设备制造			
电子器件制造			
电子元件制造			
其他电子设备制造	31		
仪器仪表制造业			
通用仪器仪表制造			
专用仪器仪表制造			
钟表与计时仪器制造			
光学仪器及眼镜制造			
其他仪器仪表制造业			
其他制造业			
日用杂品制造			
煤制品制造			
核辐射加工			
其他未列明制造业			
废弃资源综合利用业			
金属废料和碎屑加工处理			
非金属废料和碎屑加工处理			
金属制品、机械和设备修理业			
金属制品修理			
通用设备修理			
专用设备修理			
铁路、船舶、航空航天等运输设备修理			
电气设备修理			
仪器仪表修理			
其他机械和设备修理业			
电力、热力、燃气及水生产和供应业	**768**	**344**	**129**
电力、热力生产和供应业	768	344	129
电力生产	50	2	48
电力供应	718	342	81
热力生产和供应			
燃气生产和供应业			
燃气生产和供应业			
水的生产和供应业			
自来水生产和供应			
污水处理及其再生利用			
其他水的处理、利用与分配			

2-4-45 分行业内资企业R&D经费外部支出情况

单位：万元

行业	R&D经费外部支出	#对境内研究机构支出	#对境内高等学校支出
总 计	**77463**	**37270**	**22059**
采矿业	**56418**	**26531**	**17568**
煤炭开采和洗选业	56418	26531	17568
烟煤和无烟煤开采洗选	56418	26531	17568
褐煤开采洗选			
其他煤炭采选			
石油和天然气开采业			
石油开采			
天然气开采			
黑色金属矿采选业			
铁矿采选			
锰矿、铬矿采选			
其他黑色金属矿采选			
有色金属矿采选业			
常用有色金属矿采选			
贵金属矿采选			
稀有稀土金属矿采选			
非金属矿采选业			
土砂石开采			
化学矿开采			
采盐			
石棉及其他非金属矿采选			
开采辅助活动			
煤炭开采和洗选辅助活动			
石油和天然气开采辅助活动			
其他开采辅助活动			
其他采矿业			
其他采矿业			
制造业	**20277**	**10396**	**4362**
农副食品加工业	10	10	
谷物磨制			
饲料加工			
植物油加工			
制糖业			
屠宰及肉类加工			
水产品加工			
蔬菜、水果和坚果加工	10	10	
其他农副食品加工			
食品制造业	49	34	15
焙烤食品制造			
糖果、巧克力及蜜饯制造			
方便食品制造	8	8	
乳制品制造			
罐头食品制造			
调味品、发酵制品制造	41	26	15
其他食品制造			
酒、饮料和精制茶制造业	232	9	223
酒的制造	232	9	223
饮料制造			
精制茶加工			

2-4-45　续表 1

单位：万元

行　业	R&D经费外部支出	#对境内研究机构支出	#对境内高等学校支出
烟草制品业			
烟叶复烤			
卷烟制造			
其他烟草制品制造			
纺织业	80	15	15
棉纺织及印染精加工	80	15	15
毛纺织及染整精加工			
麻纺织及染整精加工			
丝绢纺织及印染精加工			
化纤织造及印染精加工			
针织或钩针编织物及其制品制造			
家用纺织制成品制造			
非家用纺织制成品制造			
纺织服装、服饰业			
机织服装制造			
针织或钩针编织服装制造			
服饰制造			
皮革、毛皮、羽毛及其制品和制鞋业			
皮革鞣制加工			
皮革制品制造			
毛皮鞣制及制品加工			
羽毛(绒)加工及制品制造			
制鞋业			
木材加工和木、竹、藤、棕、草制品业			
木材加工			
人造板制造			
木制品制造			
竹、藤、棕、草等制品制造			
家具制造业			
木质家具制造			
竹、藤家具制造			
金属家具制造			
塑料家具制造			
其他家具制造			
造纸和纸制品业	30		30
纸浆制造			
造纸	30		30
纸制品制造			
印刷和记录媒介复制业			
印刷			
装订及印刷相关服务			
记录媒介复制			
文教、工美、体育和娱乐用品制造业	10	10	
文教办公用品制造			
乐器制造			
工艺美术品制造	10	10	
体育用品制造			
玩具制造			
游艺器材及娱乐用品制造			

2-4-45 续表 2

单位：万元

行业	R&D经费外部支出	#对境内研究机构支出	#对境内高等学校支出
石油加工、炼焦和核燃料加工业	183	125	58
精炼石油产品制造	8		8
炼焦	175	125	50
核燃料加工			
化学原料和化学制品制造业	4402	2327	1676
基础化学原料制造	450		450
肥料制造	2803	1775	637
农药制造	90	82	
涂料、油墨、颜料及类似产品制造			
合成材料制造	100		100
专用化学产品制造	40	40	
炸药、火工及焰火产品制造	9	9	
日用化学产品制造	911	422	489
医药制造业	2997	2914	51
化学药品原料药制造	15		15
化学药品制剂制造	1843	1813	30
中药饮片加工			
中成药生产	177	171	6
兽用药品制造			
生物药品制造	930	930	
卫生材料及医药用品制造	32		
化学纤维制造业			
纤维素纤维原料及纤维制造			
合成纤维制造			
橡胶和塑料制品业	50	50	
橡胶制品业	50	50	
塑料制品业			
非金属矿物制品业	260	187	15
水泥、石灰和石膏制造	90	90	0
石膏、水泥制品及类似制品制造			
砖瓦、石材等建筑材料制造	77	6	13
玻璃制造			
玻璃制品制造			
玻璃纤维和玻璃纤维增强塑料制品制造			
陶瓷制品制造			
耐火材料制品制造			
石墨及其他非金属矿物制品制造	93	91	2
黑色金属冶炼和压延加工业	1073	899	124
炼铁			
炼钢	90	20	20
黑色金属铸造			
钢压延加工	983	879	104
铁合金冶炼			
有色金属冶炼和压延加工业	566	556	10
常用有色金属冶炼	566	556	10
贵金属冶炼			
稀有稀土金属冶炼			
有色金属合金制造			
有色金属铸造			
有色金属压延加工			

2-4-45　续表 3

单位：万元

行　业	R&D经费外部支出	#对境内研究机构支出	#对境内高等学校支出
金属制品业	3007	1576	712
结构性金属制品制造			
金属工具制造			
集装箱及金属包装容器制造			
金属丝绳及其制品制造			
建筑、安全用金属制品制造			
金属表面处理及热处理加工			
搪瓷制品制造			
金属制日用品制造			
其他金属制品制造	3007	1576	712
通用设备制造业	8	8	
锅炉及原动设备制造			
金属加工机械制造			
物料搬运设备制造			
泵、阀门、压缩机及类似机械制造	8	8	
轴承、齿轮和传动部件制造			
烘炉、风机、衡器、包装等设备制造			
文化、办公用机械制造			
通用零部件制造			
其他通用设备制造业			
专用设备制造业	4539	1015	690
采矿、冶金、建筑专用设备制造	4519	1015	670
化工、木材、非金属加工专用设备制造			
食品、饮料、烟草及饲料生产专用设备制造			
印刷、制药、日化及日用品生产专用设备制造			
纺织、服装和皮革加工专用设备制造			
电子和电工机械专用设备制造			
农、林、牧、渔专用机械制造			
医疗仪器设备及器械制造			
环保、社会公共服务及其他专用设备制造	20		20
汽车制造业	737		207
汽车整车制造			
改装汽车制造	207		207
低速载货汽车制造			
电车制造			
汽车车身、挂车制造			
汽车零部件及配件制造	530		
铁路、船舶、航空航天和其他运输设备制造业	1059	280	165
铁路运输设备制造	1059	280	165
城市轨道交通设备制造			
船舶及相关装置制造			
航空、航天器及设备制造			
摩托车制造			
自行车制造			
非公路休闲车及零配件制造			
潜水救捞及其他未列明运输设备制造			
电气机械和器材制造业	576	332	245
电机制造	405	234	171
输配电及控制设备制造	127	54	73

2-4-45 续表 4 单位：万元

行 业	R&D经费外部支出	#对境内研究机构支出	#对境内高等学校支出
电线、电缆、光缆及电工器材制造	14	14	1
电池制造			
家用电力器具制造			
非电力家用器具制造			
照明器具制造	30	30	
其他电气机械及器材制造			
计算机、通信和其他电子设备制造业	360		128
计算机制造	46		
通信设备制造	283		128
广播电视设备制造			
雷达及配套设备制造			
视听设备制造			
电子器件制造			
电子元件制造			
其他电子设备制造	31		
仪器仪表制造业	50	50	
通用仪器仪表制造			
专用仪器仪表制造	50	50	
钟表与计时仪器制造			
光学仪器及眼镜制造			
其他仪器仪表制造业			
其他制造业			
日用杂品制造			
煤制品制造			
核辐射加工			
其他未列明制造业			
废弃资源综合利用业			
金属废料和碎屑加工处理			
非金属废料和碎屑加工处理			
金属制品、机械和设备修理业			
金属制品修理			
通用设备修理			
专用设备修理			
铁路、船舶、航空航天等运输设备修理			
电气设备修理			
仪器仪表修理			
其他机械和设备修理业			
电力、热力、燃气及水生产和供应业	**768**	**344**	**129**
电力、热力生产和供应业	768	344	129
电力生产	50	2	48
电力供应	718	342	81
热力生产和供应			
燃气生产和供应业			
燃气生产和供应业			
水的生产和供应业			
自来水生产和供应			
污水处理及其再生利用			
其他水的处理、利用与分配			

2-4-46 分行业港澳台商投资企业R&D经费外部支出情况

单位：万元

行业	R&D经费外部支出	#对境内研究机构支出	#对境内高等学校支出
总 计	**174**	**111**	**64**
采矿业			
煤炭开采和洗选业			
烟煤和无烟煤开采洗选			
褐煤开采洗选			
其他煤炭采选			
石油和天然气开采业			
石油开采			
天然气开采			
黑色金属矿采选业			
铁矿采选			
锰矿、铬矿采选			
其他黑色金属矿采选			
有色金属矿采选业			
常用有色金属矿采选			
贵金属矿采选			
稀有稀土金属矿采选			
非金属矿采选业			
土砂石开采			
化学矿开采			
采盐			
石棉及其他非金属矿采选			
开采辅助活动			
煤炭开采和洗选辅助活动			
石油和天然气开采辅助活动			
其他开采辅助活动			
其他采矿业			
其他采矿业			
制造业	**159**	**111**	**48**
农副食品加工业			
谷物磨制			
饲料加工			
植物油加工			
制糖业			
屠宰及肉类加工			
水产品加工			
蔬菜、水果和坚果加工			
其他农副食品加工			
食品制造业			
焙烤食品制造			
糖果、巧克力及蜜饯制造			
方便食品制造			
乳制品制造			
罐头食品制造			
调味品、发酵制品制造			
其他食品制造			
酒、饮料和精制茶制造业			
酒的制造			
饮料制造			
精制茶加工			

2-4-46 续表 1 单位：万元

行　　业	R&D经费外部支出	#对境内研究机构支出	#对境内高等学校支出
烟草制品业			
烟叶复烤			
卷烟制造			
其他烟草制品制造			
纺织业			
棉纺织及印染精加工			
毛纺织及染整精加工			
麻纺织及染整精加工			
丝绢纺织及印染精加工			
化纤织造及印染精加工			
针织或钩针编织物及其制品制造			
家用纺织制成品制造			
非家用纺织制成品制造			
纺织服装、服饰业			
机织服装制造			
针织或钩针编织服装制造			
服饰制造			
皮革、毛皮、羽毛及其制品和制鞋业			
皮革鞣制加工			
皮革制品制造			
毛皮鞣制及制品加工			
羽毛(绒)加工及制品制造			
制鞋业			
木材加工和木、竹、藤、棕、草制品业			
木材加工			
人造板制造			
木制品制造			
竹、藤、棕、草等制品制造			
家具制造业			
木质家具制造			
竹、藤家具制造			
金属家具制造			
塑料家具制造			
其他家具制造			
造纸和纸制品业			
纸浆制造			
造纸			
纸制品制造			
印刷和记录媒介复制业			
印刷			
装订及印刷相关服务			
记录媒介复制			
文教、工美、体育和娱乐用品制造业			
文教办公用品制造			
乐器制造			
工艺美术品制造			
体育用品制造			
玩具制造			
游艺器材及娱乐用品制造			

2-4-46 续表 2

单位：万元

行　业	R&D经费外部支出	#对境内研究机构支出	#对境内高等学校支出
石油加工、炼焦和核燃料加工业			
精炼石油产品制造			
炼焦			
核燃料加工			
化学原料和化学制品制造业			
基础化学原料制造			
肥料制造			
农药制造			
涂料、油墨、颜料及类似产品制造			
合成材料制造			
专用化学产品制造			
炸药、火工及焰火产品制造			
日用化学产品制造			
医药制造业	111	111	
化学药品原料药制造			
化学药品制剂制造	63	63	
中药饮片加工			
中成药生产	48	48	
兽用药品制造			
生物药品制造			
卫生材料及医药用品制造			
化学纤维制造业			
纤维素纤维原料及纤维制造			
合成纤维制造			
橡胶和塑料制品业			
橡胶制品业			
塑料制品业			
非金属矿物制品业			
水泥、石灰和石膏制造			
石膏、水泥制品及类似制品制造			
砖瓦、石材等建筑材料制造			
玻璃制造			
玻璃制品制造			
玻璃纤维和玻璃纤维增强塑料制品制造			
陶瓷制品制造			
耐火材料制品制造			
石墨及其他非金属矿物制品制造			
黑色金属冶炼和压延加工业			
炼铁			
炼钢			
黑色金属铸造			
钢压延加工			
铁合金冶炼			
有色金属冶炼和压延加工业			
常用有色金属冶炼			
贵金属冶炼			
稀有稀土金属冶炼			
有色金属合金制造			
有色金属铸造			
有色金属压延加工			

2-4-46 续表 3

单位：万元

行业	R&D经费外部支出	#对境内研究机构支出	#对境内高等学校支出
金属制品业			
结构性金属制品制造			
金属工具制造			
集装箱及金属包装容器制造			
金属丝绳及其制品制造			
建筑、安全用金属制品制造			
金属表面处理及热处理加工			
搪瓷制品制造			
金属制日用品制造			
其他金属制品制造			
通用设备制造业			
锅炉及原动设备制造			
金属加工机械制造			
物料搬运设备制造			
泵、阀门、压缩机及类似机械制造			
轴承、齿轮和传动部件制造			
烘炉、风机、衡器、包装等设备制造			
文化、办公用机械制造			
通用零部件制造			
其他通用设备制造业			
专用设备制造业	48		48
采矿、冶金、建筑专用设备制造			
化工、木材、非金属加工专用设备制造			
食品、饮料、烟草及饲料生产专用设备制造			
印刷、制药、日化及日用品生产专用设备制造			
纺织、服装和皮革加工专用设备制造	48		48
电子和电工机械专用设备制造			
农、林、牧、渔专用机械制造			
医疗仪器设备及器械制造			
环保、社会公共服务及其他专用设备制造			
汽车制造业			
汽车整车制造			
改装汽车制造			
低速载货汽车制造			
电车制造			
汽车车身、挂车制造			
汽车零部件及配件制造			
铁路、船舶、航空航天和其他运输设备制造业			
铁路运输设备制造			
城市轨道交通设备制造			
船舶及相关装置制造			
航空、航天器及设备制造			
摩托车制造			
自行车制造			
非公路休闲车及零配件制造			
潜水救捞及其他未列明运输设备制造			
电气机械和器材制造业			
电机制造			
输配电及控制设备制造			

2-4-46　续表 4

单位：万元

行　　业	R&D经费外部支出	#对境内研究机构支出	#对境内高等学校支出
电线、电缆、光缆及电工器材制造			
电池制造			
家用电力器具制造			
非电力家用器具制造			
照明器具制造			
其他电气机械及器材制造			
计算机、通信和其他电子设备制造业			
计算机制造			
通信设备制造			
广播电视设备制造			
雷达及配套设备制造			
视听设备制造			
电子器件制造			
电子元件制造			
其他电子设备制造			
仪器仪表制造业			
通用仪器仪表制造			
专用仪器仪表制造			
钟表与计时仪器制造			
光学仪器及眼镜制造			
其他仪器仪表制造业			
其他制造业			
日用杂品制造			
煤制品制造			
核辐射加工			
其他未列明制造业			
废弃资源综合利用业			
金属废料和碎屑加工处理			
非金属废料和碎屑加工处理			
金属制品、机械和设备修理业			
金属制品修理			
通用设备修理			
专用设备修理			
铁路、船舶、航空航天等运输设备修理			
电气设备修理			
仪器仪表修理			
其他机械和设备修理业			
电力、热力、燃气及水生产和供应业	**16**		**16**
电力、热力生产和供应业	16		16
电力生产	16		16
电力供应			
热力生产和供应			
燃气生产和供应业			
燃气生产和供应业			
水的生产和供应业			
自来水生产和供应			
污水处理及其再生利用			
其他水的处理、利用与分配			

2-4-47 分行业外商投资企业R&D经费外部支出情况

单位：万元

行业	R&D经费外部支出	#对境内研究机构支出	#对境内高等学校支出
总 计	44	44	
采矿业			
煤炭开采和洗选业			
烟煤和无烟煤开采洗选			
褐煤开采洗选			
其他煤炭采选			
石油和天然气开采业			
石油开采			
天然气开采			
黑色金属矿采选业			
铁矿采选			
锰矿、铬矿采选			
其他黑色金属矿采选			
有色金属矿采选业			
常用有色金属矿采选			
贵金属矿采选			
稀有稀土金属矿采选			
非金属矿采选业			
土砂石开采			
化学矿开采			
采盐			
石棉及其他非金属矿采选			
开采辅助活动			
煤炭开采和洗选辅助活动			
石油和天然气开采辅助活动			
其他开采辅助活动			
其他采矿业			
其他采矿业			
制造业	44	44	
农副食品加工业			
谷物磨制			
饲料加工			
植物油加工			
制糖业			
屠宰及肉类加工			
水产品加工			
蔬菜、水果和坚果加工			
其他农副食品加工			
食品制造业			
焙烤食品制造			
糖果、巧克力及蜜饯制造			
方便食品制造			
乳制品制造			
罐头食品制造			
调味品、发酵制品制造			
其他食品制造			
酒、饮料和精制茶制造业			
酒的制造			
饮料制造			
精制茶加工			

2-4-47　续表 1

单位：万元

行　　业	R&D经费外部支出	#对境内研究机构支出	#对境内高等学校支出
烟草制品业			
烟叶复烤			
卷烟制造			
其他烟草制品制造			
纺织业			
棉纺织及印染精加工			
毛纺织及染整精加工			
麻纺织及染整精加工			
丝绢纺织及印染精加工			
化纤织造及印染精加工			
针织或钩针编织物及其制品制造			
家用纺织制成品制造			
非家用纺织制成品制造			
纺织服装、服饰业			
机织服装制造			
针织或钩针编织服装制造			
服饰制造			
皮革、毛皮、羽毛及其制品和制鞋业			
皮革鞣制加工			
皮革制品制造			
毛皮鞣制及制品加工			
羽毛(绒)加工及制品制造			
制鞋业			
木材加工和木、竹、藤、棕、草制品业			
木材加工			
人造板制造			
木制品制造			
竹、藤、棕、草等制品制造			
家具制造业			
木质家具制造			
竹、藤家具制造			
金属家具制造			
塑料家具制造			
其他家具制造			
造纸和纸制品业			
纸浆制造			
造纸			
纸制品制造			
印刷和记录媒介复制业			
印刷			
装订及印刷相关服务			
记录媒介复制			
文教、工美、体育和娱乐用品制造业			
文教办公用品制造			
乐器制造			
工艺美术品制造			
体育用品制造			
玩具制造			
游艺器材及娱乐用品制造			

2-4-47 续表 2

单位：万元

行　　业	R&D经费外部支出	#对境内研究机构支出	#对境内高等学校支出
石油加工、炼焦和核燃料加工业			
精炼石油产品制造			
炼焦			
核燃料加工			
化学原料和化学制品制造业			
基础化学原料制造			
肥料制造			
农药制造			
涂料、油墨、颜料及类似产品制造			
合成材料制造			
专用化学产品制造			
炸药、火工及焰火产品制造			
日用化学产品制造			
医药制造业	44	44	
化学药品原料药制造	12	12	
化学药品制剂制造			
中药饮片加工			
中成药生产	32	32	
兽用药品制造			
生物药品制造			
卫生材料及医药用品制造			
化学纤维制造业			
纤维素纤维原料及纤维制造			
合成纤维制造			
橡胶和塑料制品业			
橡胶制品业			
塑料制品业			
非金属矿物制品业			
水泥、石灰和石膏制造			
石膏、水泥制品及类似制品制造			
砖瓦、石材等建筑材料制造			
玻璃制造			
玻璃制品制造			
玻璃纤维和玻璃纤维增强塑料制品制造			
陶瓷制品制造			
耐火材料制品制造			
石墨及其他非金属矿物制品制造			
黑色金属冶炼和压延加工业			
炼铁			
炼钢			
黑色金属铸造			
钢压延加工			
铁合金冶炼			
有色金属冶炼和压延加工业			
常用有色金属冶炼			
贵金属冶炼			
稀有稀土金属冶炼			
有色金属合金制造			
有色金属铸造			
有色金属压延加工			

2-4-47　续表 3

单位：万元

行　　业	R&D经费外部支出	#对境内研究机构支出	#对境内高等学校支出
金属制品业			
结构性金属制品制造			
金属工具制造			
集装箱及金属包装容器制造			
金属丝绳及其制品制造			
建筑、安全用金属制品制造			
金属表面处理及热处理加工			
搪瓷制品制造			
金属制日用品制造			
其他金属制品制造			
通用设备制造业			
锅炉及原动设备制造			
金属加工机械制造			
物料搬运设备制造			
泵、阀门、压缩机及类似机械制造			
轴承、齿轮和传动部件制造			
烘炉、风机、衡器、包装等设备制造			
文化、办公用机械制造			
通用零部件制造			
其他通用设备制造业			
专用设备制造业			
采矿、冶金、建筑专用设备制造			
化工、木材、非金属加工专用设备制造			
食品、饮料、烟草及饲料生产专用设备制造			
印刷、制药、日化及日用品生产专用设备制造			
纺织、服装和皮革加工专用设备制造			
电子和电工机械专用设备制造			
农、林、牧、渔专用机械制造			
医疗仪器设备及器械制造			
环保、社会公共服务及其他专用设备制造			
汽车制造业			
汽车整车制造			
改装汽车制造			
低速载货汽车制造			
电车制造			
汽车车身、挂车制造			
汽车零部件及配件制造			
铁路、船舶、航空航天和其他运输设备制造业			
铁路运输设备制造			
城市轨道交通设备制造			
船舶及相关装置制造			
航空、航天器及设备制造			
摩托车制造			
自行车制造			
非公路休闲车及零配件制造			
潜水救捞及其他未列明运输设备制造			
电气机械和器材制造业			
电机制造			
输配电及控制设备制造			

2-4-47 续表 4

单位：万元

行　业	R&D经费外部支出	#对境内研究机构支出	#对境内高等学校支出
电线、电缆、光缆及电工器材制造			
电池制造			
家用电力器具制造			
非电力家用器具制造			
照明器具制造			
其他电气机械及器材制造			
计算机、通信和其他电子设备制造业			
计算机制造			
通信设备制造			
广播电视设备制造			
雷达及配套设备制造			
视听设备制造			
电子器件制造			
电子元件制造			
其他电子设备制造			
仪器仪表制造业			
通用仪器仪表制造			
专用仪器仪表制造			
钟表与计时仪器制造			
光学仪器及眼镜制造			
其他仪器仪表制造业			
其他制造业			
日用杂品制造			
煤制品制造			
核辐射加工			
其他未列明制造业			
废弃资源综合利用业			
金属废料和碎屑加工处理			
非金属废料和碎屑加工处理			
金属制品、机械和设备修理业			
金属制品修理			
通用设备修理			
专用设备修理			
铁路、船舶、航空航天等运输设备修理			
电气设备修理			
仪器仪表修理			
其他机械和设备修理业			
电力、热力、燃气及水生产和供应业			
电力、热力生产和供应业			
电力生产			
电力供应			
热力生产和供应			
燃气生产和供应业			
燃气生产和供应业			
水的生产和供应业			
自来水生产和供应			
污水处理及其再生利用			
其他水的处理、利用与分配			

2-4-48 各地区企业R&D经费外部支出情况

单位：万元

地 区	R&D经费外部支出	#对境内研究机构支出	#对境内高等学校支出
全 省	**77681**	**37425**	**22122**
太原市	10318	3670	2596
大同市	11645	5088	3455
阳泉市	14118	4991	5566
长治市	9498	6923	2103
晋城市	14345	10224	4121
朔州市	10099	2274	934
晋中市	729	200	529
运城市	3334	1902	1375
忻州市	550	50	500
临汾市	2707	2051	656
吕梁市	340	53	288

2-4-49 各地区大中型企业R&D经费外部支出情况

单位：万元

地 区	R&D经费外部支出	#对境内研究机构支出	#对境内高等学校支出
全 省	**75784**	**36292**	**21455**
太原市	10075	3547	2477
大同市	11645	5088	3455
阳泉市	13950	4895	5553
长治市	9313	6759	2082
晋城市	14345	10224	4121
朔州市	10049	2273	917
晋中市	596	68	528
运城市	2289	1317	922
忻州市	550	50	500
临汾市	2651	2021	630
吕梁市	324	52	272

2-4-50 各地区内资企业R&D经费外部支出情况

单位：万元

地 区	R&D经费外部支出	#对境内研究机构支出	#对境内高等学校支出
全 省	**77463**	**37270**	**22059**
太原市	10286	3638	2596
大同市	11633	5076	3455
阳泉市	14118	4991	5566
长治市	9498	6923	2103
晋城市	14345	10224	4121
朔州市	10084	2274	919
晋中市	570	89	481
运城市	3334	1902	1375
忻州市	550	50	500
临汾市	2707	2051	656
吕梁市	340	53	288

2-4-51 各地区港澳台商投资企业R&D经费外部支出情况

单位：万元

地 区	R&D经费外部支出	#对境内研究机构支出	#对境内高等学校支出
全 省	**174**	**111**	**64**
太原市			
大同市			
阳泉市			
长治市			
晋城市			
朔州市	16		16
晋中市	159	111	48
运城市			
忻州市			
临汾市			
吕梁市			

2-4-52　各地区外商投资企业R&D经费外部支出情况

单位：万元

地　区	R&D经费外部支出	#对境内研究机构支出	#对境内高等学校支出
全　省	**44**	**44**	
太原市	32	32	
大同市	12	12	
阳泉市			
长治市			
晋城市			
朔州市			
晋中市			
运城市			
忻州市			
临汾市			
吕梁市			

E. 企业R&D项目情况

2-4-53 分登记注册类型企业全部R&D项目情况

登记注册类型	项目数(项)	参加项目人员(人)	项目人员折合全时当量(人年)	项目经费内部支出(万元)
总　计	**2885**	**41908**	**30557**	**1094029**
内资企业	**2783**	**41004**	**29841**	**1076124**
国有企业	45	1003	800	18548
集体企业	2	23	11	129
股份合作企业				
联营企业				
国有联营企业				
集体联营企业				
国有与集体联营企业				
其他联营企业				
有限责任公司	2011	31432	23155	894209
国有独资公司	881	11798	9587	555069
其他有限责任公司	1130	19634	13568	339141
股份有限公司	289	4006	2917	67817
私营企业	436	4540	2959	95421
私营独资企业	1	8	8	308
私营合伙企业				
私营有限责任公司	365	3796	2472	80414
私营股份有限公司	70	736	479	14699
其他企业				
港、澳、台商投资企业	**41**	**599**	**533**	**10669**
合资经营企业	10	138	104	2976
合作经营企业				
港、澳、台商独资经营企业	7	77	45	2376
港、澳、台商投资股份有限公司	24	384	384	5317
其他港澳台投资企业				
外商投资企业	**61**	**305**	**183**	**7236**
中外合资经营企业	59	284	167	6764
中外合作经营企业				
外资企业	2	21	15	472
外商投资股份有限公司				
其他外商投资企业				

2-4-54　分登记注册类型大中型企业全部R&D项目情况

登记注册类型	项目数(项)	参加项目人员(人)	项目人员折合全时当量(人年)	项目经费内部支出(万元)
总　计	**2520**	**39062**	**28763**	**1028740**
内资企业	**2447**	**38351**	**28171**	**1015085**
国有企业	45	1003	800	18548
集体企业	1	16	6	90
股份合作企业				
联营企业				
国有联营企业				
集体联营企业				
国有与集体联营企业				
其他联营企业				
有限责任公司	1887	30621	22661	875744
国有独资公司	871	11699	9577	551070
其他有限责任公司	1016	18922	13083	324674
股份有限公司	273	3939	2865	66882
私营企业	241	2772	1839	53822
私营独资企业				
私营合伙企业				
私营有限责任公司	189	2158	1432	43830
私营股份有限公司	52	614	407	9991
其他企业				
港、澳、台商投资企业	**29**	**513**	**475**	**8296**
合资经营企业	4	107	90	2149
合作经营企业				
港、澳、台商独资经营企业	1	22	1	830
港、澳、台商投资股份有限公司	24	384	384	5317
其他港澳台投资企业				
外商投资企业	**44**	**198**	**116**	**5359**
中外合资经营企业	44	198	116	5359
中外合作经营企业				
外资企业				
外商投资股份有限公司				
其他外商投资企业				

2-4-55 分行业企业全部R&D项目情况

行业	项目数(项)	参加项目人员(人)	项目人员折合全时当量(人年)	项目经费内部支出(万元)
总计	**2885**	**41908**	**30557**	**1094029**
采矿业	**700**	**16814**	**11837**	**290606**
煤炭开采和洗选业	699	16809	11836	290605
烟煤和无烟煤开采洗选	699	16809	11836	290605
褐煤开采洗选				
其他煤炭采选				
石油和天然气开采业				
石油开采				
天然气开采				
黑色金属矿采选业	1	5	1	1
铁矿采选				
锰矿、铬矿采选	1	5	1	1
其他黑色金属矿采选				
有色金属矿采选业				
常用有色金属矿采选				
贵金属矿采选				
稀有稀土金属矿采选				
非金属矿采选业				
土砂石开采				
化学矿开采				
采盐				
石棉及其他非金属矿采选				
开采辅助活动				
煤炭开采和洗选辅助活动				
石油和天然气开采辅助活动				
其他开采辅助活动				
其他采矿业				
其他采矿业				
制造业	**2169**	**24958**	**18646**	**801359**
农副食品加工业	15	122	97	8987
谷物磨制	1	10	9	960
饲料加工	4	41	26	2997
植物油加工	1	8	4	561
制糖业				
屠宰及肉类加工	1	8	8	552
水产品加工				
蔬菜、水果和坚果加工	6	47	46	3910
其他农副食品加工	2	8	2	8
食品制造业	12	130	92	3813
焙烤食品制造				
糖果、巧克力及蜜饯制造				
方便食品制造	2	16	4	80
乳制品制造				
罐头食品制造	2	15	15	1320
调味品、发酵制品制造	8	99	74	2413
其他食品制造				
酒、饮料和精制茶制造业	16	525	406	17491
酒的制造	14	519	403	17296
饮料制造	2	6	3	195
精制茶加工				

2-4-55　续表 1

行　　业	项目数(项)	参加项目人员(人)	项目人员折合全时当量(人年)	项目经费内部支出(万元)
烟草制品业				
烟叶复烤				
卷烟制造				
其他烟草制品制造				
纺织业	5	83	42	561
棉纺织及印染精加工	3	56	31	500
毛纺织及染整精加工				
麻纺织及染整精加工				
丝绢纺织及印染精加工				
化纤织造及印染精加工	2	27	11	61
针织或钩针编织物及其制品制造				
家用纺织制成品制造				
非家用纺织制成品制造				
纺织服装、服饰业	4	62	57	651
机织服装制造	4	62	57	651
针织或钩针编织服装制造				
服饰制造				
皮革、毛皮、羽毛及其制品和制鞋业				
皮革鞣制加工				
皮革制品制造				
毛皮鞣制及制品加工				
羽毛(绒)加工及制品制造				
制鞋业				
木材加工和木、竹、藤、棕、草制品业	1	36	34	232
木材加工	1	36	34	232
人造板制造				
木制品制造				
竹、藤、棕、草等制品制造				
家具制造业	1	7	5	131
木质家具制造	1	7	5	131
竹、藤家具制造				
金属家具制造				
塑料家具制造				
其他家具制造				
造纸和纸制品业	2	77	66	1038
纸浆制造				
造纸	1	32	21	710
纸制品制造	1	45	45	328
印刷和记录媒介复制业	6	29	29	538
印刷	6	29	29	538
装订及印刷相关服务				
记录媒介复制				
文教、工美、体育和娱乐用品制造业	9	161	140	1513
文教办公用品制造				
乐器制造				
工艺美术品制造	3	49	43	833
体育用品制造	6	112	98	680
玩具制造				
游艺器材及娱乐用品制造				

2-4-55 续表 2

行　　业	项目数（项）	参加项目人　　员（人）	项目人员折合全时当量（人年）	项目经费内部支出（万元）
石油加工、炼焦和核燃料加工业	49	401	321	8994
精炼石油产品制造	9	14	11	252
炼焦	40	387	310	8742
核燃料加工				
化学原料和化学制品制造业	195	2833	1806	44399
基础化学原料制造	17	229	148	5426
肥料制造	105	1077	396	20909
农药制造	1	11	8	400
涂料、油墨、颜料及类似产品制造	2	52	52	1150
合成材料制造	22	393	329	7050
专用化学产品制造	8	83	53	2379
炸药、火工及焰火产品制造	23	412	401	4812
日用化学产品制造	17	576	419	2272
医药制造业	200	1919	1272	25441
化学药品原料药制造	14	156	107	3059
化学药品制剂制造	73	1063	620	9933
中药饮片加工				
中成药生产	72	431	322	3339
兽用药品制造	2	32	26	330
生物药品制造	28	216	183	8291
卫生材料及医药用品制造	11	21	13	489
化学纤维制造业				
纤维素纤维原料及纤维制造				
合成纤维制造				
橡胶和塑料制品业	36	437	334	11105
橡胶制品业	19	255	204	2495
塑料制品业	17	182	130	8610
非金属矿物制品业	77	719	481	11872
水泥、石灰和石膏制造	8	82	40	2180
石膏、水泥制品及类似制品制造	1	2	2	49
砖瓦、石材等建筑材料制造	8	94	89	2348
玻璃制造	2	24	2	600
玻璃制品制造	2	120	41	638
玻璃纤维和玻璃纤维增强塑料制品制造				
陶瓷制品制造	1	15	8	680
耐火材料制品制造	40	145	104	2104
石墨及其他非金属矿物制品制造	15	237	194	3273
黑色金属冶炼和压延加工业	271	4498	3862	385914
炼铁				
炼钢	9	157	124	1130
黑色金属铸造	26	146	136	3214
钢压延加工	224	3980	3583	378311
铁合金冶炼	12	215	19	3259
有色金属冶炼和压延加工业	66	756	421	18462
常用有色金属冶炼	56	687	399	13945
贵金属冶炼				
稀有稀土金属冶炼	3	29	15	784
有色金属合金制造	1	5	1	92
有色金属铸造				
有色金属压延加工	6	35	7	3641

2-4-55 续表 3

行 业	项目数(项)	参加项目人员(人)	项目人员折合全时当量(人年)	项目经费内部支出(万元)
金属制品业	210	3358	2831	48814
结构性金属制品制造				
金属工具制造				
集装箱及金属包装容器制造	1	67	44	101
金属丝绳及其制品制造				
建筑、安全用金属制品制造	3	16	1	327
金属表面处理及热处理加工				
搪瓷制品制造				
金属制日用品制造				
其他金属制品制造	206	3275	2786	48385
通用设备制造业	108	680	476	10091
锅炉及原动设备制造	71	364	259	5916
金属加工机械制造	13	54	15	150
物料搬运设备制造	1	5	2	75
泵、阀门、压缩机及类似机械制造	16	200	154	2571
轴承、齿轮和传动部件制造	1	5	5	967
烘炉、风机、衡器、包装等设备制造	5	37	27	324
文化、办公用机械制造				
通用零部件制造	1	15	13	87
其他通用设备制造业				
专用设备制造业	560	3333	2134	107085
采矿、冶金、建筑专用设备制造	516	2680	1590	98421
化工、木材、非金属加工专用设备制造	3	65	6	1118
食品、饮料、烟草及饲料生产专用设备制造				
印刷、制药、日化及日用品生产专用设备制造	2	9	5	29
纺织、服装和皮革加工专用设备制造	27	436	420	6264
电子和电工机械专用设备制造	1	51	33	336
农、林、牧、渔专用机械制造	3	36	36	340
医疗仪器设备及器械制造				
环保、社会公共服务及其他专用设备制造	8	56	44	577
汽车制造业	51	555	462	14495
汽车整车制造	2	28	20	273
改装汽车制造	8	195	195	7571
低速载货汽车制造				
电车制造				
汽车车身、挂车制造	1	10	1	400
汽车零部件及配件制造	40	322	246	6251
铁路、船舶、航空航天和其他运输设备制造业	64	894	681	19420
铁路运输设备制造	64	894	681	19420
城市轨道交通设备制造				
船舶及相关装置制造				
航空、航天器及设备制造				
摩托车制造				
自行车制造				
非公路休闲车及零配件制造				
潜水救捞及其他未列明运输设备制造				
电气机械和器材制造业	84	1243	1083	32189
电机制造	43	813	781	27390
输配电及控制设备制造	23	266	205	2672

2-4-55 续表 4

行业	项目数(项)	参加项目人员(人)	项目人员折合全时当量(人年)	项目经费内部支出(万元)
电线、电缆、光缆及电工器材制造	2	12	11	194
电池制造	14	47	38	745
家用电力器具制造				
非电力家用器具制造				
照明器具制造	2	105	47	1188
其他电气机械及器材制造				
计算机、通信和其他电子设备制造业	72	821	336	8461
计算机制造	7	129	50	140
通信设备制造	15	80	32	2250
广播电视设备制造				
雷达及配套设备制造	6	27	6	84
视听设备制造				
电子器件制造				
电子元件制造	10	354	138	2044
其他电子设备制造	34	231	110	3943
仪器仪表制造业	52	1263	1173	19440
通用仪器仪表制造	39	838	748	18691
专用仪器仪表制造	13	425	425	749
钟表与计时仪器制造				
光学仪器及眼镜制造				
其他仪器仪表制造业				
其他制造业				
日用杂品制造				
煤制品制造				
核辐射加工				
其他未列明制造业				
废弃资源综合利用业				
金属废料和碎屑加工处理				
非金属废料和碎屑加工处理				
金属制品、机械和设备修理业	3	16	6	223
金属制品修理				
通用设备修理				
专用设备修理				
铁路、船舶、航空航天等运输设备修理	3	16	6	223
电气设备修理				
仪器仪表修理				
其他机械和设备修理业				
电力、热力、燃气及水生产和供应业	**16**	**136**	**74**	**2065**
电力、热力生产和供应业	16	136	74	2065
电力生产	10	61	20	1278
电力供应	6	75	54	787
热力生产和供应				
燃气生产和供应业				
燃气生产和供应业				
水的生产和供应业				
自来水生产和供应				
污水处理及其再生利用				
其他水的处理、利用与分配				

2-4-56　分行业大中型企业全部R&D项目情况

行　业	项目数(项)	参加项目人员(人)	项目人员折合全时当量(人年)	项目经费内部支出(万元)
总　计	**2520**	**39062**	**28763**	**1028740**
采矿业	**685**	**16633**	**11739**	**285871**
煤炭开采和洗选业	685	16633	11739	285871
烟煤和无烟煤开采洗选	685	16633	11739	285871
褐煤开采洗选				
其他煤炭采选				
石油和天然气开采业				
石油开采				
天然气开采				
黑色金属矿采选业				
铁矿采选				
锰矿、铬矿采选				
其他黑色金属矿采选				
有色金属矿采选业				
常用有色金属矿采选				
贵金属矿采选				
稀有稀土金属矿采选				
非金属矿采选业				
土砂石开采				
化学矿开采				
采盐				
石棉及其他非金属矿采选				
开采辅助活动				
煤炭开采和洗选辅助活动				
石油和天然气开采辅助活动				
其他开采辅助活动				
其他采矿业				
其他采矿业				
制造业	**1825**	**22324**	**16963**	**741632**
农副食品加工业				
谷物磨制				
饲料加工				
植物油加工				
制糖业				
屠宰及肉类加工				
水产品加工				
蔬菜、水果和坚果加工				
其他农副食品加工				
食品制造业	3	44	33	410
焙烤食品制造				
糖果、巧克力及蜜饯制造				
方便食品制造				
乳制品制造				
罐头食品制造				
调味品、发酵制品制造	3	44	33	410
其他食品制造				
酒、饮料和精制茶制造业	11	482	366	13281
酒的制造	11	482	366	13281
饮料制造				
精制茶加工				

2-4-56 续表 1

行业	项目数(项)	参加项目人员(人)	项目人员折合全时当量(人年)	项目经费内部支出(万元)
烟草制品业				
烟叶复烤				
卷烟制造				
其他烟草制品制造				
纺织业	3	56	31	500
棉纺织及印染精加工	3	56	31	500
毛纺织及染整精加工				
麻纺织及染整精加工				
丝绢纺织及印染精加工				
化纤织造及印染精加工				
针织或钩针编织物及其制品制造				
家用纺织制成品制造				
非家用纺织制成品制造				
纺织服装、服饰业	4	62	57	651
机织服装制造	4	62	57	651
针织或钩针编织服装制造				
服饰制造				
皮革、毛皮、羽毛及其制品和制鞋业				
皮革鞣制加工				
皮革制品制造				
毛皮鞣制及制品加工				
羽毛(绒)加工及制品制造				
制鞋业				
木材加工和木、竹、藤、棕、草制品业	1	36	34	232
木材加工	1	36	34	232
人造板制造				
木制品制造				
竹、藤、棕、草等制品制造				
家具制造业				
木质家具制造				
竹、藤家具制造				
金属家具制造				
塑料家具制造				
其他家具制造				
造纸和纸制品业				
纸浆制造				
造纸				
纸制品制造				
印刷和记录媒介复制业	6	29	29	538
印刷	6	29	29	538
装订及印刷相关服务				
记录媒介复制				
文教、工美、体育和娱乐用品制造业	9	161	140	1513
文教办公用品制造				
乐器制造				
工艺美术品制造	3	49	43	833
体育用品制造	6	112	98	680
玩具制造				
游艺器材及娱乐用品制造				

2-4-56　续表 2

行　　业	项目数(项)	参加项目人　　员(人)	项目人员折合全时当量(人年)	项目经费内部支出(万元)
石油加工、炼焦和核燃料加工业	37	373	301	8647
精炼石油产品制造				
炼焦	37	373	301	8647
核燃料加工				
化学原料和化学制品制造业	182	2696	1732	40738
基础化学原料制造	10	151	119	4161
肥料制造	104	1068	387	20280
农药制造				
涂料、油墨、颜料及类似产品制造	2	52	52	1150
合成材料制造	22	393	329	7050
专用化学产品制造	4	44	25	1013
炸药、火工及焰火产品制造	23	412	401	4812
日用化学产品制造	17	576	419	2272
医药制造业	139	1521	980	19352
化学药品原料药制造	7	101	76	1887
化学药品制剂制造	66	989	572	8205
中药饮片加工				
中成药生产	43	237	170	1567
兽用药品制造				
生物药品制造	23	194	161	7693
卫生材料及医药用品制造				
化学纤维制造业				
纤维素纤维原料及纤维制造				
合成纤维制造				
橡胶和塑料制品业	26	402	315	10472
橡胶制品业	19	255	204	2495
塑料制品业	7	147	111	7977
非金属矿物制品业	51	517	323	6312
水泥、石灰和石膏制造	6	70	31	1205
石膏、水泥制品及类似制品制造				
砖瓦、石材等建筑材料制造				
玻璃制造	2	24	2	600
玻璃制品制造	2	120	41	638
玻璃纤维和玻璃纤维增强塑料制品制造				
陶瓷制品制造				
耐火材料制品制造	30	81	61	822
石墨及其他非金属矿物制品制造	11	222	187	3047
黑色金属冶炼和压延加工业	269	4460	3860	385576
炼铁				
炼钢	9	157	124	1130
黑色金属铸造	26	146	136	3214
钢压延加工	222	3942	3581	377974
铁合金冶炼	12	215	19	3259
有色金属冶炼和压延加工业	54	681	396	13865
常用有色金属冶炼	54	681	396	13865
贵金属冶炼				
稀有稀土金属冶炼				
有色金属合金制造				
有色金属铸造				
有色金属压延加工				

1-5-56 续表 3

行业	项目数（项）	参加项目人员（人）	项目人员折合全时当量（人年）	项目经费内部支出（万元）
金属制品业	198	3180	2712	46580
结构性金属制品制造				
金属工具制造				
集装箱及金属包装容器制造				
金属丝绳及其制品制造				
建筑、安全用金属制品制造				
金属表面处理及热处理加工				
搪瓷制品制造				
金属制日用品制造				
其他金属制品制造	198	3180	2712	46580
通用设备制造业	87	403	288	6279
锅炉及原动设备制造	68	303	249	5158
金属加工机械制造	13	54	15	150
物料搬运设备制造	1	5	2	75
泵、阀门、压缩机及类似机械制造	5	41	22	896
轴承、齿轮和传动部件制造				
烘炉、风机、衡器、包装等设备制造				
文化、办公用机械制造				
通用零部件制造				
其他通用设备制造业				
专用设备制造业	509	2988	1900	101763
采矿、冶金、建筑专用设备制造	479	2503	1474	94988
化工、木材、非金属加工专用设备制造	3	65	6	1118
食品、饮料、烟草及饲料生产专用设备制造				
印刷、制药、日化及日用品生产专用设备制造				
纺织、服装和皮革加工专用设备制造	24	384	384	5317
电子和电工机械专用设备制造				
农、林、牧、渔专用机械制造	3	36	36	340
医疗仪器设备及器械制造				
环保、社会公共服务及其他专用设备制造				
汽车制造业	46	509	441	13340
汽车整车制造	2	28	20	273
改装汽车制造	7	183	183	7211
低速载货汽车制造				
电车制造				
汽车车身、挂车制造				
汽车零部件及配件制造	37	298	237	5856
铁路、船舶、航空航天和其他运输设备制造业	63	835	637	18520
铁路运输设备制造	63	835	637	18520
城市轨道交通设备制造				
船舶及相关装置制造				
航空、航天器及设备制造				
摩托车制造				
自行车制造				
非公路休闲车及零配件制造				
潜水救捞及其他未列明运输设备制造				
电气机械和器材制造业	60	1098	965	30204
电机制造	43	813	781	27390
输配电及控制设备制造	10	175	136	1490

2-4-56　续表 4

行　业	项目数 (项)	参加项目 人　员 (人)	项目人员折合 全时当量 (人年)	项目经费 内部支出 (万元)
电线、电缆、光缆及电工器材制造				
电池制造	5	5		135
家用电力器具制造				
非电力家用器具制造				
照明器具制造	2	105	47	1188
其他电气机械及器材制造				
计算机、通信和其他电子设备制造业	51	620	304	5067
计算机制造	7	129	50	140
通信设备制造	9	20	20	246
广播电视设备制造				
雷达及配套设备制造	6	27	6	84
视听设备制造				
电子器件制造				
电子元件制造	9	336	120	1698
其他电子设备制造	20	108	108	2900
仪器仪表制造业	16	1171	1121	17791
通用仪器仪表制造	4	761	711	17321
专用仪器仪表制造	12	410	410	469
钟表与计时仪器制造				
光学仪器及眼镜制造				
其他仪器仪表制造业				
其他制造业				
日用杂品制造				
煤制品制造				
核辐射加工				
其他未列明制造业				
废弃资源综合利用业				
金属废料和碎屑加工处理				
非金属废料和碎屑加工处理				
金属制品、机械和设备修理业				
金属制品修理				
通用设备修理				
专用设备修理				
铁路、船舶、航空航天等运输设备修理				
电气设备修理				
仪器仪表修理				
其他机械和设备修理业				
电力、热力、燃气及水生产和供应业	**10**	**105**	**60**	**1238**
电力、热力生产和供应业	4	30	5	451
电力生产	6	75	54	787
电力供应	6	75	54	787
热力生产和供应				
燃气生产和供应业				
燃气生产和供应业				
水的生产和供应业				
自来水生产和供应				
污水处理及其再生利用				
其他水的处理、利用与分配				

2-4-57 分行业内资企业全部R&D项目情况

行　业	项目数（项）	参加项目人员（人）	项目人员折合全时当量（人年）	项目经费内部支出（万元）
总　计	**2783**	**41004**	**29841**	**1076124**
采矿业	**699**	**16792**	**11815**	**290079**
煤炭开采和洗选业	698	16787	11814	290078
烟煤和无烟煤开采洗选	698	16787	11814	290078
褐煤开采洗选				
其他煤炭采选				
石油和天然气开采业				
石油开采				
天然气开采				
黑色金属矿采选业	1	5	1	1
铁矿采选				
锰矿、铬矿采选	1	5	1	1
其他黑色金属矿采选				
有色金属矿采选业				
常用有色金属矿采选				
贵金属矿采选				
稀有稀土金属矿采选				
非金属矿采选业				
土砂石开采				
化学矿开采				
采盐				
石棉及其他非金属矿采选				
开采辅助活动				
煤炭开采和洗选辅助活动				
石油和天然气开采辅助活动				
其他开采辅助活动				
其他采矿业				
其他采矿业				
制造业	**2074**	**24107**	**17967**	**784808**
农副食品加工业	15	122	97	8987
谷物磨制	1	10	9	960
饲料加工	4	41	26	2997
植物油加工	1	8	4	561
制糖业				
屠宰及肉类加工	1	8	8	552
水产品加工				
蔬菜、水果和坚果加工	6	47	46	3910
其他农副食品加工	2	8	2	8
食品制造业	12	130	92	3813
焙烤食品制造				
糖果、巧克力及蜜饯制造				
方便食品制造	2	16	4	80
乳制品制造				
罐头食品制造	2	15	15	1320
调味品、发酵制品制造	8	99	74	2413
其他食品制造				
酒、饮料和精制茶制造业	15	522	404	17316
酒的制造	14	519	403	17296
饮料制造	1	3	1	20
精制茶加工				

2-4-57　续表 1

行　　业	项目数(项)	参加项目人员(人)	项目人员折合全时当量(人年)	项目经费内部支出(万元)
烟草制品业				
烟叶复烤				
卷烟制造				
其他烟草制品制造				
纺织业	5	83	42	561
棉纺织及印染精加工	3	56	31	500
毛纺织及染整精加工				
麻纺织及染整精加工				
丝绢纺织及印染精加工				
化纤织造及印染精加工	2	27	11	61
针织或钩针编织物及其制品制造				
家用纺织制成品制造				
非家用纺织制成品制造				
纺织服装、服饰业	4	62	57	651
机织服装制造	4	62	57	651
针织或钩针编织服装制造				
服饰制造				
皮革、毛皮、羽毛及其制品和制鞋业				
皮革鞣制加工				
皮革制品制造				
毛皮鞣制及制品加工				
羽毛(绒)加工及制品制造				
制鞋业				
木材加工和木、竹、藤、棕、草制品业	1	36	34	232
木材加工	1	36	34	232
人造板制造				
木制品制造				
竹、藤、棕、草等制品制造				
家具制造业	1	7	5	131
木质家具制造	1	7	5	131
竹、藤家具制造				
金属家具制造				
塑料家具制造				
其他家具制造				
造纸和纸制品业	2	77	66	1038
纸浆制造				
造纸	1	32	21	710
纸制品制造	1	45	45	328
印刷和记录媒介复制业	6	29	29	538
印刷	6	29	29	538
装订及印刷相关服务				
记录媒介复制				
文教、工美、体育和娱乐用品制造业	9	161	140	1513
文教办公用品制造				
乐器制造				
工艺美术品制造	3	49	43	833
体育用品制造	6	112	98	680
玩具制造				
游艺器材及娱乐用品制造				

2-4-57 续表 2

行业	项目数(项)	参加项目人员(人)	项目人员折合全时当量(人年)	项目经费内部支出(万元)
石油加工、炼焦和核燃料加工业	48	380	317	8904
精炼石油产品制造	9	14	11	252
炼焦	39	366	306	8652
核燃料加工				
化学原料和化学制品制造业	192	2801	1802	41775
基础化学原料制造	16	207	146	4596
肥料制造	103	1067	393	19116
农药制造	1	11	8	400
涂料、油墨、颜料及类似产品制造	2	52	52	1150
合成材料制造	22	393	329	7050
专用化学产品制造	8	83	53	2379
炸药、火工及焰火产品制造	23	412	401	4812
日用化学产品制造	17	576	419	2272
医药制造业	182	1723	1113	21463
化学药品原料药制造	10	65	35	1213
化学药品制剂制造	68	1020	586	8325
中药饮片加工				
中成药生产	63	369	270	2815
兽用药品制造	2	32	26	330
生物药品制造	28	216	183	8291
卫生材料及医药用品制造	11	21	13	489
化学纤维制造业				
纤维素纤维原料及纤维制造				
合成纤维制造				
橡胶和塑料制品业	36	437	334	11105
橡胶制品业	19	255	204	2495
塑料制品业	17	182	130	8610
非金属矿物制品业	52	714	480	11812
水泥、石灰和石膏制造	8	82	40	2180
石膏、水泥制品及类似制品制造	1	2	2	49
砖瓦、石材等建筑材料制造	8	94	89	2348
玻璃制造	2	24	2	600
玻璃制品制造	2	120	41	638
玻璃纤维和玻璃纤维增强塑料制品制造				
陶瓷制品制造	1	15	8	680
耐火材料制品制造	15	140	104	2044
石墨及其他非金属矿物制品制造	15	237	194	3273
黑色金属冶炼和压延加工业	271	4498	3862	385914
炼铁				
炼钢	9	157	124	1130
黑色金属铸造	26	146	136	3214
钢压延加工	224	3980	3583	378311
铁合金冶炼	12	215	19	3259
有色金属冶炼和压延加工业	66	756	421	18462
常用有色金属冶炼	56	687	399	13945
贵金属冶炼				
稀有稀土金属冶炼	3	29	15	784
有色金属合金制造	1	5	1	92
有色金属铸造				
有色金属压延加工	6	35	7	3641

2-4-57 续表 3

行 业	项目数 (项)	参加项目 人 员 (人)	项目人员折合 全时当量 (人年)	项目经费 内部支出 (万元)
金属制品业	205	3328	2818	48093
结构性金属制品制造				
金属工具制造				
集装箱及金属包装容器制造	1	67	44	101
金属丝绳及其制品制造				
建筑、安全用金属制品制造	3	16	1	327
金属表面处理及热处理加工				
搪瓷制品制造				
金属制日用品制造				
其他金属制品制造	201	3245	2773	47664
通用设备制造业	108	680	476	10091
锅炉及原动设备制造	71	364	259	5916
金属加工机械制造	13	54	15	150
物料搬运设备制造	1	5	2	75
泵、阀门、压缩机及类似机械制造	16	200	154	2571
轴承、齿轮和传动部件制造	1	5	5	967
烘炉、风机、衡器、包装等设备制造	5	37	27	324
文化、办公用机械制造				
通用零部件制造	1	15	13	87
其他通用设备制造业				
专用设备制造业	536	2949	1750	101769
采矿、冶金、建筑专用设备制造	516	2680	1590	98421
化工、木材、非金属加工专用设备制造	3	65	6	1118
食品、饮料、烟草及饲料生产专用设备制造				
印刷、制药、日化及日用品生产专用设备制造	2	9	5	29
纺织、服装和皮革加工专用设备制造	3	52	36	947
电子和电工机械专用设备制造	1	51	33	336
农、林、牧、渔专用机械制造	3	36	36	340
医疗仪器设备及器械制造				
环保、社会公共服务及其他专用设备制造	8	56	44	577
汽车制造业	48	531	454	14100
汽车整车制造	2	28	20	273
改装汽车制造	8	195	195	7571
低速载货汽车制造				
电车制造				
汽车车身、挂车制造	1	10	1	400
汽车零部件及配件制造	37	298	237	5856
铁路、船舶、航空航天和其他运输设备制造业	52	824	663	18287
铁路运输设备制造	52	824	663	18287
城市轨道交通设备制造				
船舶及相关装置制造				
航空、航天器及设备制造				
摩托车制造				
自行车制造				
非公路休闲车及零配件制造				
潜水救捞及其他未列明运输设备制造				
电气机械和器材制造业	84	1243	1083	32189
电机制造	43	813	781	27390
输配电及控制设备制造	23	266	205	2672

2-4-57 续表 4

行　业	项目数(项)	参加项目人　员(人)	项目人员折合全时当量(人年)	项目经费内部支出(万元)
电线、电缆、光缆及电工器材制造	2	12	11	194
电池制造	14	47	38	745
家用电力器具制造				
非电力家用器具制造				
照明器具制造	2	105	47	1188
其他电气机械及器材制造				
计算机、通信和其他电子设备制造业	72	821	336	8461
计算机制造	7	129	50	140
通信设备制造	15	80	32	2250
广播电视设备制造				
雷达及配套设备制造	6	27	6	84
视听设备制造				
电子器件制造				
电子元件制造	10	354	138	2044
其他电子设备制造	34	231	110	3943
仪器仪表制造业	49	1177	1087	17381
通用仪器仪表制造	36	752	662	16632
专用仪器仪表制造	13	425	425	749
钟表与计时仪器制造				
光学仪器及眼镜制造				
其他仪器仪表制造业				
其他制造业				
日用杂品制造				
煤制品制造				
核辐射加工				
其他未列明制造业				
废弃资源综合利用业				
金属废料和碎屑加工处理				
非金属废料和碎屑加工处理				
金属制品、机械和设备修理业	3	16	6	223
金属制品修理				
通用设备修理				
专用设备修理				
铁路、船舶、航空航天等运输设备修理	3	16	6	223
电气设备修理				
仪器仪表修理				
其他机械和设备修理业				
电力、热力、燃气及水生产和供应业				
电力、热力生产和供应业				
电力生产				
电力供应				
热力生产和供应				
燃气生产和供应业				
燃气生产和供应业				
水的生产和供应业				
自来水生产和供应				
污水处理及其再生利用				
其他水的处理、利用与分配				

2-4-58　分行业港澳台商投资企业全部R&D项目情况

行　　业	项目数(项)	参加项目人　　员(人)	项目人员折合全时当量(人年)	项目经费内部支出(万元)
总　计	**41**	**599**	**533**	**10669**
采矿业				
煤炭开采和洗选业				
烟煤和无烟煤开采洗选				
褐煤开采洗选				
其他煤炭采选				
石油和天然气开采业				
石油开采				
天然气开采				
黑色金属矿采选业				
铁矿采选				
锰矿、铬矿采选				
其他黑色金属矿采选				
有色金属矿采选业				
常用有色金属矿采选				
贵金属矿采选				
稀有稀土金属矿采选				
非金属矿采选业				
土砂石开采				
化学矿开采				
采盐				
石棉及其他非金属矿采选				
开采辅助活动				
煤炭开采和洗选辅助活动				
石油和天然气开采辅助活动				
其他开采辅助活动				
其他采矿业				
其他采矿业				
制造业	**35**	**568**	**518**	**9842**
农副食品加工业				
谷物磨制				
饲料加工				
植物油加工				
制糖业				
屠宰及肉类加工				
水产品加工				
蔬菜、水果和坚果加工				
其他农副食品加工				
食品制造业				
焙烤食品制造				
糖果、巧克力及蜜饯制造				
方便食品制造				
乳制品制造				
罐头食品制造				
调味品、发酵制品制造				
其他食品制造				
酒、饮料和精制茶制造业				
酒的制造				
饮料制造				
精制茶加工				

2-4-58 续表 1

行　业	项目数(项)	参加项目人　员(人)	项目人员折合全时当量(人年)	项目经费内部支出(万元)
烟草制品业				
烟叶复烤				
卷烟制造				
其他烟草制品制造				
纺织业				
棉纺织及印染精加工				
毛纺织及染整精加工				
麻纺织及染整精加工				
丝绢纺织及印染精加工				
化纤织造及印染精加工				
针织或钩针编织物及其制品制造				
家用纺织制成品制造				
非家用纺织制成品制造				
纺织服装、服饰业				
机织服装制造				
针织或钩针编织服装制造				
服饰制造				
皮革、毛皮、羽毛及其制品和制鞋业				
皮革鞣制加工				
皮革制品制造				
毛皮鞣制及制品加工				
羽毛(绒)加工及制品制造				
制鞋业				
木材加工和木、竹、藤、棕、草制品业				
木材加工				
人造板制造				
木制品制造				
竹、藤、棕、草等制品制造				
家具制造业				
木质家具制造				
竹、藤家具制造				
金属家具制造				
塑料家具制造				
其他家具制造				
造纸和纸制品业				
纸浆制造				
造纸				
纸制品制造				
印刷和记录媒介复制业				
印刷				
装订及印刷相关服务				
记录媒介复制				
文教、工美、体育和娱乐用品制造业				
文教办公用品制造				
乐器制造				
工艺美术品制造				
体育用品制造				
玩具制造				
游艺器材及娱乐用品制造				

2-4-58　续表 2

行　　业	项目数(项)	参加项目人　　员(人)	项目人员折合全时当量(人年)	项目经费内部支出(万元)
石油加工、炼焦和核燃料加工业	1	21	4	90
精炼石油产品制造				
炼焦	1	21	4	90
核燃料加工				
化学原料和化学制品制造业	1	22	1	830
基础化学原料制造	1	22	1	830
肥料制造				
农药制造				
涂料、油墨、颜料及类似产品制造				
合成材料制造				
专用化学产品制造				
炸药、火工及焰火产品制造				
日用化学产品制造				
医药制造业	6	55	44	1546
化学药品原料药制造				
化学药品制剂制造	3	22	20	1211
中药饮片加工				
中成药生产	3	33	23	335
兽用药品制造				
生物药品制造				
卫生材料及医药用品制造				
化学纤维制造业				
纤维素纤维原料及纤维制造				
合成纤维制造				
橡胶和塑料制品业				
橡胶制品业				
塑料制品业				
非金属矿物制品业				
水泥、石灰和石膏制造				
石膏、水泥制品及类似制品制造				
砖瓦、石材等建筑材料制造				
玻璃制造				
玻璃制品制造				
玻璃纤维和玻璃纤维增强塑料制品制造				
陶瓷制品制造				
耐火材料制品制造				
石墨及其他非金属矿物制品制造				
黑色金属冶炼和压延加工业				
炼铁				
炼钢				
黑色金属铸造				
钢压延加工				
铁合金冶炼				
有色金属冶炼和压延加工业				
常用有色金属冶炼				
贵金属冶炼				
稀有稀土金属冶炼				
有色金属合金制造				
有色金属铸造				
有色金属压延加工				

2-4-58 续表 3

行　业	项目数（项）	参加项目人员（人）	项目人员折合全时当量（人年）	项目经费内部支出（万元）
金属制品业				
结构性金属制品制造				
金属工具制造				
集装箱及金属包装容器制造				
金属丝绳及其制品制造				
建筑、安全用金属制品制造				
金属表面处理及热处理加工				
搪瓷制品制造				
金属制日用品制造				
其他金属制品制造				
通用设备制造业				
锅炉及原动设备制造				
金属加工机械制造				
物料搬运设备制造				
泵、阀门、压缩机及类似机械制造				
轴承、齿轮和传动部件制造				
烘炉、风机、衡器、包装等设备制造				
文化、办公用机械制造				
通用零部件制造				
其他通用设备制造业				
专用设备制造业	24	384	384	5317
采矿、冶金、建筑专用设备制造				
化工、木材、非金属加工专用设备制造				
食品、饮料、烟草及饲料生产专用设备制造				
印刷、制药、日化及日用品生产专用设备制造				
纺织、服装和皮革加工专用设备制造	24	384	384	5317
电子和电工机械专用设备制造				
农、林、牧、渔专用机械制造				
医疗仪器设备及器械制造				
环保、社会公共服务及其他专用设备制造				
汽车制造业				
汽车整车制造				
改装汽车制造				
低速载货汽车制造				
电车制造				
汽车车身、挂车制造				
汽车零部件及配件制造				
铁路、船舶、航空航天和其他运输设备制造业				
铁路运输设备制造				
城市轨道交通设备制造				
船舶及相关装置制造				
航空、航天器及设备制造				
摩托车制造				
自行车制造				
非公路休闲车及零配件制造				
潜水救捞及其他未列明运输设备制造				
电气机械和器材制造业				
电机制造				
输配电及控制设备制造				

2-4-58　续表 4

行　业	项目数 (项)	参加项目 人　　员 (人)	项目人员折合 全时当量 (人年)	项目经费 内部支出 (万元)
电线、电缆、光缆及电工器材制造				
电池制造				
家用电力器具制造				
非电力家用器具制造				
照明器具制造				
其他电气机械及器材制造				
计算机、通信和其他电子设备制造业				
计算机制造				
通信设备制造				
广播电视设备制造				
雷达及配套设备制造				
视听设备制造				
电子器件制造				
电子元件制造				
其他电子设备制造				
仪器仪表制造业	3	86	86	2059
通用仪器仪表制造	3	86	86	2059
专用仪器仪表制造				
钟表与计时仪器制造				
光学仪器及眼镜制造				
其他仪器仪表制造业				
其他制造业				
日用杂品制造				
煤制品制造				
核辐射加工				
其他未列明制造业				
废弃资源综合利用业				
金属废料和碎屑加工处理				
非金属废料和碎屑加工处理				
金属制品、机械和设备修理业				
金属制品修理				
通用设备修理				
专用设备修理				
铁路、船舶、航空航天等运输设备修理				
电气设备修理				
仪器仪表修理				
其他机械和设备修理业				
电力、热力、燃气及水生产和供应业	**6**	**31**	**15**	**827**
电力、热力生产和供应业	6	31	15	827
电力生产	6	31	15	827
电力供应				
热力生产和供应				
燃气生产和供应业				
燃气生产和供应业				
水的生产和供应业				
自来水生产和供应				
污水处理及其再生利用				
其他水的处理、利用与分配				

2-4-59 分行业外商投资企业全部R&D项目情况

行　　业	项目数（项）	参加项目人　员（人）	项目人员折合全时当量（人年）	项目经费内部支出（万元）
总　计	**61**	**305**	**183**	**7236**
采矿业	**1**	**22**	**22**	**527**
煤炭开采和洗选业	1	22	22	527
烟煤和无烟煤开采洗选	1	22	22	527
褐煤开采洗选				
其他煤炭采选				
石油和天然气开采业				
石油开采				
天然气开采				
黑色金属矿采选业				
铁矿采选				
锰矿、铬矿采选				
其他黑色金属矿采选				
有色金属矿采选业				
常用有色金属矿采选				
贵金属矿采选				
稀有稀土金属矿采选				
非金属矿采选业				
土砂石开采				
化学矿开采				
采盐				
石棉及其他非金属矿采选				
开采辅助活动				
煤炭开采和洗选辅助活动				
石油和天然气开采辅助活动				
其他开采辅助活动				
其他采矿业				
其他采矿业				
制造业	**60**	**283**	**161**	**6709**
农副食品加工业				
谷物磨制				
饲料加工				
植物油加工				
制糖业				
屠宰及肉类加工				
水产品加工				
蔬菜、水果和坚果加工				
其他农副食品加工				
食品制造业				
焙烤食品制造				
糖果、巧克力及蜜饯制造				
方便食品制造				
乳制品制造				
罐头食品制造				
调味品、发酵制品制造				
其他食品制造				
酒、饮料和精制茶制造业	1	3	2	175
酒的制造				
饮料制造	1	3	2	175
精制茶加工				

2-4-59　续表 1

行　业	项目数(项)	参加项目人员(人)	项目人员折合全时当量(人年)	项目经费内部支出(万元)
烟草制品业				
烟叶复烤				
卷烟制造				
其他烟草制品制造				
纺织业				
棉纺织及印染精加工				
毛纺织及染整精加工				
麻纺织及染整精加工				
丝绢纺织及印染精加工				
化纤织造及印染精加工				
针织或钩针编织物及其制品制造				
家用纺织制成品制造				
非家用纺织制成品制造				
纺织服装、服饰业				
机织服装制造				
针织或钩针编织服装制造				
服饰制造				
皮革、毛皮、羽毛及其制品和制鞋业				
皮革鞣制加工				
皮革制品制造				
毛皮鞣制及制品加工				
羽毛(绒)加工及制品制造				
制鞋业				
木材加工和木、竹、藤、棕、草制品业				
木材加工				
人造板制造				
木制品制造				
竹、藤、棕、草等制品制造				
家具制造业				
木质家具制造				
竹、藤家具制造				
金属家具制造				
塑料家具制造				
其他家具制造				
造纸和纸制品业				
纸浆制造				
造纸				
纸制品制造				
印刷和记录媒介复制业				
印刷				
装订及印刷相关服务				
记录媒介复制				
文教、工美、体育和娱乐用品制造业				
文教办公用品制造				
乐器制造				
工艺美术品制造				
体育用品制造				
玩具制造				
游艺器材及娱乐用品制造				

2-4-59 续表 2

行　　业	项目数(项)	参加项目人　　员(人)	项目人员折合全时当量(人年)	项目经费内部支出(万元)
石油加工、炼焦和核燃料加工业				
精炼石油产品制造				
炼焦				
核燃料加工				
化学原料和化学制品制造业	2	10	3	1793
基础化学原料制造				
肥料制造	2	10	3	1793
农药制造				
涂料、油墨、颜料及类似产品制造				
合成材料制造				
专用化学产品制造				
炸药、火工及焰火产品制造				
日用化学产品制造				
医药制造业	12	141	115	2432
化学药品原料药制造	4	91	72	1846
化学药品制剂制造	2	21	14	397
中药饮片加工				
中成药生产	6	29	29	189
兽用药品制造				
生物药品制造				
卫生材料及医药用品制造				
化学纤维制造业				
纤维素纤维原料及纤维制造				
合成纤维制造				
橡胶和塑料制品业				
橡胶制品业				
塑料制品业				
非金属矿物制品业	25	5		60
水泥、石灰和石膏制造				
石膏、水泥制品及类似制品制造				
砖瓦、石材等建筑材料制造				
玻璃制造				
玻璃制品制造				
玻璃纤维和玻璃纤维增强塑料制品制造				
陶瓷制品制造				
耐火材料制品制造	25	5		60
石墨及其他非金属矿物制品制造				
黑色金属冶炼和压延加工业				
炼铁				
炼钢				
黑色金属铸造				
钢压延加工				
铁合金冶炼				
有色金属冶炼和压延加工业				
常用有色金属冶炼				
贵金属冶炼				
稀有稀土金属冶炼				
有色金属合金制造				
有色金属铸造				
有色金属压延加工				

2-4-59　续表 3

行　　业	项目数(项)	参加项目人　　员(人)	项目人员折合全时当量(人年)	项目经费内部支出(万元)
金属制品业	5	30	13	721
结构性金属制品制造				
金属工具制造				
集装箱及金属包装容器制造				
金属丝绳及其制品制造				
建筑、安全用金属制品制造				
金属表面处理及热处理加工				
搪瓷制品制造				
金属制日用品制造				
其他金属制品制造	5	30	13	721
通用设备制造业				
锅炉及原动设备制造				
金属加工机械制造				
物料搬运设备制造				
泵、阀门、压缩机及类似机械制造				
轴承、齿轮和传动部件制造				
烘炉、风机、衡器、包装等设备制造				
文化、办公用机械制造				
通用零部件制造				
其他通用设备制造业				
专用设备制造业				
采矿、冶金、建筑专用设备制造				
化工、木材、非金属加工专用设备制造				
食品、饮料、烟草及饲料生产专用设备制造				
印刷、制药、日化及日用品生产专用设备制造				
纺织、服装和皮革加工专用设备制造				
电子和电工机械专用设备制造				
农、林、牧、渔专用机械制造				
医疗仪器设备及器械制造				
环保、社会公共服务及其他专用设备制造				
汽车制造业	3	24	8	395
汽车整车制造				
改装汽车制造				
低速载货汽车制造				
电车制造				
汽车车身、挂车制造				
汽车零部件及配件制造	3	24	8	395
铁路、船舶、航空航天和其他运输设备制造业	12	70	18	1133
铁路运输设备制造	12	70	18	1133
城市轨道交通设备制造				
船舶及相关装置制造				
航空、航天器及设备制造				
摩托车制造				
自行车制造				
非公路休闲车及零配件制造				
潜水救捞及其他未列明运输设备制造				
电气机械和器材制造业				
电机制造				
输配电及控制设备制造				

2-4-59 续表 4

行业	项目数(项)	参加项目人员(人)	项目人员折合全时当量(人年)	项目经费内部支出(万元)
电线、电缆、光缆及电工器材制造				
电池制造				
家用电力器具制造				
非电力家用器具制造				
照明器具制造				
其他电气机械及器材制造				
计算机、通信和其他电子设备制造业				
计算机制造				
通信设备制造				
广播电视设备制造				
雷达及配套设备制造				
视听设备制造				
电子器件制造				
电子元件制造				
其他电子设备制造				
仪器仪表制造业				
通用仪器仪表制造				
专用仪器仪表制造				
钟表与计时仪器制造				
光学仪器及眼镜制造				
其他仪器仪表制造业				
其他制造业				
日用杂品制造				
煤制品制造				
核辐射加工				
其他未列明制造业				
废弃资源综合利用业				
金属废料和碎屑加工处理				
非金属废料和碎屑加工处理				
金属制品、机械和设备修理业				
金属制品修理				
通用设备修理				
专用设备修理				
铁路、船舶、航空航天等运输设备修理				
电气设备修理				
仪器仪表修理				
其他机械和设备修理业				
电力、热力、燃气及水生产和供应业				
电力、热力生产和供应业				
电力生产				
电力供应				
热力生产和供应				
燃气生产和供应业				
燃气生产和供应业				
水的生产和供应业				
自来水生产和供应				
污水处理及其再生利用				
其他水的处理、利用与分配				

2-4-60　各地区企业全部R&D项目情况

地　区	项目数（项）	参加项目人员（人）	项目人员折合全时当量（人年）	项目经费内部支出（万元）
全　省	**2885**	**41908**	**30557**	**1094029**
太原市	1207	14912	11723	563419
大同市	169	3335	2114	70826
阳泉市	250	5409	2258	36901
长治市	350	5766	4202	97739
晋城市	157	3046	2849	120586
朔州市	75	473	323	23341
晋中市	115	1545	1111	34284
运城市	224	3647	2888	69911
忻州市	26	418	355	8684
临汾市	251	2273	2126	40259
吕梁市	61	1084	608	28082

2-4-61　各地区大中型企业全部R&D项目情况

地　区	项目数（项）	参加项目人员（人）	项目人员折合全时当量（人年）	项目经费内部支出（万元）
全　省	**2520**	**39062**	**28763**	**1028740**
太原市	1078	14153	11407	549816
大同市	159	3199	2037	69608
阳泉市	238	5340	2228	34617
长治市	316	5492	3943	84604
晋城市	143	2951	2803	119618
朔州市	55	371	267	21172
晋中市	55	924	660	16497
运城市	175	3183	2592	61680
忻州市	24	374	312	8060
临汾市	231	2069	1950	35748
吕梁市	46	1006	562	27321

2-4-62 各地区内资企业全部R&D项目情况

地 区	项目数（项）	参加项目人员（人）	项目人员折合全时当量（人年）	项目经费内部支出（万元）
全 省	**2783**	**41004**	**29841**	**1076124**
太原市	1186	14727	11590	560037
大同市	165	3244	2041	68980
阳泉市	225	5404	2258	36841
长治市	349	5763	4200	97564
晋城市	157	3046	2849	120586
朔州市	69	434	305	22476
晋中市	78	1026	639	26050
运城市	217	3607	2872	67397
忻州市	26	418	355	8684
临汾市	251	2273	2126	40259
吕梁市	60	1062	607	27252

2-4-63 各地区港澳台商投资企业全部R&D项目情况

地 区	项目数（项）	参加项目人员（人）	项目人员折合全时当量（人年）	项目经费内部支出（万元）
全 省	**41**	**599**	**533**	**10669**
太原市	3	86	86	2059
大同市				
阳泉市				
长治市				
晋城市				
朔州市	5	21	5	568
晋中市	32	470	440	7212
运城市				
忻州市				
临汾市				
吕梁市	1	22	1	830

2-4-64　各地区外商投资企业全部R&D项目情况

地　区	项目数 (项)	参加项目 人　　员 (人)	项目人员折合 全时当量 (人年)	项目经费 内部支出 (万元)
全　省	**61**	**305**	**183**	**7236**
太原市	18	99	47	1322
大同市	4	91	72	1846
阳泉市	25	5		60
长治市	1	3	2	175
晋城市				
朔州市	1	18	13	297
晋中市	5	49	31	1022
运城市	7	40	16	2514
忻州市				
临汾市				
吕梁市				

F. 企业办研发机构情况

2-4-65 分登记注册类型企业办研发机构情况

登记注册类型	机构数（个）	机构人员数（人）			机构经费支出（万元）	仪器和设备原价（万元）
			#博士	#硕士		
总　计	**240**	**21132**	**348**	**2511**	**418494**	**371842**
内资企业	**228**	**20117**	**336**	**2385**	**397228**	**348568**
国有企业	7	983	2	179	6607	20896
集体企业	2	27		3	89	31
股份合作企业	1	20			335	1211
联营企业						
国有联营企业						
集体联营企业						
国有与集体联营企业						
其他联营企业						
有限责任公司	80	12957	192	1542	248987	225295
国有独资公司	17	5746	79	873	93178	93777
其他有限责任公司	63	7211	113	669	155809	131518
股份有限公司	31	2680	68	375	89132	56682
私营企业	107	3450	74	286	52079	44453
私营独资企业	1	6	2	2	800	30
私营合伙企业						
私营有限责任公司	98	2976	69	259	45600	40900
私营股份有限公司	8	468	3	25	5679	3523
其他企业						
港、澳、台商投资企业	**5**	**695**	**4**	**75**	**9229**	**14325**
合资经营企业	3	305	4	58	2994	1937
合作经营企业						
港、澳、台商独资经营企业	1	27			262	3200
港、澳、台商投资股份有限公司	1	363		17	5972	9187
其他港澳台投资企业						
外商投资企业	**7**	**320**	**8**	**51**	**12037**	**8949**
中外合资经营企业	6	295	8	51	11646	3521
中外合作经营企业						
外资企业						
外商投资股份有限公司	1	25			391	5428
其他外商投资企业						

2-4-66　分登记注册类型大中型企业办研发机构情况

登记注册类型	机构数(个)	机构人员数(人)	#博士	#硕士	机构经费支出(万元)	仪器和设备原价(万元)
总　计	**143**	**19037**	**298**	**2303**	**389570**	**338696**
内资企业	**135**	**18122**	**286**	**2183**	**371032**	**325183**
国有企业	7	983	2	179	6607	20896
集体企业	1	20		3	55	20
股份合作企业						
联营企业						
国有联营企业						
集体联营企业						
国有与集体联营企业						
其他联营企业						
有限责任公司	60	12540	183	1506	243158	217280
国有独资公司	17	5746	79	873	93178	93777
其他有限责任公司	43	6794	104	633	149980	123503
股份有限公司	27	2458	66	339	85908	53841
私营企业	40	2121	35	156	35304	33147
私营独资企业						
私营合伙企业						
私营有限责任公司	34	1677	32	134	29781	29721
私营股份有限公司	6	444	3	22	5523	3426
其他企业						
港、澳、台商投资企业	**3**	**653**	**4**	**69**	**7614**	**10025**
合资经营企业	2	290	4	52	1641	837
合作经营企业						
港、澳、台商独资经营企业						
港、澳、台商投资股份有限公司	1	363		17	5972	9187
其他港澳台投资企业						
外商投资企业	**5**	**262**	**8**	**51**	**10925**	**3488**
中外合资经营企业	5	262	8	51	10925	3488
中外合作经营企业						
外资企业						
外商投资股份有限公司						
其他外商投资企业						

2-4-67 分行业企业办研发机构情况

行业	机构数（个）	机构人员数（人）	#博士	#硕士	机构经费支出（万元）	仪器和设备原价（万元）
总计	**240**	**21132**	**348**	**2511**	**418494**	**371842**
采矿业	**17**	**2971**	**100**	**499**	**132007**	**53988**
煤炭开采和洗选业	15	2931	100	494	131662	53851
烟煤和无烟煤开采洗选	15	2931	100	494	131662	53851
褐煤开采洗选						
其他煤炭采选						
石油和天然气开采业						
石油开采						
天然气开采						
黑色金属矿采选业	2	40		5	345	137
铁矿采选	2	40		5	345	137
锰矿、铬矿采选						
其他黑色金属矿采选						
有色金属矿采选业						
常用有色金属矿采选						
贵金属矿采选						
稀有稀土金属矿采选						
非金属矿采选业						
土砂石开采						
化学矿开采						
采盐						
石棉及其他非金属矿采选						
开采辅助活动						
煤炭开采和洗选辅助活动						
石油和天然气开采辅助活动						
其他开采辅助活动						
其他采矿业						
其他采矿业						
制造业	**220**	**17791**	**244**	**1884**	**281949**	**303201**
农副食品加工业	6	103	2	21	669	754
谷物磨制						
饲料加工	3	37	2	8	444	139
植物油加工						
制糖业						
屠宰及肉类加工	1	6		2	30	485
水产品加工						
蔬菜、水果和坚果加工	2	60		11	194	130
其他农副食品加工						
食品制造业	7	176	9	28	364	2199
焙烤食品制造						
糖果、巧克力及蜜饯制造						
方便食品制造	2	13	1	3	40	75
乳制品制造						
罐头食品制造						
调味品、发酵制品制造	4	145	7	25	319	1438
其他食品制造	1	18	1		5	686
酒、饮料和精制茶制造业	5	400	2	22	2678	1464
酒的制造	2	278	1	15	1978	1015
饮料制造	3	122	1	7	700	449
精制茶加工						

2-4-67　续表 1

行　　业	机构数（个）	机构人员数（人）	#博士	#硕士	机构经费支出（万元）	仪器和设备原价（万元）
烟草制品业						
烟叶复烤						
卷烟制造						
其他烟草制品制造						
纺织业	2	171			1334	994
棉纺织及印染精加工	1	56			420	175
毛纺织及染整精加工						
麻纺织及染整精加工	1	115			914	819
丝绢纺织及印染精加工						
化纤织造及印染精加工						
针织或钩针编织物及其制品制造						
家用纺织制成品制造						
非家用纺织制成品制造						
纺织服装、服饰业	2	265		6	1756	2159
机织服装制造	2	265		6	1756	2159
针织或钩针编织服装制造						
服饰制造						
皮革、毛皮、羽毛及其制品和制鞋业						
皮革鞣制加工						
皮革制品制造						
毛皮鞣制及制品加工						
羽毛(绒)加工及制品制造						
制鞋业						
木材加工和木、竹、藤、棕、草制品业	1	36		2	232	83
木材加工	1	36		2	232	83
人造板制造						
木制品制造						
竹、藤、棕、草等制品制造						
家具制造业	2	92		7	1113	5285
木质家具制造	2	92		7	1113	5285
竹、藤家具制造						
金属家具制造						
塑料家具制造						
其他家具制造						
造纸和纸制品业	1	38	3	3	20	250
纸浆制造						
造纸	1	38	3	3	20	250
纸制品制造						
印刷和记录媒介复制业	1	10	1	1	159	38
印刷	1	10	1	1	159	38
装订及印刷相关服务						
记录媒介复制						
文教、工美、体育和娱乐用品制造业	2	171	3	9	1513	1446
文教办公用品制造						
乐器制造						
工艺美术品制造	1	53	3	9	833	171
体育用品制造	1	118			680	1275
玩具制造						
游艺器材及娱乐用品制造						

2-4-67 续表 2

行业	机构数（个）	机构人员数（人）			机构经费支出（万元）	仪器和设备原价（万元）
			#博士	#硕士		
石油加工、炼焦和核燃料加工业	6	230	12	19	5890	7222
精炼石油产品制造	1	20	2	5	286	54
炼焦	5	210	10	14	5603	7168
核燃料加工						
化学原料和化学制品制造业	22	2269	38	233	45263	50742
基础化学原料制造	7	242	8	14	2533	1899
肥料制造	6	891	17	69	24333	20016
农药制造						
涂料、油墨、颜料及类似产品制造	1	60	4	27	1150	1558
合成材料制造	1	220		26	4894	16380
专用化学产品制造	2	97	1	3	636	295
炸药、火工及焰火产品制造	4	444	1	41	6652	9744
日用化学产品制造	1	315	7	53	5064	850
医药制造业	21	1210	42	167	25517	16078
化学药品原料药制造	5	207	3	32	7060	828
化学药品制剂制造	7	625	25	74	7728	6704
中药饮片加工	1	17		2	29	1330
中成药生产	5	128	7	20	3597	974
兽用药品制造						
生物药品制造	2	192	7	37	6288	5980
卫生材料及医药用品制造	1	41		2	816	263
化学纤维制造业						
纤维素纤维原料及纤维制造						
合成纤维制造						
橡胶和塑料制品业	8	195		15	12485	6323
橡胶制品业	2	104		10	4439	2127
塑料制品业	6	91		5	8046	4196
非金属矿物制品业	19	865	20	36	7439	11872
水泥、石灰和石膏制造	4	181	8	17	1365	9106
石膏、水泥制品及类似制品制造						
砖瓦、石材等建筑材料制造	2	33		2	304	230
玻璃制造						
玻璃制品制造	2	350			550	82
玻璃纤维和玻璃纤维增强塑料制品制造						
陶瓷制品制造	1	20		1	4	34
耐火材料制品制造	4	79	4	14	1204	294
石墨及其他非金属矿物制品制造	6	202	8	2	4013	2126
黑色金属冶炼和压延加工业	12	1249	26	180	25857	39299
炼铁	1	10			18	5
炼钢	2	99		17	222	656
黑色金属铸造	3	132	6	7	3764	1168
钢压延加工	5	998	20	156	21468	37350
铁合金冶炼	1	10			386	120
有色金属冶炼和压延加工业	10	616	13	46	9607	14858
常用有色金属冶炼	7	570	10	43	7626	13376
贵金属冶炼						
稀有稀土金属冶炼						
有色金属合金制造	2	38	2		1482	1404
有色金属铸造						
有色金属压延加工	1	8	1	3	500	78

2-4-67　续表 3

行　业	机构数（个）	机构人员数（人）	#博士	#硕士	机构经费支出（万元）	仪器和设备原价（万元）
金属制品业	8	3044	8	155	15277	40070
结构性金属制品制造	1	20			335	1211
金属工具制造						
集装箱及金属包装容器制造						
金属丝绳及其制品制造						
建筑、安全用金属制品制造						
金属表面处理及热处理加工						
搪瓷制品制造						
金属制日用品制造						
其他金属制品制造	7	3024	8	155	14942	38860
通用设备制造业	23	1287	22	90	8187	12256
锅炉及原动设备制造	3	496	13	49	3102	5039
金属加工机械制造	2	85		2	217	673
物料搬运设备制造						
泵、阀门、压缩机及类似机械制造	9	450	6	25	2425	3390
轴承、齿轮和传动部件制造	2	95	1	1	679	1209
烘炉、风机、衡器、包装等设备制造	4	98	2	12	1433	1243
文化、办公用机械制造						
通用零部件制造	3	63		1	332	703
其他通用设备制造业						
专用设备制造业	22	1947	17	275	42637	36211
采矿、冶金、建筑专用设备制造	16	1314	17	220	32900	24705
化工、木材、非金属加工专用设备制造	1	72		4	390	100
食品、饮料、烟草及饲料生产专用设备制造						
印刷、制药、日化及日用品生产专用设备制造						
纺织、服装和皮革加工专用设备制造	1	363		17	5972	9187
电子和电工机械专用设备制造	1	154		30	2481	1733
农、林、牧、渔专用机械制造	2	24			794	459
医疗仪器设备及器械制造						
环保、社会公共服务及其他专用设备制造	1	20		4	100	27
汽车制造业	9	720		51	14715	8463
汽车整车制造	2	181		21	1277	162
改装汽车制造	1	268		13	10458	136
低速载货汽车制造						
电车制造						
汽车车身、挂车制造						
汽车零部件及配件制造	6	271		17	2980	8165
铁路、船舶、航空航天和其他运输设备制造业	6	991	8	173	17518	8575
铁路运输设备制造	4	689	8	124	14918	6647
城市轨道交通设备制造						
船舶及相关装置制造						
航空、航天器及设备制造	1	291		48	2168	1849
摩托车制造						
自行车制造						
非公路休闲车及零配件制造						
潜水救捞及其他未列明运输设备制造	1	11		1	433	78
电气机械和器材制造业	10	752	5	167	32571	28802
电机制造	2	512	1	95	29456	27188
输配电及控制设备制造	3	142	3	68	1980	272

2-4-67 续表 4

行业	机构数（个）	机构人员数（人）	#博士	#硕士	机构经费支出（万元）	仪器和设备原价（万元）
电线、电缆、光缆及电工器材制造	3	58			396	503
电池制造	1	15	1	1	419	580
家用电力器具制造						
非电力家用器具制造						
照明器具制造	1	25		3	320	260
其他电气机械及器材制造						
计算机、通信和其他电子设备制造业	8	388	9	67	6171	5427
计算机制造						
通信设备制造	1	32	1	13	390	500
广播电视设备制造						
雷达及配套设备制造						
视听设备制造						
电子器件制造						
电子元件制造	4	219	6	26	2181	1308
其他电子设备制造	3	137	2	28	3601	3619
仪器仪表制造业	7	566	4	111	2976	2332
通用仪器仪表制造	4	364	4	56	2848	1112
专用仪器仪表制造	3	202		55	128	1220
钟表与计时仪器制造						
光学仪器及眼镜制造						
其他仪器仪表制造业						
其他制造业						
日用杂品制造						
煤制品制造						
核辐射加工						
其他未列明制造业						
废弃资源综合利用业						
金属废料和碎屑加工处理						
非金属废料和碎屑加工处理						
金属制品、机械和设备修理业						
金属制品修理						
通用设备修理						
专用设备修理						
铁路、船舶、航空航天等运输设备修理						
电气设备修理						
仪器仪表修理						
其他机械和设备修理业						
电力、热力、燃气及水生产和供应业	**3**	**370**	**4**	**128**	**4538**	**14653**
电力、热力生产和供应业	3	370	4	128	4538	14653
电力生产	2	25	2	8	1438	1140
电力供应	1	345	2	120	3100	13513
热力生产和供应						
燃气生产和供应业						
燃气生产和供应业						
水的生产和供应业						
自来水生产和供应						
污水处理及其再生利用						
其他水的处理、利用与分配						

2-4-68　分行业大中型企业办研发机构情况

行　　业	机构数（个）	机构人员数（人）	#博士	#硕士	机构经费支出（万元）	仪器和设备原价（万元）
总　计	**143**	**19037**	**298**	**2303**	**389570**	**338696**
采矿业	**15**	**2914**	**97**	**495**	**128982**	**53558**
煤炭开采和洗选业	14	2899	97	492	128662	53551
烟煤和无烟煤开采洗选	14	2899	97	492	128662	53551
褐煤开采洗选						
其他煤炭采选						
石油和天然气开采业						
石油开采						
天然气开采						
黑色金属矿采选业	1	15		3	320	7
铁矿采选	1	15		3	320	7
锰矿、铬矿采选						
其他黑色金属矿采选						
有色金属矿采选业						
常用有色金属矿采选						
贵金属矿采选						
稀有稀土金属矿采选						
非金属矿采选业						
土砂石开采						
化学矿开采						
采盐						
石棉及其他非金属矿采选						
开采辅助活动						
煤炭开采和洗选辅助活动						
石油和天然气开采辅助活动						
其他开采辅助活动						
其他采矿业						
其他采矿业						
制造业	**127**	**15778**	**199**	**1688**	**257488**	**271625**
农副食品加工业	2	58		13	114	590
谷物磨制						
饲料加工						
植物油加工						
制糖业						
屠宰及肉类加工	1	6		2	30	485
水产品加工						
蔬菜、水果和坚果加工	1	52		11	84	105
其他农副食品加工						
食品制造业	3	104	8	23	195	1623
焙烤食品制造						
糖果、巧克力及蜜饯制造						
方便食品制造						
乳制品制造						
罐头食品制造						
调味品、发酵制品制造	2	86	7	23	190	937
其他食品制造	1	18	1		5	686
酒、饮料和精制茶制造业	3	352	2	22	2663	1442
酒的制造	1	238	1	15	1975	999
饮料制造	2	114	1	7	688	443
精制茶加工						

2-4-68 续表 1

行业	机构数（个）	机构人员数（人）	#博士	#硕士	机构经费支出（万元）	仪器和设备原价（万元）
烟草制品业						
烟叶复烤						
卷烟制造						
其他烟草制品制造						
纺织业	2	171			1334	994
棉纺织及印染精加工	1	56			420	175
毛纺织及染整精加工						
麻纺织及染整精加工	1	115			914	819
丝绢纺织及印染精加工						
化纤织造及印染精加工						
针织或钩针编织物及其制品制造						
家用纺织制成品制造						
非家用纺织制成品制造						
纺织服装、服饰业	2	265		6	1756	2159
机织服装制造	2	265		6	1756	2159
针织或钩针编织服装制造						
服饰制造						
皮革、毛皮、羽毛及其制品和制鞋业						
皮革鞣制加工						
皮革制品制造						
毛皮鞣制及制品加工						
羽毛(绒)加工及制品制造						
制鞋业						
木材加工和木、竹、藤、棕、草制品业	1	36		2	232	83
木材加工	1	36		2	232	83
人造板制造						
木制品制造						
竹、藤、棕、草等制品制造						
家具制造业						
木质家具制造						
竹、藤家具制造						
金属家具制造						
塑料家具制造						
其他家具制造						
造纸和纸制品业						
纸浆制造						
造纸						
纸制品制造						
印刷和记录媒介复制业						
印刷						
装订及印刷相关服务						
记录媒介复制						
文教、工美、体育和娱乐用品制造业	2	171	3	9	1513	1446
文教办公用品制造						
乐器制造						
工艺美术品制造	1	53	3	9	833	171
体育用品制造	1	118			680	1275
玩具制造						
游艺器材及娱乐用品制造						

2-4-68　续表 2

行　　业	机构数（个）	机构人员数（人）	#博士	#硕士	机构经费支出（万元）	仪器和设备原价（万元）
石油加工、炼焦和核燃料加工业	5	210	10	14	5603	7168
精炼石油产品制造						
炼焦	5	210	10	14	5603	7168
核燃料加工						
化学原料和化学制品制造业	16	2169	34	226	44150	49911
基础化学原料制造	2	154	4	7	1697	1288
肥料制造	6	891	17	69	24333	20016
农药制造						
涂料、油墨、颜料及类似产品制造	1	60	4	27	1150	1558
合成材料制造	1	220		26	4894	16380
专用化学产品制造	1	85	1	3	360	75
炸药、火工及焰火产品制造	4	444	1	41	6652	9744
日用化学产品制造	1	315	7	53	5064	850
医药制造业	11	1003	40	155	22208	11583
化学药品原料药制造	2	152	1	25	6133	246
化学药品制剂制造	5	583	25	74	7221	3129
中药饮片加工	1	17		2	29	1330
中成药生产	2	65	7	18	2624	918
兽用药品制造						
生物药品制造	1	186	7	36	6202	5960
卫生材料及医药用品制造						
化学纤维制造业						
纤维素纤维原料及纤维制造						
合成纤维制造						
橡胶和塑料制品业	3	132		10	10532	4834
橡胶制品业	1	92		8	2919	1327
塑料制品业	2	40		2	7614	3507
非金属矿物制品业	10	715	11	24	5609	11062
水泥、石灰和石膏制造	4	181	8	17	1365	9106
石膏、水泥制品及类似制品制造						
砖瓦、石材等建筑材料制造						
玻璃制造						
玻璃制品制造	2	350			550	82
玻璃纤维和玻璃纤维增强塑料制品制造						
陶瓷制品制造						
耐火材料制品制造	1	50	2	7	214	173
石墨及其他非金属矿物制品制造	3	134	1		3480	1701
黑色金属冶炼和压延加工业	9	1214	25	178	25060	38626
炼铁	1	10			18	5
炼钢	2	99		17	222	656
黑色金属铸造	2	125	5	5	3619	1044
钢压延加工	4	980	20	156	21201	36920
铁合金冶炼						
有色金属冶炼和压延加工业	8	593	10	43	9087	14722
常用有色金属冶炼	7	570	10	43	7626	13376
贵金属冶炼						
稀有稀土金属冶炼						
有色金属合金制造	1	23			1462	1346
有色金属铸造						
有色金属压延加工						

2-4-68 续表 3

行　业	机构数（个）	机构人员数（人）	#博士	#硕士	机构经费支出（万元）	仪器和设备原价（万元）
金属制品业	5	2968	8	153	13871	38609
结构性金属制品制造						
金属工具制造						
集装箱及金属包装容器制造						
金属丝绳及其制品制造						
建筑、安全用金属制品制造						
金属表面处理及热处理加工						
搪瓷制品制造						
金属制日用品制造						
其他金属制品制造	5	2968	8	153	13871	38609
通用设备制造业	10	918	15	65	5157	8050
锅炉及原动设备制造	3	496	13	49	3102	5039
金属加工机械制造	1	59		2	110	320
物料搬运设备制造						
泵、阀门、压缩机及类似机械制造	6	363	2	14	1945	2691
轴承、齿轮和传动部件制造						
烘炉、风机、衡器、包装等设备制造						
文化、办公用机械制造						
通用零部件制造						
其他通用设备制造业						
专用设备制造业	11	1650	10	235	38813	33276
采矿、冶金、建筑专用设备制造	7	1191	10	214	31658	23530
化工、木材、非金属加工专用设备制造	1	72		4	390	100
食品、饮料、烟草及饲料生产专用设备制造						
印刷、制药、日化及日用品生产专用设备制造						
纺织、服装和皮革加工专用设备制造	1	363		17	5972	9187
电子和电工机械专用设备制造						
农、林、牧、渔专用机械制造	2	24			794	459
医疗仪器设备及器械制造						
环保、社会公共服务及其他专用设备制造						
汽车制造业	8	695		51	14324	3035
汽车整车制造	2	181		21	1277	162
改装汽车制造	1	268		13	10458	136
低速载货汽车制造						
电车制造						
汽车车身、挂车制造						
汽车零部件及配件制造	5	246		17	2589	2737
铁路、船舶、航空航天和其他运输设备制造业	5	919	7	143	16673	8275
铁路运输设备制造	3	617	7	94	14072	6347
城市轨道交通设备制造						
船舶及相关装置制造						
航空、航天器及设备制造	1	291		48	2168	1849
摩托车制造						
自行车制造						
非公路休闲车及零配件制造						
潜水救捞及其他未列明运输设备制造	1	11		1	433	78
电气机械和器材制造业	4	651	4	162	31433	27464
电机制造	2	512	1	95	29456	27188
输配电及控制设备制造	1	114	3	64	1657	16

2-4-68　续表 4

行　业	机构数（个）	机构人员数（人）	#博士	#硕士	机构经费支　出（万元）	仪 器 和设备原价（万元）
电线、电缆、光缆及电工器材制造						
电池制造						
家用电力器具制造						
非电力家用器具制造						
照明器具制造	1	25		3	320	260
其他电气机械及器材制造						
计算机、通信和其他电子设备制造业	3	311	8	49	5490	4688
计算机制造						
通信设备制造						
广播电视设备制造						
雷达及配套设备制造						
视听设备制造						
电子器件制造						
电子元件制造	2	198	6	24	2045	1167
其他电子设备制造	1	113	2	25	3445	3522
仪器仪表制造业	4	473	4	105	1669	1986
通用仪器仪表制造	1	271	4	50	1540	766
专用仪器仪表制造	3	202		55	128	1220
钟表与计时仪器制造						
光学仪器及眼镜制造						
其他仪器仪表制造业						
其他制造业						
日用杂品制造						
煤制品制造						
核辐射加工						
其他未列明制造业						
废弃资源综合利用业						
金属废料和碎屑加工处理						
非金属废料和碎屑加工处理						
金属制品、机械和设备修理业						
金属制品修理						
通用设备修理						
专用设备修理						
铁路、船舶、航空航天等运输设备修理						
电气设备修理						
仪器仪表修理						
其他机械和设备修理业						
电力、热力、燃气及水生产和供应业	**1**	**345**	**2**	**120**	**3100**	**13513**
电力、热力生产和供应业	1	345	2	120	3100	13513
电力生产						
电力供应	1	345	2	120	3100	13513
热力生产和供应						
燃气生产和供应业						
燃气生产和供应业						
水的生产和供应业						
自来水生产和供应						
污水处理及其再生利用						
其他水的处理、利用与分配						

2-4-69 分行业内资企业办研发机构情况

行业	机构数（个）	机构人员数（人）	#博士	#硕士	机构经费支出（万元）	仪器和设备原价（万元）
总　计	**228**	**20117**	**336**	**2385**	**397228**	**348568**
采矿业	**17**	**2971**	**100**	**499**	**132007**	**53988**
煤炭开采和洗选业	15	2931	100	494	131662	53851
烟煤和无烟煤开采洗选	15	2931	100	494	131662	53851
褐煤开采洗选						
其他煤炭采选						
石油和天然气开采业						
石油开采						
天然气开采						
黑色金属矿采选业	2	40		5	345	137
铁矿采选	2	40		5	345	137
锰矿、铬矿采选						
其他黑色金属矿采选						
有色金属矿采选业						
常用有色金属矿采选						
贵金属矿采选						
稀有稀土金属矿采选						
非金属矿采选业						
土砂石开采						
化学矿开采						
采盐						
石棉及其他非金属矿采选						
开采辅助活动						
煤炭开采和洗选辅助活动						
石油和天然气开采辅助活动						
其他开采辅助活动						
其他采矿业						
其他采矿业						
制造业	**209**	**16791**	**232**	**1764**	**262035**	**281027**
农副食品加工业	6	103	2	21	669	754
谷物磨制						
饲料加工	3	37	2	8	444	139
植物油加工						
制糖业						
屠宰及肉类加工	1	6		2	30	485
水产品加工						
蔬菜、水果和坚果加工	2	60		11	194	130
其他农副食品加工						
食品制造业	7	176	9	28	364	2199
焙烤食品制造						
糖果、巧克力及蜜饯制造						
方便食品制造	2	13	1	3	40	75
乳制品制造						
罐头食品制造						
调味品、发酵制品制造	4	145	7	25	319	1438
其他食品制造	1	18	1		5	686
酒、饮料和精制茶制造业	5	400	2	22	2678	1464
酒的制造	2	278	1	15	1978	1015
饮料制造	3	122	1	7	700	449
精制茶加工						

2-4-69 续表 1

行　　业	机构数（个）	机构人员数（人）	#博士	#硕士	机构经费支出（万元）	仪器和设备原价（万元）
烟草制品业						
烟叶复烤						
卷烟制造						
其他烟草制品制造						
纺织业	2	171			1334	994
棉纺织及印染精加工	1	56			420	175
毛纺织及染整精加工						
麻纺织及染整精加工	1	115			914	819
丝绢纺织及印染精加工						
化纤织造及印染精加工						
针织或钩针编织物及其制品制造						
家用纺织制成品制造						
非家用纺织制成品制造						
纺织服装、服饰业	2	265		6	1756	2159
机织服装制造	2	265		6	1756	2159
针织或钩针编织服装制造						
服饰制造						
皮革、毛皮、羽毛及其制品和制鞋业						
皮革鞣制加工						
皮革制品制造						
毛皮鞣制及制品加工						
羽毛(绒)加工及制品制造						
制鞋业						
木材加工和木、竹、藤、棕、草制品业	1	36		2	232	83
木材加工	1	36		2	232	83
人造板制造						
木制品制造						
竹、藤、棕、草等制品制造						
家具制造业	2	92		7	1113	5285
木质家具制造	2	92		7	1113	5285
竹、藤家具制造						
金属家具制造						
塑料家具制造						
其他家具制造						
造纸和纸制品业	1	38	3	3	20	250
纸浆制造						
造纸	1	38	3	3	20	250
纸制品制造						
印刷和记录媒介复制业	1	10	1	1	159	38
印刷	1	10	1	1	159	38
装订及印刷相关服务						
记录媒介复制						
文教、工美、体育和娱乐用品制造业	2	171	3	9	1513	1446
文教办公用品制造						
乐器制造						
工艺美术品制造	1	53	3	9	833	171
体育用品制造	1	118			680	1275
玩具制造						
游艺器材及娱乐用品制造						

2-4-69 续表 2

行 业	机构数（个）	机构人员数（人）	#博士	#硕士	机构经费支出（万元）	仪器和设备原价（万元）
石油加工、炼焦和核燃料加工业	4	179	11	13	4288	7078
精炼石油产品制造	1	20	2	5	286	54
炼焦	3	159	9	8	4002	7024
核燃料加工						
化学原料和化学制品制造业	21	2256	38	231	43616	50392
基础化学原料制造	7	242	8	14	2533	1899
肥料制造	5	878	17	67	22687	19666
农药制造						
涂料、油墨、颜料及类似产品制造	1	60	4	27	1150	1558
合成材料制造	1	220		26	4894	16380
专用化学产品制造	2	97	1	3	636	295
炸药、火工及焰火产品制造	4	444	1	41	6652	9744
日用化学产品制造	1	315	7	53	5064	850
医药制造业	19	1041	41	144	19169	12700
化学药品原料药制造	4	65	2	9	974	650
化学药品制剂制造	6	598	25	74	7466	3504
中药饮片加工	1	17		2	29	1330
中成药生产	5	128	7	20	3597	974
兽用药品制造						
生物药品制造	2	192	7	37	6288	5980
卫生材料及医药用品制造	1	41		2	816	263
化学纤维制造业						
纤维素纤维原料及纤维制造						
合成纤维制造						
橡胶和塑料制品业	8	195		15	12485	6323
橡胶制品业	2	104		10	4439	2127
塑料制品业	6	91		5	8046	4196
非金属矿物制品业	19	865	20	36	7439	11872
水泥、石灰和石膏制造	4	181	8	17	1365	9106
石膏、水泥制品及类似制品制造						
砖瓦、石材等建筑材料制造	2	33		2	304	230
玻璃制造						
玻璃制品制造	2	350			550	82
玻璃纤维和玻璃纤维增强塑料制品制造						
陶瓷制品制造	1	20		1	4	34
耐火材料制品制造	4	79	4	14	1204	294
石墨及其他非金属矿物制品制造	6	202	8	2	4013	2126
黑色金属冶炼和压延加工业	11	1219	21	178	24511	38823
炼铁	1	10			18	5
炼钢	2	99		17	222	656
黑色金属铸造	2	102	1	5	2418	692
钢压延加工	5	998	20	156	21468	37350
铁合金冶炼	1	10			386	120
有色金属冶炼和压延加工业	10	616	13	46	9607	14858
常用有色金属冶炼	7	570	10	43	7626	13376
贵金属冶炼						
稀有稀土金属冶炼						
有色金属合金制造	2	38	2		1482	1404
有色金属铸造						
有色金属压延加工	1	8	1	3	500	78

2-4-69　续表 3

行　　业	机构数（个）	机构人员数（人）	#博士	#硕士	机构经费支出（万元）	仪器和设备原价（万元）
金属制品业	7	3011	8	155	14556	40037
结构性金属制品制造	1	20			335	1211
金属工具制造						
集装箱及金属包装容器制造						
金属丝绳及其制品制造						
建筑、安全用金属制品制造						
金属表面处理及热处理加工						
搪瓷制品制造						
金属制日用品制造						
其他金属制品制造	6	2991	8	155	14221	38826
通用设备制造业	23	1287	22	90	8187	12256
锅炉及原动设备制造	3	496	13	49	3102	5039
金属加工机械制造	2	85		2	217	673
物料搬运设备制造						
泵、阀门、压缩机及类似机械制造	9	450	6	25	2425	3390
轴承、齿轮和传动部件制造	2	95	1	1	679	1209
烘炉、风机、衡器、包装等设备制造	4	98	2	12	1433	1243
文化、办公用机械制造						
通用零部件制造	3	63		1	332	703
其他通用设备制造业						
专用设备制造业	21	1584	17	258	36664	27023
采矿、冶金、建筑专用设备制造	16	1314	17	220	32900	24705
化工、木材、非金属加工专用设备制造	1	72		4	390	100
食品、饮料、烟草及饲料生产专用设备制造						
印刷、制药、日化及日用品生产专用设备制造						
纺织、服装和皮革加工专用设备制造						
电子和电工机械专用设备制造	1	154		30	2481	1733
农、林、牧、渔专用机械制造	2	24			794	459
医疗仪器设备及器械制造						
环保、社会公共服务及其他专用设备制造	1	20		4	100	27
汽车制造业	8	695		51	14324	3035
汽车整车制造	2	181		21	1277	162
改装汽车制造	1	268		13	10458	136
低速载货汽车制造						
电车制造						
汽车车身、挂车制造						
汽车零部件及配件制造	5	246		17	2589	2737
铁路、船舶、航空航天和其他运输设备制造业	5	946	7	153	17171	6164
铁路运输设备制造	3	644	7	104	14570	4237
城市轨道交通设备制造						
船舶及相关装置制造						
航空、航天器及设备制造	1	291		48	2168	1849
摩托车制造						
自行车制造						
非公路休闲车及零配件制造						
潜水救捞及其他未列明运输设备制造	1	11		1	433	78
电气机械和器材制造业	10	752	5	167	32571	28802
电机制造	2	512	1	95	29456	27188
输配电及控制设备制造	3	142	3	68	1980	272

2-4-69 续表 4

行业	机构数（个）	机构人员数（人）	#博士	#硕士	机构经费支出（万元）	仪器和设备原价（万元）
电线、电缆、光缆及电工器材制造	3	58			396	503
电池制造	1	15	1	1	419	580
家用电力器具制造						
非电力家用器具制造						
照明器具制造	1	25		3	320	260
其他电气机械及器材制造						
计算机、通信和其他电子设备制造业	8	388	9	67	6171	5427
计算机制造						
通信设备制造	1	32	1	13	390	500
广播电视设备制造						
雷达及配套设备制造						
视听设备制造						
电子器件制造						
电子元件制造	4	219	6	26	2181	1308
其他电子设备制造	3	137	2	28	3601	3619
仪器仪表制造业	6	295		61	1436	1566
通用仪器仪表制造	3	93		6	1308	346
专用仪器仪表制造	3	202		55	128	1220
钟表与计时仪器制造						
光学仪器及眼镜制造						
其他仪器仪表制造业						
其他制造业						
日用杂品制造						
煤制品制造						
核辐射加工						
其他未列明制造业						
废弃资源综合利用业						
金属废料和碎屑加工处理						
非金属废料和碎屑加工处理						
金属制品、机械和设备修理业						
金属制品修理						
通用设备修理						
专用设备修理						
铁路、船舶、航空航天等运输设备修理						
电气设备修理						
仪器仪表修理						
其他机械和设备修理业						
电力、热力、燃气及水生产和供应业	**2**	**355**	**4**	**122**	**3185**	**13553**
电力、热力生产和供应业	2	355	4	122	3185	13553
电力生产	1	10	2	2	85	40
电力供应	1	345	2	120	3100	13513
热力生产和供应						
燃气生产和供应业						
燃气生产和供应业						
水的生产和供应业						
自来水生产和供应						
污水处理及其再生利用						
其他水的处理、利用与分配						

2-4-70 分行业港澳台商投资企业办研发机构情况

行业	机构数(个)	机构人员数(人)	#博士	#硕士	机构经费支出(万元)	仪器和设备原价(万元)
总 计	**5**	**695**	**4**	**75**	**9229**	**14325**
采矿业						
煤炭开采和洗选业						
烟煤和无烟煤开采洗选						
褐煤开采洗选						
其他煤炭采选						
石油和天然气开采业						
石油开采						
天然气开采						
黑色金属矿采选业						
铁矿采选						
锰矿、铬矿采选						
其他黑色金属矿采选						
有色金属矿采选业						
常用有色金属矿采选						
贵金属矿采选						
稀有稀土金属矿采选						
非金属矿采选业						
土砂石开采						
化学矿开采						
采盐						
石棉及其他非金属矿采选						
开采辅助活动						
煤炭开采和洗选辅助活动						
石油和天然气开采辅助活动						
其他开采辅助活动						
其他采矿业						
其他采矿业						
制造业	**4**	**680**	**4**	**69**	**7876**	**13225**
农副食品加工业						
谷物磨制						
饲料加工						
植物油加工						
制糖业						
屠宰及肉类加工						
水产品加工						
蔬菜、水果和坚果加工						
其他农副食品加工						
食品制造业						
焙烤食品制造						
糖果、巧克力及蜜饯制造						
方便食品制造						
乳制品制造						
罐头食品制造						
调味品、发酵制品制造						
其他食品制造						
酒、饮料和精制茶制造业						
酒的制造						
饮料制造						
精制茶加工						

2-4-70 续表 1

行　业	机构数（个）	机构人员数（人）			机构经费支出（万元）	仪器和设备原价（万元）
			#博士	#硕士		
烟草制品业						
烟叶复烤						
卷烟制造						
其他烟草制品制造						
纺织业						
棉纺织及印染精加工						
毛纺织及染整精加工						
麻纺织及染整精加工						
丝绢纺织及印染精加工						
化纤织造及印染精加工						
针织或钩针编织物及其制品制造						
家用纺织制成品制造						
非家用纺织制成品制造						
纺织服装、服饰业						
机织服装制造						
针织或钩针编织服装制造						
服饰制造						
皮革、毛皮、羽毛及其制品和制鞋业						
皮革鞣制加工						
皮革制品制造						
毛皮鞣制及制品加工						
羽毛(绒)加工及制品制造						
制鞋业						
木材加工和木、竹、藤、棕、草制品业						
木材加工						
人造板制造						
木制品制造						
竹、藤、棕、草等制品制造						
家具制造业						
木质家具制造						
竹、藤家具制造						
金属家具制造						
塑料家具制造						
其他家具制造						
造纸和纸制品业						
纸浆制造						
造纸						
纸制品制造						
印刷和记录媒介复制业						
印刷						
装订及印刷相关服务						
记录媒介复制						
文教、工美、体育和娱乐用品制造业						
文教办公用品制造						
乐器制造						
工艺美术品制造						
体育用品制造						
玩具制造						
游艺器材及娱乐用品制造						

2-4-70　续表 2

行　　业	机构数（个）	机构人员数（人）			机构经费支出（万元）	仪器和设备原价（万元）
			#博士	#硕士		
石油加工、炼焦和核燃料加工业	1	19		2	101	71
精炼石油产品制造						
炼焦	1	19		2	101	71
核燃料加工						
化学原料和化学制品制造业						
基础化学原料制造						
肥料制造						
农药制造						
涂料、油墨、颜料及类似产品制造						
合成材料制造						
专用化学产品制造						
炸药、火工及焰火产品制造						
日用化学产品制造						
医药制造业	1	27			262	3200
化学药品原料药制造						
化学药品制剂制造	1	27			262	3200
中药饮片加工						
中成药生产						
兽用药品制造						
生物药品制造						
卫生材料及医药用品制造						
化学纤维制造业						
纤维素纤维原料及纤维制造						
合成纤维制造						
橡胶和塑料制品业						
橡胶制品业						
塑料制品业						
非金属矿物制品业						
水泥、石灰和石膏制造						
石膏、水泥制品及类似制品制造						
砖瓦、石材等建筑材料制造						
玻璃制造						
玻璃制品制造						
玻璃纤维和玻璃纤维增强塑料制品制造						
陶瓷制品制造						
耐火材料制品制造						
石墨及其他非金属矿物制品制造						
黑色金属冶炼和压延加工业						
炼铁						
炼钢						
黑色金属铸造						
钢压延加工						
铁合金冶炼						
有色金属冶炼和压延加工业						
常用有色金属冶炼						
贵金属冶炼						
稀有稀土金属冶炼						
有色金属合金制造						
有色金属铸造						
有色金属压延加工						

2-4-70 续表 3

行业	机构数（个）	机构人员数（人）	#博士	#硕士	机构经费支出（万元）	仪器和设备原价（万元）
金属制品业						
结构性金属制品制造						
金属工具制造						
集装箱及金属包装容器制造						
金属丝绳及其制品制造						
建筑、安全用金属制品制造						
金属表面处理及热处理加工						
搪瓷制品制造						
金属制日用品制造						
其他金属制品制造						
通用设备制造业						
锅炉及原动设备制造						
金属加工机械制造						
物料搬运设备制造						
泵、阀门、压缩机及类似机械制造						
轴承、齿轮和传动部件制造						
烘炉、风机、衡器、包装等设备制造						
文化、办公用机械制造						
通用零部件制造						
其他通用设备制造业						
专用设备制造业	1	363		17	5972	9187
采矿、冶金、建筑专用设备制造						
化工、木材、非金属加工专用设备制造						
食品、饮料、烟草及饲料生产专用设备制造						
印刷、制药、日化及日用品生产专用设备制造						
纺织、服装和皮革加工专用设备制造	1	363		17	5972	9187
电子和电工机械专用设备制造						
农、林、牧、渔专用机械制造						
医疗仪器设备及器械制造						
环保、社会公共服务及其他专用设备制造						
汽车制造业						
汽车整车制造						
改装汽车制造						
低速载货汽车制造						
电车制造						
汽车车身、挂车制造						
汽车零部件及配件制造						
铁路、船舶、航空航天和其他运输设备制造业						
铁路运输设备制造						
城市轨道交通设备制造						
船舶及相关装置制造						
航空、航天器及设备制造						
摩托车制造						
自行车制造						
非公路休闲车及零配件制造						
潜水救捞及其他未列明运输设备制造						
电气机械和器材制造业						
电机制造						
输配电及控制设备制造						

2-4-70　续表 4

行　业	机构数（个）	机构人员数（人）	#博士	#硕士	机构经费支出（万元）	仪器和设备原价（万元）
电线、电缆、光缆及电工器材制造						
电池制造						
家用电力器具制造						
非电力家用器具制造						
照明器具制造						
其他电气机械及器材制造						
计算机、通信和其他电子设备制造业						
计算机制造						
通信设备制造						
广播电视设备制造						
雷达及配套设备制造						
视听设备制造						
电子器件制造						
电子元件制造						
其他电子设备制造						
仪器仪表制造业	1	271	4	50	1540	766
通用仪器仪表制造	1	271	4	50	1540	766
专用仪器仪表制造						
钟表与计时仪器制造						
光学仪器及眼镜制造						
其他仪器仪表制造业						
其他制造业						
日用杂品制造						
煤制品制造						
核辐射加工						
其他未列明制造业						
废弃资源综合利用业						
金属废料和碎屑加工处理						
非金属废料和碎屑加工处理						
金属制品、机械和设备修理业						
金属制品修理						
通用设备修理						
专用设备修理						
铁路、船舶、航空航天等运输设备修理						
电气设备修理						
仪器仪表修理						
其他机械和设备修理业						
电力、热力、燃气及水生产和供应业	**1**	**15**		**6**	**1353**	**1100**
电力、热力生产和供应业	1	15		6	1353	1100
电力生产	1	15		6	1353	1100
电力供应						
热力生产和供应						
燃气生产和供应业						
燃气生产和供应业						
水的生产和供应业						
自来水生产和供应						
污水处理及其再生利用						
其他水的处理、利用与分配						

2-4-71 分行业外商投资企业办研发机构情况

行业	机构数（个）	机构人员数（人）	#博士	#硕士	机构经费支出（万元）	仪器和设备原价（万元）
总计	7	320	8	51	12037	8949
采矿业						
煤炭开采和洗选业						
烟煤和无烟煤开采洗选						
褐煤开采洗选						
其他煤炭采选						
石油和天然气开采业						
石油开采						
天然气开采						
黑色金属矿采选业						
铁矿采选						
锰矿、铬矿采选						
其他黑色金属矿采选						
有色金属矿采选业						
常用有色金属矿采选						
贵金属矿采选						
稀有稀土金属矿采选						
非金属矿采选业						
土砂石开采						
化学矿开采						
采盐						
石棉及其他非金属矿采选						
开采辅助活动						
煤炭开采和洗选辅助活动						
石油和天然气开采辅助活动						
其他开采辅助活动						
其他采矿业						
其他采矿业						
制造业	7	320	8	51	12037	8949
农副食品加工业						
谷物磨制						
饲料加工						
植物油加工						
制糖业						
屠宰及肉类加工						
水产品加工						
蔬菜、水果和坚果加工						
其他农副食品加工						
食品制造业						
焙烤食品制造						
糖果、巧克力及蜜饯制造						
方便食品制造						
乳制品制造						
罐头食品制造						
调味品、发酵制品制造						
其他食品制造						
酒、饮料和精制茶制造业						
酒的制造						
饮料制造						
精制茶加工						

2-4-71　续表 1

行　　业	机构数（个）	机构人员数（人）	#博士	#硕士	机构经费支出（万元）	仪器和设备原价（万元）
烟草制品业						
烟叶复烤						
卷烟制造						
其他烟草制品制造						
纺织业						
棉纺织及印染精加工						
毛纺织及染整精加工						
麻纺织及染整精加工						
丝绢纺织及印染精加工						
化纤织造及印染精加工						
针织或钩针编织物及其制品制造						
家用纺织制成品制造						
非家用纺织制成品制造						
纺织服装、服饰业						
机织服装制造						
针织或钩针编织服装制造						
服饰制造						
皮革、毛皮、羽毛及其制品和制鞋业						
皮革鞣制加工						
皮革制品制造						
毛皮鞣制及制品加工						
羽毛(绒)加工及制品制造						
制鞋业						
木材加工和木、竹、藤、棕、草制品业						
木材加工						
人造板制造						
木制品制造						
竹、藤、棕、草等制品制造						
家具制造业						
木质家具制造						
竹、藤家具制造						
金属家具制造						
塑料家具制造						
其他家具制造						
造纸和纸制品业						
纸浆制造						
造纸						
纸制品制造						
印刷和记录媒介复制业						
印刷						
装订及印刷相关服务						
记录媒介复制						
文教、工美、体育和娱乐用品制造业						
文教办公用品制造						
乐器制造						
工艺美术品制造						
体育用品制造						
玩具制造						
游艺器材及娱乐用品制造						

2-4-71 续表 2

行业	机构数（个）	机构人员数（人）	#博士	#硕士	机构经费支出（万元）	仪器和设备原价（万元）
石油加工、炼焦和核燃料加工业	1	32	1	4	1500	72
精炼石油产品制造						
炼焦	1	32	1	4	1500	72
核燃料加工						
化学原料和化学制品制造业	1	13		2	1646	350
基础化学原料制造						
肥料制造	1	13		2	1646	350
农药制造						
涂料、油墨、颜料及类似产品制造						
合成材料制造						
专用化学产品制造						
炸药、火工及焰火产品制造						
日用化学产品制造						
医药制造业	1	142	1	23	6085	178
化学药品原料药制造	1	142	1	23	6085	178
化学药品制剂制造						
中药饮片加工						
中成药生产						
兽用药品制造						
生物药品制造						
卫生材料及医药用品制造						
化学纤维制造业						
纤维素纤维原料及纤维制造						
合成纤维制造						
橡胶和塑料制品业						
橡胶制品业						
塑料制品业						
非金属矿物制品业						
水泥、石灰和石膏制造						
石膏、水泥制品及类似制品制造						
砖瓦、石材等建筑材料制造						
玻璃制造						
玻璃制品制造						
玻璃纤维和玻璃纤维增强塑料制品制造						
陶瓷制品制造						
耐火材料制品制造						
石墨及其他非金属矿物制品制造						
黑色金属冶炼和压延加工业	1	30	5	2	1346	477
炼铁						
炼钢						
黑色金属铸造	1	30	5	2	1346	477
钢压延加工						
铁合金冶炼						
有色金属冶炼和压延加工业						
常用有色金属冶炼						
贵金属冶炼						
稀有稀土金属冶炼						
有色金属合金制造						
有色金属铸造						
有色金属压延加工						

2-4-71 续表 3

行业	机构数(个)	机构人员数(人)	#博士	#硕士	机构经费支出(万元)	仪器和设备原价(万元)
金属制品业	1	33			721	33
结构性金属制品制造						
金属工具制造						
集装箱及金属包装容器制造						
金属丝绳及其制品制造						
建筑、安全用金属制品制造						
金属表面处理及热处理加工						
搪瓷制品制造						
金属制日用品制造						
其他金属制品制造	1	33			721	33
通用设备制造业						
锅炉及原动设备制造						
金属加工机械制造						
物料搬运设备制造						
泵、阀门、压缩机及类似机械制造						
轴承、齿轮和传动部件制造						
烘炉、风机、衡器、包装等设备制造						
文化、办公用机械制造						
通用零部件制造						
其他通用设备制造业						
专用设备制造业						
采矿、冶金、建筑专用设备制造						
化工、木材、非金属加工专用设备制造						
食品、饮料、烟草及饲料生产专用设备制造						
印刷、制药、日化及日用品生产专用设备制造						
纺织、服装和皮革加工专用设备制造						
电子和电工机械专用设备制造						
农、林、牧、渔专用机械制造						
医疗仪器设备及器械制造						
环保、社会公共服务及其他专用设备制造						
汽车制造业	1	25			391	5428
汽车整车制造						
改装汽车制造						
低速载货汽车制造						
电车制造						
汽车车身、挂车制造						
汽车零部件及配件制造	1	25			391	5428
铁路、船舶、航空航天和其他运输设备制造业	1	45	1	20	347	2411
铁路运输设备制造	1	45	1	20	347	2411
城市轨道交通设备制造						
船舶及相关装置制造						
航空、航天器及设备制造						
摩托车制造						
自行车制造						
非公路休闲车及零配件制造						
潜水救捞及其他未列明运输设备制造						
电气机械和器材制造业						
电机制造						
输配电及控制设备制造						

2-4-71 续表 4

行业	机构数（个）	机构人员数（人）			机构经费支出（万元）	仪器和设备原价（万元）
			#博士	#硕士		
电线、电缆、光缆及电工器材制造						
电池制造						
家用电力器具制造						
非电力家用器具制造						
照明器具制造						
其他电气机械及器材制造						
计算机、通信和其他电子设备制造业						
计算机制造						
通信设备制造						
广播电视设备制造						
雷达及配套设备制造						
视听设备制造						
电子器件制造						
电子元件制造						
其他电子设备制造						
仪器仪表制造业						
通用仪器仪表制造						
专用仪器仪表制造						
钟表与计时仪器制造						
光学仪器及眼镜制造						
其他仪器仪表制造业						
其他制造业						
日用杂品制造						
煤制品制造						
核辐射加工						
其他未列明制造业						
废弃资源综合利用业						
金属废料和碎屑加工处理						
非金属废料和碎屑加工处理						
金属制品、机械和设备修理业						
金属制品修理						
通用设备修理						
专用设备修理						
铁路、船舶、航空航天等运输设备修理						
电气设备修理						
仪器仪表修理						
其他机械和设备修理业						
电力、热力、燃气及水生产和供应业						
电力、热力生产和供应业						
电力生产						
电力供应						
热力生产和供应						
燃气生产和供应业						
燃气生产和供应业						
水的生产和供应业						
自来水生产和供应						
污水处理及其再生利用						
其他水的处理、利用与分配						

2-4-72 各地区企业办研发机构情况

地 区	机构数(个)	机构人员数(人)	#博士	#硕士	机构经费支出(万元)	仪器和设备原价(万元)
全 省	**240**	**21132**	**348**	**2511**	**418494**	**371842**
太原市	46	5609	87	928	87204	131608
大同市	19	2348	20	191	18450	29959
阳泉市	14	1085	18	50	69556	18179
长治市	26	4650	94	624	59222	47704
晋城市	15	648	16	47	10448	4824
朔州市	5	331	9	50	44201	18212
晋中市	29	1275	6	43	11138	19940
运城市	49	3276	70	399	78975	53763
忻州市	10	341	7	42	10975	7930
临汾市	12	1070	9	83	20882	35209
吕梁市	15	499	12	54	7443	4513

2-4-73 各地区大中型企业办研发机构情况

地 区	机构数(个)	机构人员数(人)	#博士	#硕士	机构经费支出(万元)	仪器和设备原价(万元)
全 省	**143**	**19037**	**298**	**2303**	**389570**	**338696**
太原市	26	5075	73	860	80234	120640
大同市	12	2192	20	186	18107	29857
阳泉市	6	905	10	33	66819	12660
长治市	21	4549	94	620	58893	46389
晋城市	10	526	15	45	9915	4137
朔州市	1	227	9	41	41772	16169
晋中市	12	1049		32	8011	13677
运城市	31	2834	58	325	71982	49700
忻州市	6	273	5	36	9881	7503
临汾市	10	1012	9	83	20753	34617
吕梁市	8	395	5	42	3205	3346

2-4-74 各地区内资企业办研发机构情况

地 区	机构数(个)	机构人员数(人)			机构经费支出(万元)	仪器和设备原价(万元)
			#博士	#硕士		
全 省	**228**	**20117**	**336**	**2385**	**397228**	**348568**
太原市	43	5268	82	858	84925	123004
大同市	18	2206	19	168	12364	29780
阳泉市	14	1085	18	50	69556	18179
长治市	25	4618	93	620	57722	47632
晋城市	15	648	16	47	10448	4824
朔州市	4	316	9	44	42848	17112
晋中市	26	866	6	24	4802	7481
运城市	46	3200	65	395	75262	52903
忻州市	10	341	7	42	10975	7930
临汾市	12	1070	9	83	20882	35209
吕梁市	15	499	12	54	7443	4513

2-4-75 各地区港澳台商投资企业办研发机构情况

地 区	机构数(个)	机构人员数(人)			机构经费支出(万元)	仪器和设备原价(万元)
			#博士	#硕士		
全 省	**5**	**695**	**4**	**75**	**9229**	**14325**
太原市	1	271	4	50	1540	766
大同市						
阳泉市						
长治市						
晋城市						
朔州市	1	15		6	1353	1100
晋中市	3	409		19	6336	12459
运城市						
忻州市						
临汾市						
吕梁市						

2-4-76　各地区外商投资企业办研发机构情况

地　区	机构数（个）	机构人员数（人）			机构经费支　出（万元）	仪 器 和设备原价（万元）
			#博士	#硕士		
全　省	**7**	**320**	**8**	**51**	**12037**	**8949**
太原市	2	70	1	20	739	7839
大同市	1	142	1	23	6085	178
阳泉市						
长治市	1	32	1	4	1500	72
晋城市						
朔州市						
晋中市						
运城市	3	76	5	4	3713	860
忻州市						
临汾市						
吕梁市						

G. 企业新产品开发及销售情况

2-4-77 分登记注册类型企业新产品开发及销售情况

单位：万元

登记注册类型	新产品开发项目数(项)	新产品开发经费支出	新产品销售收入	#出口
总　计	**2938**	**991958**	**10272735**	**1266926**
内资企业	**2814**	**965864**	**9929066**	**1234836**
国有企业	215	41104	181300	39
集体企业	1	54		
股份合作企业	5	814	1396	
联营企业				
国有联营企业				
集体联营企业				
国有与集体联营企业				
其他联营企业				
有限责任公司	1768	726313	8317911	1171784
国有独资公司	736	405189	3230561	576586
其他有限责任公司	1032	321124	5087350	595198
股份有限公司	304	91457	553346	5062
私营企业	521	106123	875114	57950
私营独资企业				
私营合伙企业				
私营有限责任公司	450	94392	615585	37796
私营股份有限公司	71	11731	259529	20154
其他企业				
港、澳、台商投资企业	**54**	**18427**	**101852**	**24833**
合资经营企业	13	6304		
合作经营企业				
港、澳、台商独资经营企业	8	5481		
港、澳、台商投资股份有限公司	33	6642	101852	24833
其他港澳台投资企业				
外商投资企业	**70**	**7668**	**241817**	**7257**
中外合资经营企业	69	7443	241116	7257
中外合作经营企业				
外资企业	1	225		
外商投资股份有限公司			701	
其他外商投资企业				

2-4-78 分登记注册类型大中型企业新产品开发及销售情况

单位：万元

登记注册类型	新产品开发项目数(项)	新产品开发经费支出	新产品销售收入	#出口
总 计	**2405**	**893579**	**9929588**	**1256374**
内资企业	**2309**	**876203**	**9597680**	**1225534**
国有企业	213	40844	181300	39
集体企业				
股份合作企业				
联营企业				
国有联营企业				
集体联营企业				
国有与集体联营企业				
其他联营企业				
有限责任公司	1621	705923	8213024	1168705
国有独资公司	735	404385	3230561	576586
其他有限责任公司	886	301538	4982464	592118
股份有限公司	265	85083	528584	5062
私营企业	210	44353	674772	51728
私营独资企业				
私营合伙企业				
私营有限责任公司	174	37816	423302	34587
私营股份有限公司	36	6536	251470	17141
其他企业				
港、澳、台商投资企业	**43**	**11666**	**101852**	**24833**
合资经营企业	9	4194		
合作经营企业				
港、澳、台商独资经营企业	1	830		
港、澳、台商投资股份有限公司	33	6642	101852	24833
其他港澳台投资企业				
外商投资企业	**53**	**5711**	**230056**	**6007**
中外合资经营企业	53	5711	230056	6007
中外合作经营企业				
外资企业				
外商投资股份有限公司				
其他外商投资企业				

2-4-79 分行业企业新产品开发及销售情况

单位：万元

行业	新产品开发项目数(项)	新产品开发经费支出	新产品销售收入	#出口
总 计	**2938**	**991958**	**10272735**	**1266926**
采矿业	**418**	**213028**	**3146233**	**506691**
煤炭开采和洗选业	414	205568	3140283	506691
烟煤和无烟煤开采洗选	414	205568	3140283	506691
褐煤开采洗选				
其他煤炭采选				
石油和天然气开采业	3	7138		
石油开采				
天然气开采	3	7138		
黑色金属矿采选业	1	322	5950	
铁矿采选	1	322	5950	
锰矿、铬矿采选				
其他黑色金属矿采选				
有色金属矿采选业				
常用有色金属矿采选				
贵金属矿采选				
稀有稀土金属矿采选				
非金属矿采选业				
土砂石开采				
化学矿开采				
采盐				
石棉及其他非金属矿采选				
开采辅助活动				
煤炭开采和洗选辅助活动				
石油和天然气开采辅助活动				
其他开采辅助活动				
其他采矿业				
其他采矿业				
制造业	**2478**	**763327**	**7126502**	**760235**
农副食品加工业	18	14154	42652	179
谷物磨制	2	1074	382	179
饲料加工	8	4020	9036	
植物油加工				
制糖业				
屠宰及肉类加工	2	4030		
水产品加工				
蔬菜、水果和坚果加工	6	5031	33234	
其他农副食品加工				
食品制造业	22	7969	19787	
焙烤食品制造	3	431	365	
糖果、巧克力及蜜饯制造				
方便食品制造	3	170	2520	
乳制品制造				
罐头食品制造	1	710		
调味品、发酵制品制造	14	6560	16902	
其他食品制造	1	99		
酒、饮料和精制茶制造业	15	12419	177864	31
酒的制造	10	9843	148954	31
饮料制造	5	2577	28910	
精制茶加工				

2-4-79　续表 1　　　　单位：万元

行　业	新产品开发项目数(项)	新产品开发经费支出	新产品销售收入	#出口
烟草制品业				
烟叶复烤				
卷烟制造				
其他烟草制品制造				
纺织业	10	1688	18795	16681
棉纺织及印染精加工	2	614	16630	16630
毛纺织及染整精加工				
麻纺织及染整精加工	2	914	499	51
丝绢纺织及印染精加工				
化纤织造及印染精加工	6	160	1666	
针织或钩针编织物及其制品制造				
家用纺织制成品制造				
非家用纺织制成品制造				
纺织服装、服饰业	9	1402	7256	
机织服装制造	9	1402	7256	
针织或钩针编织服装制造				
服饰制造				
皮革、毛皮、羽毛及其制品和制鞋业				
皮革鞣制加工				
皮革制品制造				
毛皮鞣制及制品加工				
羽毛(绒)加工及制品制造				
制鞋业				
木材加工和木、竹、藤、棕、草制品业	1	323	19	
木材加工	1	323		
人造板制造				
木制品制造			19	
竹、藤、棕、草等制品制造				
家具制造业	1	156	9532	
木质家具制造	1	156	9532	
竹、藤家具制造				
金属家具制造				
塑料家具制造				
其他家具制造				
造纸和纸制品业	1	966		
纸浆制造				
造纸	1	966		
纸制品制造				
印刷和记录媒介复制业	8	690	115	
印刷	8	690	115	
装订及印刷相关服务				
记录媒介复制				
文教、工美、体育和娱乐用品制造业	2	523	8560	1998
文教办公用品制造				
乐器制造				
工艺美术品制造	2	523	3289	1903
体育用品制造			5271	95
玩具制造				
游艺器材及娱乐用品制造				

2-4-79 续表 2

单位：万元

行业	新产品开发项目数(项)	新产品开发经费支出	新产品销售收入	
				#出口
石油加工、炼焦和核燃料加工业	28	12217	40798	
精炼石油产品制造	10	4011	254	
炼焦	18	8206	40544	
核燃料加工				
化学原料和化学制品制造业	164	68640	548968	9000
基础化学原料制造	12	4703	7152	
肥料制造	69	19218	266297	953
农药制造	1	405	4100	
涂料、油墨、颜料及类似产品制造	5	608	37277	
合成材料制造	28	32032	158588	6001
专用化学产品制造	8	3015	8865	178
炸药、火工及焰火产品制造	28	5444	14819	
日用化学产品制造	13	3214	51870	1868
医药制造业	230	31905	299304	6799
化学药品原料药制造	9	1399	150401	6511
化学药品制剂制造	81	13286	75832	
中药饮片加工	1	805		
中成药生产	90	6135	64297	
兽用药品制造	4	670		
生物药品制造	27	8794	7013	
卫生材料及医药用品制造	18	816	1762	288
化学纤维制造业				
纤维素纤维原料及纤维制造				
合成纤维制造				
橡胶和塑料制品业	50	17713	138921	32056
橡胶制品业	26	7042	131355	32056
塑料制品业	24	10672	7567	
非金属矿物制品业	105	16135	193650	18769
水泥、石灰和石膏制造	6	823	25876	
石膏、水泥制品及类似制品制造	17	614	166	
砖瓦、石材等建筑材料制造	8	2330	53586	
玻璃制造				
玻璃制品制造	3	2292	766	
玻璃纤维和玻璃纤维增强塑料制品制造				
陶瓷制品制造	2	964	2000	
耐火材料制品制造	42	2779	31431	2835
石墨及其他非金属矿物制品制造	27	6335	79827	15934
黑色金属冶炼和压延加工业	181	208415	1523146	532659
炼铁				
炼钢	8	1664		
黑色金属铸造	46	4964	57408	3170
钢压延加工	124	200408	1373863	517787
铁合金冶炼	3	1378	91876	11702
有色金属冶炼和压延加工业	56	9238	234915	165
常用有色金属冶炼	49	6658	186806	
贵金属冶炼				
稀有稀土金属冶炼	4	1111		
有色金属合金制造	1	166	48109	165
有色金属铸造				
有色金属压延加工	2	1304		

2-4-79　续表 3　　　　单位：万元

行　　业	新产品开发项目数(项)	新产品开发经费支出	新产品销售收入	#出口
金属制品业	235	62115	616144	41749
结构性金属制品制造	5	814	1396	
金属工具制造				
集装箱及金属包装容器制造			1465	
金属丝绳及其制品制造				
建筑、安全用金属制品制造	5	818		
金属表面处理及热处理加工				
搪瓷制品制造				
金属制日用品制造				
其他金属制品制造	225	60483	613283	41749
通用设备制造业	238	20036	243184	2325
锅炉及原动设备制造	51	3635	187548	1975
金属加工机械制造	15	474	2633	
物料搬运设备制造	2	226	130	
泵、阀门、压缩机及类似机械制造	154	10592	26186	350
轴承、齿轮和传动部件制造			720	
烘炉、风机、衡器、包装等设备制造	14	2289	20147	
文化、办公用机械制造				
通用零部件制造	2	2820	5820	
其他通用设备制造业				
专用设备制造业	664	141438	1411040	88165
采矿、冶金、建筑专用设备制造	578	125554	1260375	58943
化工、木材、非金属加工专用设备制造	4	997	23175	
食品、饮料、烟草及饲料生产专用设备制造	2	312		
印刷、制药、日化及日用品生产专用设备制造			2167	1376
纺织、服装和皮革加工专用设备制造	42	8628	112067	27846
电子和电工机械专用设备制造	23	3755		
农、林、牧、渔专用机械制造	5	1351	4356	
医疗仪器设备及器械制造				
环保、社会公共服务及其他专用设备制造	10	841	8900	
汽车制造业	54	21956	327983	3983
汽车整车制造	1	3818	6452	
改装汽车制造	10	10458	235824	
低速载货汽车制造				
电车制造				
汽车车身、挂车制造	1	400		
汽车零部件及配件制造	42	7280	85707	3983
铁路、船舶、航空航天和其他运输设备制造业	103	41572	713899	149
铁路运输设备制造	65	36316	682463	110
城市轨道交通设备制造				
船舶及相关装置制造				
航空、航天器及设备制造	38	5256	26844	39
摩托车制造				
自行车制造				
非公路休闲车及零配件制造				
潜水救捞及其他未列明运输设备制造			4592	
电气机械和器材制造业	100	36420	402408	2164
电机制造	49	29187	364777	2164
输配电及控制设备制造	39	5988	35841	

2-4-79 续表 4 单位：万元

行业	新产品开发项目数(项)	新产品开发经费支出	新产品销售收入	#出口
电线、电缆、光缆及电工器材制造	2	278	1791	
电池制造	9	647		
家用电力器具制造				
非电力家用器具制造				
照明器具制造	1	320		
其他电气机械及器材制造				
计算机、通信和其他电子设备制造业	70	9040	110974	2438
计算机制造	7	110		
通信设备制造	9	246	69522	
广播电视设备制造				
雷达及配套设备制造	6	97	1647	
视听设备制造				
电子器件制造	2	1014		
电子元件制造	14	3905	35069	2438
其他电子设备制造	32	3669	4736	
仪器仪表制造业	109	25940	36587	925
通用仪器仪表制造	89	24089	14942	
专用仪器仪表制造	13	1377	20471	
钟表与计时仪器制造				
光学仪器及眼镜制造	7	474	1174	925
其他仪器仪表制造业				
其他制造业	1	30		
日用杂品制造				
煤制品制造				
核辐射加工				
其他未列明制造业	1	30		
废弃资源综合利用业				
金属废料和碎屑加工处理				
非金属废料和碎屑加工处理				
金属制品、机械和设备修理业	3	223		
金属制品修理				
通用设备修理				
专用设备修理				
铁路、船舶、航空航天等运输设备修理	3	223		
电气设备修理				
仪器仪表修理				
其他机械和设备修理业				
电力、热力、燃气及水生产和供应业	**42**	**15603**		
电力、热力生产和供应业	42	15603		
电力生产	4	1797		
电力供应	38	13806		
热力生产和供应				
燃气生产和供应业				
燃气生产和供应业				
水的生产和供应业				
自来水生产和供应				
污水处理及其再生利用				
其他水的处理、利用与分配				

2-4-80　分行业大中型企业新产品开发及销售情况

单位：万元

行　业	新产品开发项目数(项)	新产品开发经费支出	新产品销售收入	#出口
总　计	**2405**	**893579**	**9929588**	**1256374**
采矿业	**414**	**210400**	**3134383**	**506691**
煤炭开采和洗选业	412	204231	3134383	506691
烟煤和无烟煤开采洗选	412	204231	3134383	506691
褐煤开采洗选				
其他煤炭采选				
石油和天然气开采业	1	5847		
石油开采				
天然气开采	1	5847		
黑色金属矿采选业	1	322		
铁矿采选	1	322		
锰矿、铬矿采选				
其他黑色金属矿采选				
有色金属矿采选业				
常用有色金属矿采选				
贵金属矿采选				
稀有稀土金属矿采选				
非金属矿采选业				
土砂石开采				
化学矿开采				
采盐				
石棉及其他非金属矿采选				
开采辅助活动				
煤炭开采和洗选辅助活动				
石油和天然气开采辅助活动				
其他开采辅助活动				
其他采矿业				
其他采矿业				
制造业	**1952**	**668480**	**6795205**	**749683**
农副食品加工业	1	3476	31034	
谷物磨制				
饲料加工				
植物油加工				
制糖业				
屠宰及肉类加工	1	3476		
水产品加工				
蔬菜、水果和坚果加工			31034	
其他农副食品加工				
食品制造业	8	1932	16564	
焙烤食品制造				
糖果、巧克力及蜜饯制造				
方便食品制造				
乳制品制造				
罐头食品制造				
调味品、发酵制品制造	8	1932	16564	
其他食品制造				
酒、饮料和精制茶制造业	11	10170	176718	31
酒的制造	8	7842	148470	31
饮料制造	3	2328	28248	
精制茶加工				

2-4-80 续表 1

单位：万元

行　业	新产品开发项目数(项)	新产品开发经费支出	新产品销售收入	#出口
烟草制品业				
烟叶复烤				
卷烟制造				
其他烟草制品制造				
纺织业	3	1114	17129	16681
棉纺织及印染精加工	1	200	16630	16630
毛纺织及染整精加工				
麻纺织及染整精加工	2	914	499	51
丝绢纺织及印染精加工				
化纤织造及印染精加工				
针织或钩针编织物及其制品制造				
家用纺织制成品制造				
非家用纺织制成品制造				
纺织服装、服饰业	9	1402	7256	
机织服装制造	9	1402	7256	
针织或钩针编织服装制造				
服饰制造				
皮革、毛皮、羽毛及其制品和制鞋业				
皮革鞣制加工				
皮革制品制造				
毛皮鞣制及制品加工				
羽毛(绒)加工及制品制造				
制鞋业				
木材加工和木、竹、藤、棕、草制品业	1	323		
木材加工	1	323		
人造板制造				
木制品制造				
竹、藤、棕、草等制品制造				
家具制造业				
木质家具制造				
竹、藤家具制造				
金属家具制造				
塑料家具制造				
其他家具制造				
造纸和纸制品业				
纸浆制造				
造纸				
纸制品制造				
印刷和记录媒介复制业	6	538		
印刷	6	538		
装订及印刷相关服务				
记录媒介复制				
文教、工美、体育和娱乐用品制造业	2	523	8560	1998
文教办公用品制造				
乐器制造				
工艺美术品制造	2	523	3289	1903
体育用品制造			5271	95
玩具制造				
游艺器材及娱乐用品制造				

2-4-80 续表 2

单位：万元

行业	新产品开发项目数(项)	新产品开发经费支出	新产品销售收入	#出口
石油加工、炼焦和核燃料加工业	13	7025	40544	
精炼石油产品制造				
炼焦	13	7025	40544	
核燃料加工				
化学原料和化学制品制造业	147	64001	526968	9000
基础化学原料制造	4	2905		
肥料制造	69	19218	266297	953
农药制造				
涂料、油墨、颜料及类似产品制造			26529	
合成材料制造	28	32032	158588	6001
专用化学产品制造	5	1187	8865	178
炸药、火工及焰火产品制造	28	5444	14819	
日用化学产品制造	13	3214	51870	1868
医药制造业	157	21180	267662	6007
化学药品原料药制造	1	64	136792	6007
化学药品制剂制造	76	9455	75272	
中药饮片加工	1	805		
中成药生产	56	2764	55598	
兽用药品制造				
生物药品制造	23	8092		
卫生材料及医药用品制造				
化学纤维制造业				
纤维素纤维原料及纤维制造				
合成纤维制造				
橡胶和塑料制品业	36	16596	132529	32056
橡胶制品业	26	7042	125916	32056
塑料制品业	10	9555	6614	
非金属矿物制品业	74	9105	112986	14992
水泥、石灰和石膏制造	3	583	25876	
石膏、水泥制品及类似制品制造	17	614	166	
砖瓦、石材等建筑材料制造				
玻璃制造				
玻璃制品制造	3	2292	766	
玻璃纤维和玻璃纤维增强塑料制品制造				
陶瓷制品制造	1	107		
耐火材料制品制造	32	1038	14752	289
石墨及其他非金属矿物制品制造	18	4471	71426	14703
黑色金属冶炼和压延加工业	177	206939	1519205	532659
炼铁				
炼钢	8	1664		
黑色金属铸造	46	4964	55342	3170
钢压延加工	122	200071	1373863	517787
铁合金冶炼	1	240	90001	11702
有色金属冶炼和压延加工业	45	6491	234570	
常用有色金属冶炼	45	6491	186806	
贵金属冶炼				
稀有稀土金属冶炼				
有色金属合金制造			47764	
有色金属铸造				
有色金属压延加工				

2-4-80 续表 3

单位：万元

行　业	新产品开发项目数（项）	新产品开发经费支出	新产品销售收入	#出口
金属制品业	216	58462	596628	41749
结构性金属制品制造				
金属工具制造				
集装箱及金属包装容器制造				
金属丝绳及其制品制造				
建筑、安全用金属制品制造				
金属表面处理及热处理加工				
搪瓷制品制造				
金属制日用品制造				
其他金属制品制造	216	58462	596628	41749
通用设备制造业	185	9951	201238	2325
锅炉及原动设备制造	48	2582	183488	1975
金属加工机械制造	13	151	2633	
物料搬运设备制造	1	114	130	
泵、阀门、压缩机及类似机械制造	123	7104	14987	350
轴承、齿轮和传动部件制造				
烘炉、风机、衡器、包装等设备制造				
文化、办公用机械制造				
通用零部件制造				
其他通用设备制造业				
专用设备制造业	572	128863	1355609	83776
采矿、冶金、建筑专用设备制造	531	120341	1226582	58943
化工、木材、非金属加工专用设备制造	3	529	23175	
食品、饮料、烟草及饲料生产专用设备制造				
印刷、制药、日化及日用品生产专用设备制造				
纺织、服装和皮革加工专用设备制造	33	6642	101852	24833
电子和电工机械专用设备制造				
农、林、牧、渔专用机械制造	5	1351	4000	
医疗仪器设备及器械制造				
环保、社会公共服务及其他专用设备制造				
汽车制造业	49	20899	326022	2733
汽车整车制造	1	3818	6452	
改装汽车制造	10	10458	235824	
低速载货汽车制造				
电车制造				
汽车车身、挂车制造				
汽车零部件及配件制造	38	6623	83746	2733
铁路、船舶、航空航天和其他运输设备制造业	103	41572	712786	149
铁路运输设备制造	65	36316	681350	110
城市轨道交通设备制造				
船舶及相关装置制造				
航空、航天器及设备制造	38	5256	26844	39
摩托车制造				
自行车制造				
非公路休闲车及零配件制造				
潜水救捞及其他未列明运输设备制造			4592	
电气机械和器材制造业	59	31063	381079	2164
电机制造	49	29187	364777	2164
输配电及控制设备制造	9	1556	16303	

2-4-80　续表 4　　　　单位：万元

行　　业	新产品开发项目数(项)	新产品开发经费支出	新产品销售收入	#出口
电线、电缆、光缆及电工器材制造				
电池制造				
家用电力器具制造				
非电力家用器具制造				
照明器具制造	1	320		
其他电气机械及器材制造				
计算机、通信和其他电子设备制造业	52	6269	110974	2438
计算机制造	7	110		
通信设备制造	9	246	69522	
广播电视设备制造				
雷达及配套设备制造	6	97	1647	
视听设备制造				
电子器件制造				
电子元件制造	12	3378	35069	2438
其他电子设备制造	18	2439	4736	
仪器仪表制造业	26	20586	19145	925
通用仪器仪表制造	9	19311		
专用仪器仪表制造	12	1060	17971	
钟表与计时仪器制造				
光学仪器及眼镜制造	5	214	1174	925
其他仪器仪表制造业				
其他制造业				
日用杂品制造				
煤制品制造				
核辐射加工				
其他未列明制造业				
废弃资源综合利用业				
金属废料和碎屑加工处理				
非金属废料和碎屑加工处理				
金属制品、机械和设备修理业				
金属制品修理				
通用设备修理				
专用设备修理				
铁路、船舶、航空航天等运输设备修理				
电气设备修理				
仪器仪表修理				
其他机械和设备修理业				
电力、热力、燃气及水生产和供应业	**39**	**14699**		
电力、热力生产和供应业	39	14699		
电力生产	1	894		
电力供应	38	13806		
热力生产和供应				
燃气生产和供应业				
燃气生产和供应业				
水的生产和供应业				
自来水生产和供应				
污水处理及其再生利用				
其他水的处理、利用与分配				

2-4-81　分行业内资企业新产品开发及销售情况

单位：万元

行　业	新产品开发项目数(项)	新产品开发经费支出	新产品销售收入	#出口
总　计	**2814**	**965864**	**9929066**	**1234836**
采矿业	**416**	**211737**	**3146233**	**506691**
煤炭开采和洗选业	414	205568	3140283	506691
烟煤和无烟煤开采洗选	414	205568	3140283	506691
褐煤开采洗选				
其他煤炭采选				
石油和天然气开采业	1	5847		
石油开采				
天然气开采	1	5847		
黑色金属矿采选业	1	322	5950	
铁矿采选	1	322	5950	
锰矿、铬矿采选				
其他黑色金属矿采选				
有色金属矿采选业				
常用有色金属矿采选				
贵金属矿采选				
稀有稀土金属矿采选				
非金属矿采选业				
土砂石开采				
化学矿开采				
采盐				
石棉及其他非金属矿采选				
开采辅助活动				
煤炭开采和洗选辅助活动				
石油和天然气开采辅助活动				
其他开采辅助活动				
其他采矿业				
其他采矿业				
制造业	**2358**	**739343**	**6782833**	**728145**
农副食品加工业	18	14154	42652	179
谷物磨制	2	1074	382	179
饲料加工	8	4020	9036	
植物油加工				
制糖业				
屠宰及肉类加工	2	4030		
水产品加工				
蔬菜、水果和坚果加工	6	5031	33234	
其他农副食品加工				
食品制造业	22	7969	19787	
焙烤食品制造	3	431	365	
糖果、巧克力及蜜饯制造				
方便食品制造	3	170	2520	
乳制品制造				
罐头食品制造	1	710		
调味品、发酵制品制造	14	6560	16902	
其他食品制造	1	99		
酒、饮料和精制茶制造业	14	12194	177864	31
酒的制造	10	9843	148954	31
饮料制造	4	2352	28910	
精制茶加工				

2-4-81　续表 1

单位：万元

行　　业	新产品开发项目数(项)	新产品开发经费支出	新产品销售收入	#出口
烟草制品业				
烟叶复烤				
卷烟制造				
其他烟草制品制造				
纺织业	10	1688	18795	16681
棉纺织及印染精加工	2	614	16630	16630
毛纺织及染整精加工				
麻纺织及染整精加工	2	914	499	51
丝绢纺织及印染精加工				
化纤织造及印染精加工	6	160	1666	
针织或钩针编织物及其制品制造				
家用纺织制成品制造				
非家用纺织制成品制造				
纺织服装、服饰业	9	1402	7256	
机织服装制造	9	1402	7256	
针织或钩针编织服装制造				
服饰制造				
皮革、毛皮、羽毛及其制品和制鞋业				
皮革鞣制加工				
皮革制品制造				
毛皮鞣制及制品加工				
羽毛(绒)加工及制品制造				
制鞋业				
木材加工和木、竹、藤、棕、草制品业	1	323	19	
木材加工	1	323		
人造板制造				
木制品制造			19	
竹、藤、棕、草等制品制造				
家具制造业	1	156	9532	
木质家具制造	1	156	9532	
竹、藤家具制造				
金属家具制造				
塑料家具制造				
其他家具制造				
造纸和纸制品业	1	966		
纸浆制造				
造纸	1	966		
纸制品制造				
印刷和记录媒介复制业	8	690	115	
印刷	8	690	115	
装订及印刷相关服务				
记录媒介复制				
文教、工美、体育和娱乐用品制造业	2	523	8560	1998
文教办公用品制造				
乐器制造				
工艺美术品制造	2	523	3289	1903
体育用品制造			5271	95
玩具制造				
游艺器材及娱乐用品制造				

2-4-81 续表 2

单位：万元

行业	新产品开发项目数(项)	新产品开发经费支出	新产品销售收入	#出口
石油加工、炼焦和核燃料加工业	27	10607	20798	
精炼石油产品制造	10	4011	254	
炼焦	17	6596	20544	
核燃料加工				
化学原料和化学制品制造业	163	67810	548968	9000
基础化学原料制造	11	3873	7152	
肥料制造	69	19218	266297	953
农药制造	1	405	4100	
涂料、油墨、颜料及类似产品制造	5	608	37277	
合成材料制造	28	32032	158588	6001
专用化学产品制造	8	3015	8865	178
炸药、火工及焰火产品制造	28	5444	14819	
日用化学产品制造	13	3214	51870	1868
医药制造业	214	26577	160581	792
化学药品原料药制造	8	1335	13609	504
化学药品制剂制造	76	9455	75832	
中药饮片加工	1	805		
中成药生产	80	4702	62366	
兽用药品制造	4	670		
生物药品制造	27	8794	7013	
卫生材料及医药用品制造	18	816	1762	288
化学纤维制造业				
纤维素纤维原料及纤维制造				
合成纤维制造				
橡胶和塑料制品业	50	17713	138921	32056
橡胶制品业	26	7042	131355	32056
塑料制品业	24	10672	7567	
非金属矿物制品业	80	16071	193650	18769
水泥、石灰和石膏制造	6	823	25876	
石膏、水泥制品及类似制品制造	17	614	166	
砖瓦、石材等建筑材料制造	8	2330	53586	
玻璃制造				
玻璃制品制造	3	2292	766	
玻璃纤维和玻璃纤维增强塑料制品制造				
陶瓷制品制造	2	964	2000	
耐火材料制品制造	17	2715	31431	2835
石墨及其他非金属矿物制品制造	27	6335	79827	15934
黑色金属冶炼和压延加工业	168	206493	1523006	532659
炼铁				
炼钢	8	1664		
黑色金属铸造	33	3043	57267	3170
钢压延加工	124	200408	1373863	517787
铁合金冶炼	3	1378	91876	11702
有色金属冶炼和压延加工业	56	9238	234915	165
常用有色金属冶炼	49	6658	186806	
贵金属冶炼				
稀有稀土金属冶炼	4	1111		
有色金属合金制造	1	166	48109	165
有色金属铸造				
有色金属压延加工	2	1304		

2-4-81　续表 3

单位：万元

行　　业	新产品开发项目数(项)	新产品开发经费支出	新产品销售收入	#出口
金属制品业	230	61391	608276	41749
结构性金属制品制造	5	814	1396	
金属工具制造				
集装箱及金属包装容器制造			1465	
金属丝绳及其制品制造				
建筑、安全用金属制品制造	5	818		
金属表面处理及热处理加工				
搪瓷制品制造				
金属制日用品制造				
其他金属制品制造	220	59759	605415	41749
通用设备制造业	238	20036	243184	2325
锅炉及原动设备制造	51	3635	187548	1975
金属加工机械制造	15	474	2633	
物料搬运设备制造	2	226	130	
泵、阀门、压缩机及类似机械制造	154	10592	26186	350
轴承、齿轮和传动部件制造			720	
烘炉、风机、衡器、包装等设备制造	14	2289	20147	
文化、办公用机械制造				
通用零部件制造	2	2820	5820	
其他通用设备制造业				
专用设备制造业	631	134797	1309188	63331
采矿、冶金、建筑专用设备制造	578	125554	1260375	58943
化工、木材、非金属加工专用设备制造	4	997	23175	
食品、饮料、烟草及饲料生产专用设备制造	2	312		
印刷、制药、日化及日用品生产专用设备制造			2167	1376
纺织、服装和皮革加工专用设备制造	9	1986	10215	3013
电子和电工机械专用设备制造	23	3755		
农、林、牧、渔专用机械制造	5	1351	4356	
医疗仪器设备及器械制造				
环保、社会公共服务及其他专用设备制造	10	841	8900	
汽车制造业	51	21561	326022	2733
汽车整车制造	1	3818	6452	
改装汽车制造	10	10458	235824	
低速载货汽车制造				
电车制造				
汽车车身、挂车制造	1	400		
汽车零部件及配件制造	39	6885	83746	2733
铁路、船舶、航空航天和其他运输设备制造业	89	39377	640776	149
铁路运输设备制造	51	34121	609340	110
城市轨道交通设备制造				
船舶及相关装置制造				
航空、航天器及设备制造	38	5256	26844	39
摩托车制造				
自行车制造				
非公路休闲车及零配件制造				
潜水救捞及其他未列明运输设备制造			4592	
电气机械和器材制造业	100	36420	402408	2164
电机制造	49	29187	364777	2164
输配电及控制设备制造	39	5988	35841	

2-4-81 续表 4

单位：万元

行业	新产品开发项目数(项)	新产品开发经费支出	新产品销售收入	#出口
电线、电缆、光缆及电工器材制造	2	278	1791	
电池制造	9	647		
家用电力器具制造				
非电力家用器具制造				
照明器具制造	1	320		
其他电气机械及器材制造				
计算机、通信和其他电子设备制造业	70	9040	110974	2438
计算机制造	7	110		
通信设备制造	9	246	69522	
广播电视设备制造				
雷达及配套设备制造	6	97	1647	
视听设备制造				
电子器件制造	2	1014		
电子元件制造	14	3905	35069	2438
其他电子设备制造	32	3669	4736	
仪器仪表制造业	101	21891	36587	925
通用仪器仪表制造	81	20040	14942	
专用仪器仪表制造	13	1377	20471	
钟表与计时仪器制造				
光学仪器及眼镜制造	7	474	1174	925
其他仪器仪表制造业				
其他制造业	1	30		
日用杂品制造				
煤制品制造				
核辐射加工				
其他未列明制造业	1	30		
废弃资源综合利用业				
金属废料和碎屑加工处理				
非金属废料和碎屑加工处理				
金属制品、机械和设备修理业	3	223		
金属制品修理				
通用设备修理				
专用设备修理				
铁路、船舶、航空航天等运输设备修理	3	223		
电气设备修理				
仪器仪表修理				
其他机械和设备修理业				
电力、热力、燃气及水生产和供应业	**40**	**14784**		
电力、热力生产和供应业	40	14784		
电力生产	2	979		
电力供应	38	13806		
热力生产和供应				
燃气生产和供应业				
燃气生产和供应业				
水的生产和供应业				
自来水生产和供应				
污水处理及其再生利用				
其他水的处理、利用与分配				

2-4-82　分行业港澳台商投资企业新产品开发及销售情况

单位：万元

行　业	新产品开发项目数(项)	新产品开发经费支出	新产品销售收入	#出口
总　计	**54**	**18427**	**101852**	**24833**
采矿业	**2**	**1291**		
煤炭开采和洗选业				
烟煤和无烟煤开采洗选				
褐煤开采洗选				
其他煤炭采选				
石油和天然气开采业	2	1291		
石油开采				
天然气开采	2	1291		
黑色金属矿采选业				
铁矿采选				
锰矿、铬矿采选				
其他黑色金属矿采选				
有色金属矿采选业				
常用有色金属矿采选				
贵金属矿采选				
稀有稀土金属矿采选				
非金属矿采选业				
土砂石开采				
化学矿开采				
采盐				
石棉及其他非金属矿采选				
开采辅助活动				
煤炭开采和洗选辅助活动				
石油和天然气开采辅助活动				
其他开采辅助活动				
其他采矿业				
其他采矿业				
制造业	**50**	**16317**	**101852**	**24833**
农副食品加工业				
谷物磨制				
饲料加工				
植物油加工				
制糖业				
屠宰及肉类加工				
水产品加工				
蔬菜、水果和坚果加工				
其他农副食品加工				
食品制造业				
焙烤食品制造				
糖果、巧克力及蜜饯制造				
方便食品制造				
乳制品制造				
罐头食品制造				
调味品、发酵制品制造				
其他食品制造				
酒、饮料和精制茶制造业				
酒的制造				
饮料制造				
精制茶加工				

2-4-82 续表 1

单位：万元

行 业	新产品开发项目数(项)	新产品开发经费支出	新产品销售收入	
				#出口
烟草制品业				
烟叶复烤				
卷烟制造				
其他烟草制品制造				
纺织业				
棉纺织及印染精加工				
毛纺织及染整精加工				
麻纺织及染整精加工				
丝绢纺织及印染精加工				
化纤织造及印染精加工				
针织或钩针编织物及其制品制造				
家用纺织制成品制造				
非家用纺织制成品制造				
纺织服装、服饰业				
机织服装制造				
针织或钩针编织服装制造				
服饰制造				
皮革、毛皮、羽毛及其制品和制鞋业				
皮革鞣制加工				
皮革制品制造				
毛皮鞣制及制品加工				
羽毛(绒)加工及制品制造				
制鞋业				
木材加工和木、竹、藤、棕、草制品业				
木材加工				
人造板制造				
木制品制造				
竹、藤、棕、草等制品制造				
家具制造业				
木质家具制造				
竹、藤家具制造				
金属家具制造				
塑料家具制造				
其他家具制造				
造纸和纸制品业				
纸浆制造				
造纸				
纸制品制造				
印刷和记录媒介复制业				
印刷				
装订及印刷相关服务				
记录媒介复制				
文教、工美、体育和娱乐用品制造业				
文教办公用品制造				
乐器制造				
工艺美术品制造				
体育用品制造				
玩具制造				
游艺器材及娱乐用品制造				

2-4-82 续表 2　　单位：万元

行业	新产品开发项目数(项)	新产品开发经费支出	新产品销售收入	#出口
石油加工、炼焦和核燃料加工业				
精炼石油产品制造				
炼焦				
核燃料加工				
化学原料和化学制品制造业	1	830		
基础化学原料制造	1	830		
肥料制造				
农药制造				
涂料、油墨、颜料及类似产品制造				
合成材料制造				
专用化学产品制造				
炸药、火工及焰火产品制造				
日用化学产品制造				
医药制造业	7	4651		
化学药品原料药制造				
化学药品制剂制造	4	3731		
中药饮片加工				
中成药生产	3	920		
兽用药品制造				
生物药品制造				
卫生材料及医药用品制造				
化学纤维制造业				
纤维素纤维原料及纤维制造				
合成纤维制造				
橡胶和塑料制品业				
橡胶制品业				
塑料制品业				
非金属矿物制品业				
水泥、石灰和石膏制造				
石膏、水泥制品及类似制品制造				
砖瓦、石材等建筑材料制造				
玻璃制造				
玻璃制品制造				
玻璃纤维和玻璃纤维增强塑料制品制造				
陶瓷制品制造				
耐火材料制品制造				
石墨及其他非金属矿物制品制造				
黑色金属冶炼和压延加工业	1	145		
炼铁				
炼钢				
黑色金属铸造	1	145		
钢压延加工				
铁合金冶炼				
有色金属冶炼和压延加工业				
常用有色金属冶炼				
贵金属冶炼				
稀有稀土金属冶炼				
有色金属合金制造				
有色金属铸造				
有色金属压延加工				

2-4-82 续表 3

单位：万元

行业	新产品开发项目数(项)	新产品开发经费支出	新产品销售收入	#出口
金属制品业				
结构性金属制品制造				
金属工具制造				
集装箱及金属包装容器制造				
金属丝绳及其制品制造				
建筑、安全用金属制品制造				
金属表面处理及热处理加工				
搪瓷制品制造				
金属制日用品制造				
其他金属制品制造				
通用设备制造业				
锅炉及原动设备制造				
金属加工机械制造				
物料搬运设备制造				
泵、阀门、压缩机及类似机械制造				
轴承、齿轮和传动部件制造				
烘炉、风机、衡器、包装等设备制造				
文化、办公用机械制造				
通用零部件制造				
其他通用设备制造业				
专用设备制造业	33	6642	101852	24833
采矿、冶金、建筑专用设备制造				
化工、木材、非金属加工专用设备制造				
食品、饮料、烟草及饲料生产专用设备制造				
印刷、制药、日化及日用品生产专用设备制造				
纺织、服装和皮革加工专用设备制造	33	6642	101852	24833
电子和电工机械专用设备制造				
农、林、牧、渔专用机械制造				
医疗仪器设备及器械制造				
环保、社会公共服务及其他专用设备制造				
汽车制造业				
汽车整车制造				
改装汽车制造				
低速载货汽车制造				
电车制造				
汽车车身、挂车制造				
汽车零部件及配件制造				
铁路、船舶、航空航天和其他运输设备制造业				
铁路运输设备制造				
城市轨道交通设备制造				
船舶及相关装置制造				
航空、航天器及设备制造				
摩托车制造				
自行车制造				
非公路休闲车及零配件制造				
潜水救捞及其他未列明运输设备制造				
电气机械和器材制造业				
电机制造				
输配电及控制设备制造				

2-4-82　续表 4　　　　单位：万元

行　业	新产品开发项目数(项)	新产品开发经费支出	新产品销售收入	#出口
电线、电缆、光缆及电工器材制造				
电池制造				
家用电力器具制造				
非电力家用器具制造				
照明器具制造				
其他电气机械及器材制造				
计算机、通信和其他电子设备制造业				
计算机制造				
通信设备制造				
广播电视设备制造				
雷达及配套设备制造				
视听设备制造				
电子器件制造				
电子元件制造				
其他电子设备制造				
仪器仪表制造业	8	4049		
通用仪器仪表制造	8	4049		
专用仪器仪表制造				
钟表与计时仪器制造				
光学仪器及眼镜制造				
其他仪器仪表制造业				
其他制造业				
日用杂品制造				
煤制品制造				
核辐射加工				
其他未列明制造业				
废弃资源综合利用业				
金属废料和碎屑加工处理				
非金属废料和碎屑加工处理				
金属制品、机械和设备修理业				
金属制品修理				
通用设备修理				
专用设备修理				
铁路、船舶、航空航天等运输设备修理				
电气设备修理				
仪器仪表修理				
其他机械和设备修理业				
电力、热力、燃气及水生产和供应业	**2**	**819**		
电力、热力生产和供应业	2	819		
电力生产	2	819		
电力供应				
热力生产和供应				
燃气生产和供应业				
燃气生产和供应业				
水的生产和供应业				
自来水生产和供应				
污水处理及其再生利用				
其他水的处理、利用与分配				

2-4-83 分行业外商投资企业新产品开发及销售情况

单位：万元

行业	新产品开发项目数(项)	新产品开发经费支出	新产品销售收入	#出口
总计	**70**	**7668**	**241817**	**7257**
采矿业				
煤炭开采和洗选业				
烟煤和无烟煤开采洗选				
褐煤开采洗选				
其他煤炭采选				
石油和天然气开采业				
石油开采				
天然气开采				
黑色金属矿采选业				
铁矿采选				
锰矿、铬矿采选				
其他黑色金属矿采选				
有色金属矿采选业				
常用有色金属矿采选				
贵金属矿采选				
稀有稀土金属矿采选				
非金属矿采选业				
土砂石开采				
化学矿开采				
采盐				
石棉及其他非金属矿采选				
开采辅助活动				
煤炭开采和洗选辅助活动				
石油和天然气开采辅助活动				
其他开采辅助活动				
其他采矿业				
其他采矿业				
制造业	**70**	**7668**	**241817**	**7257**
农副食品加工业				
谷物磨制				
饲料加工				
植物油加工				
制糖业				
屠宰及肉类加工				
水产品加工				
蔬菜、水果和坚果加工				
其他农副食品加工				
食品制造业				
焙烤食品制造				
糖果、巧克力及蜜饯制造				
方便食品制造				
乳制品制造				
罐头食品制造				
调味品、发酵制品制造				
其他食品制造				
酒、饮料和精制茶制造业	1	225		
酒的制造				
饮料制造	1	225		
精制茶加工				

2-4-83　续表 1

单位：万元

行　业	新产品开发项目数(项)	新产品开发经费支出	新产品销售收入	#出口
烟草制品业				
烟叶复烤				
卷烟制造				
其他烟草制品制造				
纺织业				
棉纺织及印染精加工				
毛纺织及染整精加工				
麻纺织及染整精加工				
丝绢纺织及印染精加工				
化纤织造及印染精加工				
针织或钩针编织物及其制品制造				
家用纺织制成品制造				
非家用纺织制成品制造				
纺织服装、服饰业				
机织服装制造				
针织或钩针编织服装制造				
服饰制造				
皮革、毛皮、羽毛及其制品和制鞋业				
皮革鞣制加工				
皮革制品制造				
毛皮鞣制及制品加工				
羽毛(绒)加工及制品制造				
制鞋业				
木材加工和木、竹、藤、棕、草制品业				
木材加工				
人造板制造				
木制品制造				
竹、藤、棕、草等制品制造				
家具制造业				
木质家具制造				
竹、藤家具制造				
金属家具制造				
塑料家具制造				
其他家具制造				
造纸和纸制品业				
纸浆制造				
造纸				
纸制品制造				
印刷和记录媒介复制业				
印刷				
装订及印刷相关服务				
记录媒介复制				
文教、工美、体育和娱乐用品制造业				
文教办公用品制造				
乐器制造				
工艺美术品制造				
体育用品制造				
玩具制造				
游艺器材及娱乐用品制造				

2-4-83 续表 2

单位：万元

行业	新产品开发项目数(项)	新产品开发经费支出	新产品销售收入	#出口
石油加工、炼焦和核燃料加工业	1	1610	20000	
精炼石油产品制造				
炼焦	1	1610	20000	
核燃料加工				
化学原料和化学制品制造业				
基础化学原料制造				
肥料制造				
农药制造				
涂料、油墨、颜料及类似产品制造				
合成材料制造				
专用化学产品制造				
炸药、火工及焰火产品制造				
日用化学产品制造				
医药制造业	9	677	138723	6007
化学药品原料药制造	1	64	136792	6007
化学药品制剂制造	1	100		
中药饮片加工				
中成药生产	7	513	1931	
兽用药品制造				
生物药品制造				
卫生材料及医药用品制造				
化学纤维制造业				
纤维素纤维原料及纤维制造				
合成纤维制造				
橡胶和塑料制品业				
橡胶制品业				
塑料制品业				
非金属矿物制品业	25	65		
水泥、石灰和石膏制造				
石膏、水泥制品及类似制品制造				
砖瓦、石材等建筑材料制造				
玻璃制造				
玻璃制品制造				
玻璃纤维和玻璃纤维增强塑料制品制造				
陶瓷制品制造				
耐火材料制品制造	25	65		
石墨及其他非金属矿物制品制造				
黑色金属冶炼和压延加工业	12	1777	141	
炼铁				
炼钢				
黑色金属铸造	12	1777	141	
钢压延加工				
铁合金冶炼				
有色金属冶炼和压延加工业				
常用有色金属冶炼				
贵金属冶炼				
稀有稀土金属冶炼				
有色金属合金制造				
有色金属铸造				
有色金属压延加工				

2-4-83　续表 3

单位：万元

行　　业	新产品开发项目数(项)	新产品开发经费支出	新产品销售收入	#出口
金属制品业	5	724	7868	
结构性金属制品制造				
金属工具制造				
集装箱及金属包装容器制造				
金属丝绳及其制品制造				
建筑、安全用金属制品制造				
金属表面处理及热处理加工				
搪瓷制品制造				
金属制日用品制造				
其他金属制品制造	5	724	7868	
通用设备制造业				
锅炉及原动设备制造				
金属加工机械制造				
物料搬运设备制造				
泵、阀门、压缩机及类似机械制造				
轴承、齿轮和传动部件制造				
烘炉、风机、衡器、包装等设备制造				
文化、办公用机械制造				
通用零部件制造				
其他通用设备制造业				
专用设备制造业				
采矿、冶金、建筑专用设备制造				
化工、木材、非金属加工专用设备制造				
食品、饮料、烟草及饲料生产专用设备制造				
印刷、制药、日化及日用品生产专用设备制造				
纺织、服装和皮革加工专用设备制造				
电子和电工机械专用设备制造				
农、林、牧、渔专用机械制造				
医疗仪器设备及器械制造				
环保、社会公共服务及其他专用设备制造				
汽车制造业	3	395	1961	1250
汽车整车制造				
改装汽车制造				
低速载货汽车制造				
电车制造				
汽车车身、挂车制造				
汽车零部件及配件制造	3	395	1961	1250
铁路、船舶、航空航天和其他运输设备制造业	14	2195	73123	
铁路运输设备制造	14	2195	73123	
城市轨道交通设备制造				
船舶及相关装置制造				
航空、航天器及设备制造				
摩托车制造				
自行车制造				
非公路休闲车及零配件制造				
潜水救捞及其他未列明运输设备制造				
电气机械和器材制造业				
电机制造				
输配电及控制设备制造				

2-4-83 续表 4

单位：万元

行　业	新产品开发项目数（项）	新产品开发经费支出	新产品销售收入	#出口
电线、电缆、光缆及电工器材制造				
电池制造				
家用电力器具制造				
非电力家用器具制造				
照明器具制造				
其他电气机械及器材制造				
计算机、通信和其他电子设备制造业				
计算机制造				
通信设备制造				
广播电视设备制造				
雷达及配套设备制造				
视听设备制造				
电子器件制造				
电子元件制造				
其他电子设备制造				
仪器仪表制造业				
通用仪器仪表制造				
专用仪器仪表制造				
钟表与计时仪器制造				
光学仪器及眼镜制造				
其他仪器仪表制造业				
其他制造业				
日用杂品制造				
煤制品制造				
核辐射加工				
其他未列明制造业				
废弃资源综合利用业				
金属废料和碎屑加工处理				
非金属废料和碎屑加工处理				
金属制品、机械和设备修理业				
金属制品修理				
通用设备修理				
专用设备修理				
铁路、船舶、航空航天等运输设备修理				
电气设备修理				
仪器仪表修理				
其他机械和设备修理业				
电力、热力、燃气及水生产和供应业				
电力、热力生产和供应业				
电力生产				
电力供应				
热力生产和供应				
燃气生产和供应业				
燃气生产和供应业				
水的生产和供应业				
自来水生产和供应				
污水处理及其再生利用				
其他水的处理、利用与分配				

2-4-84 各地区企业新产品开发及销售情况

单位：万元

地 区	新产品开发项目数(项)	新产品开发经费支出	新产品销售收入	#出口
全 省	**2938**	**991958**	**10272735**	**1266926**
太原市	1326	468668	4353593	693720
大同市	136	57549	2641897	478840
阳泉市	234	34004	236237	4066
长治市	328	134577	440217	1437
晋城市	134	104105	659040	2784
朔州市	47	14805	8967	288
晋中市	240	46738	153517	29096
运城市	227	78217	981134	39513
忻州市	30	7638	137188	
临汾市	201	32998	366465	4945
吕梁市	35	12660	294480	12237

2-4-85 各地区大中型企业新产品开发及销售情况

单位：万元

地 区	新产品开发项目数(项)	新产品开发经费支出	新产品销售收入	#出口
全 省	**2405**	**893579**	**9929588**	**1256374**
太原市	1087	435839	4256936	693555
大同市	125	55050	2630780	478661
阳泉市	217	30756	217942	289
长治市	281	120162	418230	1437
晋城市	116	99859	657748	2784
朔州市	24	10278	585	
晋中市	158	25835	108936	24833
运城市	176	68842	891192	38137
忻州市	26	6419	127772	
临汾市	182	30628	349964	4945
吕梁市	13	9914	269505	11733

2-4-86 各地区内资企业新产品开发及销售情况

单位：万元

地 区	新产品开发项目数(项)	新产品开发经费支出	新产品销售收入	#出口
全 省	**2814**	**965864**	**9929066**	**1234836**
太原市	1297	461910	4277838	693720
大同市	135	57484	2505105	472833
阳泉市	209	33939	236237	4066
长治市	326	132742	420217	1437
晋城市	132	102814	659040	2784
朔州市	45	13987	8967	288
晋中市	196	34950	50405	3013
运城市	210	75716	973125	39513
忻州市	30	7638	137188	
临汾市	200	32854	366465	4945
吕梁市	34	11830	294480	12237

2-4-87 各地区港澳台商投资企业新产品开发及销售情况

单位：万元

地 区	新产品开发项目数(项)	新产品开发经费支出	新产品销售收入	#出口
全 省	**54**	**18427**	**101852**	**24833**
太原市	8	4049		
大同市				
阳泉市				
长治市				
晋城市	2	1291		
朔州市	2	819		
晋中市	40	11293	101852	24833
运城市				
忻州市				
临汾市	1	145		
吕梁市	1	830		

2-4-88　各地区外商投资企业新产品开发及销售情况

单位：万元

地　区	新产品开发项目数(项)	新产品开发经费支出	新产品销售收入	
				#出口
全　省	**70**	**7668**	**241817**	**7257**
太原市	21	2708	75756	
大同市	1	64	136792	6007
阳泉市	25	65		
长治市	2	1835	20000	
晋城市				
朔州市				
晋中市	4	495	1260	1250
运城市	17	2501	8009	
忻州市				
临汾市				
吕梁市				

H. 企业自主知识产权及相关情况

2-4-89 分登记注册类型企业自主知识产权及相关情况

登记注册类型	专利申请数(件)	#发明专利	有效发明专利数(件)	专利所有权转让及许可数(件)	专利所有权转让及许可收入(万元)	拥有注册商标数(件)	形成国家或行业标准数(项)
总　计	**5083**	**1807**	**3008**	**28**	**1540**	**2513**	**317**
内资企业	**4931**	**1750**	**2936**	**28**	**1540**	**2249**	**312**
国有企业	1071	329	94			10	59
集体企业							
股份合作企业	2		2			1	4
联营企业							
国有联营企业							
集体联营企业							
国有与集体联营企业							
其他联营企业							
有限责任公司	2490	919	2015	5	300	1080	153
国有独资公司	1384	560	1018			651	70
其他有限责任公司	1106	359	997	5	300	429	83
股份有限公司	230	87	205	2	280	728	58
私营企业	1138	415	620	21	960	430	38
私营独资企业							
私营合伙企业							
私营有限责任公司	946	340	541	20	960	292	35
私营股份有限公司	192	75	79	1		138	3
其他企业							
港、澳、台商投资企业	**107**	**48**	**58**			**256**	**3**
合资经营企业	35	17	4			217	
合作经营企业							
港、澳、台商独资经营企业	13	3	2			38	3
港、澳、台商投资股份有限公司	59	28	52			1	
其他港澳台投资企业							
外商投资企业	**45**	**9**	**14**			**8**	**2**
中外合资经营企业	38	9	14			8	2
中外合作经营企业	4						
外资企业	3						
外商投资股份有限公司							
其他外商投资企业							

2-4-90　分登记注册类型大中型企业自主知识产权及相关情况

登记注册类型	专利申请数（件）	#发明专利	有效发明专利数（件）	专利所有权转让及许可数（件）	专利所有权转让及许可收入（万元）	拥有注册商标数（件）	形成国家或行业标准数（项）
总　计	**4016**	**1444**	**2444**	**7**	**310**	**2093**	**282**
内资企业	**3905**	**1397**	**2386**	**7**	**310**	**1873**	**282**
国有企业	1069	327	92			9	59
集体企业							
股份合作企业							
联营企业							
国有联营企业							
集体联营企业							
国有与集体联营企业							
其他联营企业							
有限责任公司	2289	848	1867			1045	145
国有独资公司	1372	552	1018			651	70
其他有限责任公司	917	296	849			394	75
股份有限公司	217	83	161	2	280	723	54
私营企业	330	139	266	5	30	96	24
私营独资企业							
私营合伙企业							
私营有限责任公司	255	106	202	5	30	42	21
私营股份有限公司	75	33	64			54	3
其他企业							
港、澳、台商投资企业	**76**	**40**	**53**			**218**	
合资经营企业	17	12	1			217	
合作经营企业							
港、澳、台商独资经营企业							
港、澳、台商投资股份有限公司	59	28	52			1	
其他港澳台投资企业							
外商投资企业	**35**	**7**	**5**			**2**	
中外合资经营企业	31	7	5			2	
中外合作经营企业	4						
外资企业							
外商投资股份有限公司							
其他外商投资企业							

2-4-91 分行业企业自主知识产权及相关情况

行业	专利申请数(件)	#发明专利	有效发明专利数(件)	专利所有权转让及许可数(件)	专利所有权转让及许可收入(万元)	拥有注册商标数(件)	形成国家或行业标准数(项)
总计	**5083**	**1807**	**3008**	**28**	**1540**	**2513**	**317**
采矿业	**666**	**172**	**219**	**1**	**0**	**326**	**40**
煤炭开采和洗选业	659	172	219	1	0	326	40
烟煤和无烟煤开采洗选	659	172	219	1	0	326	40
褐煤开采洗选							
其他煤炭采选							
石油和天然气开采业	7						
石油开采							
天然气开采	7						
黑色金属矿采选业							
铁矿采选							
锰矿、铬矿采选							
其他黑色金属矿采选							
有色金属矿采选业							
常用有色金属矿采选							
贵金属矿采选							
稀有稀土金属矿采选							
非金属矿采选业							
土砂石开采							
化学矿开采							
采盐							
石棉及其他非金属矿采选							
开采辅助活动							
煤炭开采和洗选辅助活动							
石油和天然气开采辅助活动							
其他开采辅助活动							
其他采矿业							
其他采矿业							
制造业	**3433**	**1350**	**2737**	**27**	**1540**	**2187**	**277**
农副食品加工业	27	2	1			57	1
谷物磨制						2	1
饲料加工	7					53	
植物油加工	11	1	1			1	
制糖业							
屠宰及肉类加工	1	1				1	
水产品加工							
蔬菜、水果和坚果加工	8						
其他农副食品加工							
食品制造业	25	20	16			32	1
焙烤食品制造	2	1	2				
糖果、巧克力及蜜饯制造							
方便食品制造						2	
乳制品制造							
罐头食品制造							
调味品、发酵制品制造	18	15	10			19	1
其他食品制造	5	4	4			11	
酒、饮料和精制茶制造业	62	24	79	2	800	531	8
酒的制造	32	12	79	1	800	504	8
饮料制造	30	12		1		27	
精制茶加工							

2-4-91　续表 1

行　业	专利申请数(件)	#发明专利	有效发明专利数(件)	专利所有权转让及许可数(件)	专利所有权转让及许可收入(万元)	拥有注册商标数(件)	形成国家或行业标准数(项)
烟草制品业							
烟叶复烤							
卷烟制造							
其他烟草制品制造							
纺织业	4	1	11			4	2
棉纺织及印染精加工	2					2	
毛纺织及染整精加工							
麻纺织及染整精加工						2	2
丝绢纺织及印染精加工							
化纤织造及印染精加工	2	1	11				
针织或钩针编织物及其制品制造							
家用纺织制成品制造							
非家用纺织制成品制造							
纺织服装、服饰业	24	7	56			4	
机织服装制造	24	7	56			4	
针织或钩针编织服装制造							
服饰制造							
皮革、毛皮、羽毛及其制品和制鞋业							
皮革鞣制加工							
皮革制品制造							
毛皮鞣制及制品加工							
羽毛(绒)加工及制品制造							
制鞋业							
木材加工和木、竹、藤、棕、草制品业							
木材加工							
人造板制造							
木制品制造							
竹、藤、棕、草等制品制造							
家具制造业	6					9	
木质家具制造	6					9	
竹、藤家具制造							
金属家具制造							
塑料家具制造							
其他家具制造							
造纸和纸制品业							
纸浆制造							
造纸							
纸制品制造							
印刷和记录媒介复制业	3	3	17				
印刷	3	3	17				
装订及印刷相关服务							
记录媒介复制							
文教、工美、体育和娱乐用品制造业	3	3				15	
文教办公用品制造							
乐器制造							
工艺美术品制造	3	3				15	
体育用品制造							
玩具制造							
游艺器材及娱乐用品制造							

2-4-91 续表 2

行业	专利申请数(件)	#发明专利	有效发明专利数(件)	专利所有权转让及许可数(件)	专利所有权转让及许可收入(万元)	拥有注册商标数(件)	形成国家或行业标准数(项)
石油加工、炼焦和核燃料加工业	35	27	27	9	60	5	2
精炼石油产品制造	22	16	20	4	30	3	1
炼焦	13	11	7	5	30	2	1
核燃料加工							
化学原料和化学制品制造业	164	91	115	6	100	476	33
基础化学原料制造	42	26	29	6	100	8	3
肥料制造	61	17	28			170	2
农药制造							
涂料、油墨、颜料及类似产品制造	13	11	11			1	5
合成材料制造	9	5	9			8	
专用化学产品制造	8	8	4			1	2
炸药、火工及焰火产品制造	27	20	18			7	16
日用化学产品制造	4	4	16			281	5
医药制造业	111	71	128	3	280	522	51
化学药品原料药制造	13	11	10			7	1
化学药品制剂制造	47	28	41	1	280	347	5
中药饮片加工							
中成药生产	31	21	61	2		120	38
兽用药品制造	5	4	3			1	
生物药品制造	5	5	5			32	2
卫生材料及医药用品制造	10	2	8			15	5
化学纤维制造业							
纤维素纤维原料及纤维制造							
合成纤维制造							
橡胶和塑料制品业	80	12	47			14	
橡胶制品业	49	2	30			7	
塑料制品业	31	10	17			7	
非金属矿物制品业	158	82	120			28	6
水泥、石灰和石膏制造	17	6	3			3	
石膏、水泥制品及类似制品制造							
砖瓦、石材等建筑材料制造	21	16	15			6	
玻璃制造							
玻璃制品制造						2	
玻璃纤维和玻璃纤维增强塑料制品制造							
陶瓷制品制造	27	9	10			3	
耐火材料制品制造	38	30	34			4	
石墨及其他非金属矿物制品制造	55	21	58			10	6
黑色金属冶炼和压延加工业	632	267	524			11	13
炼铁							
炼钢	25		25			1	
黑色金属铸造	40	22	18				
钢压延加工	529	228	461			6	13
铁合金冶炼	38	17	20			4	
有色金属冶炼和压延加工业	62	29	70			15	19
常用有色金属冶炼	35	21	51			13	18
贵金属冶炼							1
稀有稀土金属冶炼	17	2	17			2	
有色金属合金制造	2	2	2				
有色金属铸造							
有色金属压延加工	8	4					

2-4-91　续表 3

行　业	专利申请数(件)	#发明专利	有效发明专利数(件)	专利所有权转让及许可数(件)	专利所有权转让及许可收入(万元)	拥有注册商标数(件)	形成国家或行业标准数(项)
金属制品业	351	158	300			65	17
结构性金属制品制造	2		2			1	4
金属工具制造							
集装箱及金属包装容器制造	2		26			1	2
金属丝绳及其制品制造							
建筑、安全用金属制品制造	2		18				
金属表面处理及热处理加工							
搪瓷制品制造							
金属制日用品制造							
其他金属制品制造	345	158	254			63	11
通用设备制造业	223	36	102	3		20	71
锅炉及原动设备制造	50	21	30			1	44
金属加工机械制造	2	1	1			1	15
物料搬运设备制造	5						
泵、阀门、压缩机及类似机械制造	70	6	23	3		15	7
轴承、齿轮和传动部件制造	21	3	19				
烘炉、风机、衡器、包装等设备制造	70	5	29			3	5
文化、办公用机械制造							
通用零部件制造	5						
其他通用设备制造业							
专用设备制造业	700	244	525	1		51	26
采矿、冶金、建筑专用设备制造	557	200	459			40	26
化工、木材、非金属加工专用设备制造	6						
食品、饮料、烟草及饲料生产专用设备制造							
印刷、制药、日化及日用品生产专用设备制造	1	1	3				
纺织、服装和皮革加工专用设备制造	98	36	55	1		7	
电子和电工机械专用设备制造							
农、林、牧、渔专用机械制造			2			2	
医疗仪器设备及器械制造							
环保、社会公共服务及其他专用设备制造	38	7	6			2	
汽车制造业	152	18	273			9	
汽车整车制造	7		7			2	
改装汽车制造	98	4	245			1	
低速载货汽车制造							
电车制造							
汽车车身、挂车制造							
汽车零部件及配件制造	47	14	21			6	
铁路、船舶、航空航天和其他运输设备制造业	192	77	96			9	16
铁路运输设备制造	117	56	74			5	16
城市轨道交通设备制造							
船舶及相关装置制造							
航空、航天器及设备制造	73	20	22			4	
摩托车制造							
自行车制造							
非公路休闲车及零配件制造							
潜水救捞及其他未列明运输设备制造	2	1					
电气机械和器材制造业	157	70	113	3	300	58	
电机制造	103	58	88			2	
输配电及控制设备制造	37	10	15			47	

2-4-91 续表 4

行业	专利申请数（件）	#发明专利	有效发明专利数（件）	专利所有权转让及许可数（件）	专利所有权转让及许可收入（万元）	拥有注册商标数（件）	形成国家或行业标准数（项）
电线、电缆、光缆及电工器材制造						6	
电池制造	17	2	10	3	300	3	
家用电力器具制造							
非电力家用器具制造							
照明器具制造							
其他电气机械及器材制造							
计算机、通信和其他电子设备制造业	59	24	23			11	10
计算机制造							
通信设备制造	6	2	6			1	
广播电视设备制造							
雷达及配套设备制造							
视听设备制造							
电子器件制造	2		2				
电子元件制造	44	20	9			7	3
其他电子设备制造	7	2	6			3	7
仪器仪表制造业	202	84	94			241	1
通用仪器仪表制造	162	71	70			235	
专用仪器仪表制造	18	9	20			4	
钟表与计时仪器制造							
光学仪器及眼镜制造	22	4	4			2	1
其他仪器仪表制造业							
其他制造业							
日用杂品制造							
煤制品制造							
核辐射加工							
其他未列明制造业							
废弃资源综合利用业							
金属废料和碎屑加工处理							
非金属废料和碎屑加工处理							
金属制品、机械和设备修理业	1						
金属制品修理							
通用设备修理							
专用设备修理							
铁路、船舶、航空航天等运输设备修理	1						
电气设备修理							
仪器仪表修理							
其他机械和设备修理业							
电力、热力、燃气及水生产和供应业	**984**	**285**	**52**				
电力、热力生产和供应业	984	285	52				
电力生产	24	7	12				
电力供应	960	278	40				
热力生产和供应							
燃气生产和供应业							
燃气生产和供应业							
水的生产和供应业							
自来水生产和供应							
污水处理及其再生利用							
其他水的处理、利用与分配							

2-4-92 分行业大中型企业自主知识产权及相关情况

行业	专利申请数（件）	#发明专利	有效发明专利数（件）	专利所有权转让及许可数（件）	专利所有权转让及许可收入（万元）	拥有注册商标数（件）	形成国家或行业标准数（项）
总计	**4016**	**1444**	**2444**	**7**	**310**	**2093**	**282**
采矿业	**443**	**106**	**161**			**324**	**39**
煤炭开采和洗选业	443	106	161			324	39
烟煤和无烟煤开采洗选	443	106	161			324	39
褐煤开采洗选							
其他煤炭采选							
石油和天然气开采业							
石油开采							
天然气开采							
黑色金属矿采选业							
铁矿采选							
锰矿、铬矿采选							
其他黑色金属矿采选							
有色金属矿采选业							
常用有色金属矿采选							
贵金属矿采选							
稀有稀土金属矿采选							
非金属矿采选业							
土砂石开采							
化学矿开采							
采盐							
石棉及其他非金属矿采选							
开采辅助活动							
煤炭开采和洗选辅助活动							
石油和天然气开采辅助活动							
其他开采辅助活动							
其他采矿业							
其他采矿业							
制造业	**2609**	**1060**	**2243**	**7**	**310**	**1769**	**243**
农副食品加工业	1	1				1	
谷物磨制							
饲料加工							
植物油加工							
制糖业							
屠宰及肉类加工	1	1				1	
水产品加工							
蔬菜、水果和坚果加工							
其他农副食品加工							
食品制造业	11	10	6			28	1
焙烤食品制造							
糖果、巧克力及蜜饯制造							
方便食品制造							
乳制品制造							
罐头食品制造							
调味品、发酵制品制造	6	6	2			17	1
其他食品制造	5	4	4			11	
酒、饮料和精制茶制造业	40	3	70	1		454	8
酒的制造	22	3	70			428	8
饮料制造	18			1		26	
精制茶加工							

2-4-92 续表 1

行业	专利申请数（件）	#发明专利	有效发明专利数（件）	专利所有权转让及许可数（件）	专利所有权转让及许可收入（万元）	拥有注册商标数（件）	形成国家或行业标准数（项）
烟草制品业							
烟叶复烤							
卷烟制造							
其他烟草制品制造							
纺织业	2					4	2
棉纺织及印染精加工	2					2	
毛纺织及染整精加工							
麻纺织及染整精加工						2	2
丝绢纺织及印染精加工							
化纤织造及印染精加工							
针织或钩针编织物及其制品制造							
家用纺织制成品制造							
非家用纺织制成品制造							
纺织服装、服饰业	24	7	56			4	
机织服装制造	24	7	56			4	
针织或钩针编织服装制造							
服饰制造							
皮革、毛皮、羽毛及其制品和制鞋业							
皮革鞣制加工							
皮革制品制造							
毛皮鞣制及制品加工							
羽毛(绒)加工及制品制造							
制鞋业							
木材加工和木、竹、藤、棕、草制品业							
木材加工							
人造板制造							
木制品制造							
竹、藤、棕、草等制品制造							
家具制造业							
木质家具制造							
竹、藤家具制造							
金属家具制造							
塑料家具制造							
其他家具制造							
造纸和纸制品业							
纸浆制造							
造纸							
纸制品制造							
印刷和记录媒介复制业			14				
印刷			14				
装订及印刷相关服务							
记录媒介复制							
文教、工美、体育和娱乐用品制造业	3	3				15	
文教办公用品制造							
乐器制造							
工艺美术品制造	3	3				15	
体育用品制造							
玩具制造							
游艺器材及娱乐用品制造							

2-4-92 续表 2

行 业	专利申请数(件)	#发明专利	有效发明专利数(件)	专利所有权转让及许可数(件)	专利所有权转让及许可收入(万元)	拥有注册商标数(件)	形成国家或行业标准数(项)
石油加工、炼焦和核燃料加工业	10	10	7	5	30	1	1
精炼石油产品制造							
炼焦	10	10	7	5	30	1	1
核燃料加工							
化学原料和化学制品制造业	126	67	104			472	30
基础化学原料制造	9	7	19			7	
肥料制造	61	17	28			167	2
农药制造							
涂料、油墨、颜料及类似产品制造	13	11	11			1	5
合成材料制造	9	5	9			8	
专用化学产品制造	3	3	3			1	2
炸药、火工及焰火产品制造	27	20	18			7	16
日用化学产品制造	4	4	16			281	5
医药制造业	73	47	69	1	280	402	39
化学药品原料药制造	3	3	3			3	
化学药品制剂制造	44	27	41	1	280	333	2
中药饮片加工							
中成药生产	17	16	17			31	35
兽用药品制造							
生物药品制造	1	1				32	2
卫生材料及医药用品制造	8		8			3	
化学纤维制造业							
纤维素纤维原料及纤维制造							
合成纤维制造							
橡胶和塑料制品业	54	3	33			11	
橡胶制品业	41		30			7	
塑料制品业	13	3	3			4	
非金属矿物制品业	111	54	68			10	3
水泥、石灰和石膏制造	17	6	3			1	
石膏、水泥制品及类似制品制造							
砖瓦、石材等建筑材料制造							
玻璃制造							
玻璃制品制造						2	
玻璃纤维和玻璃纤维增强塑料制品制造							
陶瓷制品制造	15	3	1			2	
耐火材料制品制造	33	26	14			1	
石墨及其他非金属矿物制品制造	46	19	50			4	3
黑色金属冶炼和压延加工业	625	262	522			9	13
炼铁							
炼钢	25		25			1	
黑色金属铸造	39	21	18				
钢压延加工	527	226	461			6	13
铁合金冶炼	34	15	18			2	
有色金属冶炼和压延加工业	35	21	52			11	19
常用有色金属冶炼	34	20	51			11	18
贵金属冶炼							1
稀有稀土金属冶炼							
有色金属合金制造	1	1	1				
有色金属铸造							
有色金属压延加工							

2-4-92 续表 3

行业	专利申请数(件)	#发明专利	有效发明专利数(件)	专利所有权转让及许可数(件)	专利所有权转让及许可收入(万元)	拥有注册商标数(件)	形成国家或行业标准数(项)
金属制品业	320	142	254			61	10
结构性金属制品制造							
金属工具制造							
集装箱及金属包装容器制造							
金属丝绳及其制品制造							
建筑、安全用金属制品制造							
金属表面处理及热处理加工							
搪瓷制品制造							
金属制日用品制造							
其他金属制品制造	320	142	254			61	10
通用设备制造业	59	22	30			9	65
锅炉及原动设备制造	50	21	30			1	44
金属加工机械制造						1	15
物料搬运设备制造							
泵、阀门、压缩机及类似机械制造	9	1				7	6
轴承、齿轮和传动部件制造							
烘炉、风机、衡器、包装等设备制造							
文化、办公用机械制造							
通用零部件制造							
其他通用设备制造业							
专用设备制造业	553	196	448			29	25
采矿、冶金、建筑专用设备制造	488	168	394			27	25
化工、木材、非金属加工专用设备制造	6						
食品、饮料、烟草及饲料生产专用设备制造							
印刷、制药、日化及日用品生产专用设备制造							
纺织、服装和皮革加工专用设备制造	59	28	52			1	
电子和电工机械专用设备制造							
农、林、牧、渔专用机械制造			2			1	
医疗仪器设备及器械制造							
环保、社会公共服务及其他专用设备制造							
汽车制造业	147	16	271			5	
汽车整车制造	7		7			2	
改装汽车制造	98	4	245			1	
低速载货汽车制造							
电车制造							
汽车车身、挂车制造							
汽车零部件及配件制造	42	12	19			2	
铁路、船舶、航空航天和其他运输设备制造业	187	77	96			8	16
铁路运输设备制造	112	56	74			4	16
城市轨道交通设备制造							
船舶及相关装置制造							
航空、航天器及设备制造	73	20	22			4	
摩托车制造							
自行车制造							
非公路休闲车及零配件制造							
潜水救捞及其他未列明运输设备制造	2	1					
电气机械和器材制造业	116	60	88			6	
电机制造	103	58	88			2	
输配电及控制设备制造	3					1	

2-4-92　续表 4

行　业	专利申请数（件）	#发明专利	有效发明专利数（件）	专利所有权转让及许可数（件）	专利所有权转让及许可收入（万元）	拥有注册商标数（件）	形成国家或行业标准数（项）
电线、电缆、光缆及电工器材制造							
电池制造	10	2				3	
家用电力器具制造							
非电力家用器具制造							
照明器具制造							
其他电气机械及器材制造							
计算机、通信和其他电子设备制造业	45	20	14			8	10
计算机制造							
通信设备制造							
广播电视设备制造							
雷达及配套设备制造							
视听设备制造							
电子器件制造							
电子元件制造	43	19	8			6	3
其他电子设备制造	2	1	6			2	7
仪器仪表制造业	67	39	41			221	1
通用仪器仪表制造	34	29	20			217	
专用仪器仪表制造	13	8	19			3	
钟表与计时仪器制造							
光学仪器及眼镜制造	20	2	2			1	1
其他仪器仪表制造业							
其他制造业							
日用杂品制造							
煤制品制造							
核辐射加工							
其他未列明制造业							
废弃资源综合利用业							
金属废料和碎屑加工处理							
非金属废料和碎屑加工处理							
金属制品、机械和设备修理业							
金属制品修理							
通用设备修理							
专用设备修理							
铁路、船舶、航空航天等运输设备修理							
电气设备修理							
仪器仪表修理							
其他机械和设备修理业							
电力、热力、燃气及水生产和供应业	**964**	**278**	**40**				
电力、热力生产和供应业	964	278	40				
电力生产	4						
电力供应	960	278	40				
热力生产和供应							
燃气生产和供应业							
燃气生产和供应业							
水的生产和供应业							
自来水生产和供应							
污水处理及其再生利用							
其他水的处理、利用与分配							

2-4-93 分行业内资企业自主知识产权及相关情况

行业	专利申请数（件）	#发明专利	有效发明专利数（件）	专利所有权转让及许可数（件）	专利所有权转让及许可收入（万元）	拥有注册商标数（件）	形成国家或行业标准数（项）
总计	**4931**	**1750**	**2936**	**28**	**1540**	**2249**	**312**
采矿业	**659**	**172**	**219**	**1**	**0**	**326**	**40**
煤炭开采和洗选业	659	172	219	1	0	326	40
烟煤和无烟煤开采洗选	659	172	219	1	0	326	40
褐煤开采洗选							
其他煤炭采选							
石油和天然气开采业							
石油开采							
天然气开采							
黑色金属矿采选业							
铁矿采选							
锰矿、铬矿采选							
其他黑色金属矿采选							
有色金属矿采选业							
常用有色金属矿采选							
贵金属矿采选							
稀有稀土金属矿采选							
非金属矿采选业							
土砂石开采							
化学矿开采							
采盐							
石棉及其他非金属矿采选							
开采辅助活动							
煤炭开采和洗选辅助活动							
石油和天然气开采辅助活动							
其他开采辅助活动							
其他采矿业							
其他采矿业							
制造业	**3306**	**1298**	**2668**	**27**	**1540**	**1923**	**272**
农副食品加工业	27	2	1			57	1
谷物磨制						2	1
饲料加工	7					53	
植物油加工	11	1	1			1	
制糖业							
屠宰及肉类加工	1	1				1	
水产品加工							
蔬菜、水果和坚果加工	8						
其他农副食品加工							
食品制造业	25	20	16			32	1
焙烤食品制造	2	1	2				
糖果、巧克力及蜜饯制造							
方便食品制造						2	
乳制品制造							
罐头食品制造							
调味品、发酵制品制造	18	15	10			19	1
其他食品制造	5	4	4			11	
酒、饮料和精制茶制造业	62	24	79	2	800	531	8
酒的制造	32	12	79	1	800	504	8
饮料制造	30	12		1		27	
精制茶加工							

2-4-93　续表 1

行　业	专　利申请数(件)	#发明专利	有　效发　明专利数(件)	专利所有权转让及许 可 数(件)	专利所有权转让及许可收入(万元)	拥　有注　册商标数(件)	形成国家或 行 业标 准 数(项)
烟草制品业							
烟叶复烤							
卷烟制造							
其他烟草制品制造							
纺织业	4	1	11			4	2
棉纺织及印染精加工	2					2	
毛纺织及染整精加工							
麻纺织及染整精加工						2	2
丝绢纺织及印染精加工							
化纤织造及印染精加工	2	1	11				
针织或钩针编织物及其制品制造							
家用纺织制成品制造							
非家用纺织制成品制造							
纺织服装、服饰业	24	7	56			4	
机织服装制造	24	7	56			4	
针织或钩针编织服装制造							
服饰制造							
皮革、毛皮、羽毛及其制品和制鞋业							
皮革鞣制加工							
皮革制品制造							
毛皮鞣制及制品加工							
羽毛(绒)加工及制品制造							
制鞋业							
木材加工和木、竹、藤、棕、草制品业							
木材加工							
人造板制造							
木制品制造							
竹、藤、棕、草等制品制造							
家具制造业	6					9	
木质家具制造	6					9	
竹、藤家具制造							
金属家具制造							
塑料家具制造							
其他家具制造							
造纸和纸制品业							
纸浆制造							
造纸							
纸制品制造							
印刷和记录媒介复制业	3	3	17				
印刷	3	3	17				
装订及印刷相关服务							
记录媒介复制							
文教、工美、体育和娱乐用品制造业	3	3				15	
文教办公用品制造							
乐器制造							
工艺美术品制造	3	3				15	
体育用品制造							
玩具制造							
游艺器材及娱乐用品制造							

2-4-93 续表 2

行业	专利申请数（件）	#发明专利	有效发明专利数（件）	专利所有权转让及许可数（件）	专利所有权转让及许可收入（万元）	拥有注册商标数（件）	形成国家或行业标准数（项）
石油加工、炼焦和核燃料加工业	34	26	27	9	60	5	2
精炼石油产品制造	22	16	20	4	30	3	1
炼焦	12	10	7	5	30	2	1
核燃料加工							
化学原料和化学制品制造业	157	89	115	6	100	476	33
基础化学原料制造	42	26	29	6	100	8	3
肥料制造	54	15	28			170	2
农药制造							
涂料、油墨、颜料及类似产品制造	13	11	11			1	5
合成材料制造	9	5	9			8	
专用化学产品制造	8	8	4			1	2
炸药、火工及焰火产品制造	27	20	18			7	16
日用化学产品制造	4	4	16			281	5
医药制造业	96	66	116	3	280	482	46
化学药品原料药制造	11	9	8			7	1
化学药品制剂制造	44	27	41	1	280	345	2
中药饮片加工							
中成药生产	21	19	51	2		82	36
兽用药品制造	5	4	3			1	
生物药品制造	5	5	5			32	2
卫生材料及医药用品制造	10	2	8			15	5
化学纤维制造业							
纤维素纤维原料及纤维制造							
合成纤维制造							
橡胶和塑料制品业	80	12	47			14	
橡胶制品业	49	2	30			7	
塑料制品业	31	10	17			7	
非金属矿物制品业	158	82	120			28	6
水泥、石灰和石膏制造	17	6	3			3	
石膏、水泥制品及类似制品制造							
砖瓦、石材等建筑材料制造	21	16	15			6	
玻璃制造							
玻璃制品制造						2	
玻璃纤维和玻璃纤维增强塑料制品制造							
陶瓷制品制造	27	9	10			3	
耐火材料制品制造	38	30	34			4	
石墨及其他非金属矿物制品制造	55	21	58			10	6
黑色金属冶炼和压延加工业	622	267	524			11	13
炼铁							
炼钢	25		25			1	
黑色金属铸造	30	22	18				
钢压延加工	529	228	461			6	13
铁合金冶炼	38	17	20			4	
有色金属冶炼和压延加工业	62	29	70			15	19
常用有色金属冶炼	35	21	51			13	18
贵金属冶炼							1
稀有稀土金属冶炼	17	2	17			2	
有色金属合金制造	2	2	2				
有色金属铸造							
有色金属压延加工	8	4					

2-4-93　续表 3

行　　业	专利申请数(件)	#发明专利	有效发明专利数(件)	专利所有权转让及许可数(件)	专利所有权转让及许可收入(万元)	拥有注册商标数(件)	形成国家或行业标准数(项)
金属制品业	348	157	300			65	17
结构性金属制品制造	2		2			1	4
金属工具制造							
集装箱及金属包装容器制造	2		26			1	2
金属丝绳及其制品制造							
建筑、安全用金属制品制造	2		18				
金属表面处理及热处理加工							
搪瓷制品制造							
金属制日用品制造							
其他金属制品制造	342	157	254			63	11
通用设备制造业	223	36	102	3		20	71
锅炉及原动设备制造	50	21	30			1	44
金属加工机械制造	2	1	1			1	15
物料搬运设备制造	5						
泵、阀门、压缩机及类似机械制造	70	6	23	3		15	7
轴承、齿轮和传动部件制造	21	3	19				
烘炉、风机、衡器、包装等设备制造	70	5	29			3	5
文化、办公用机械制造							
通用零部件制造	5						
其他通用设备制造业							
专用设备制造业	641	216	473	1		50	26
采矿、冶金、建筑专用设备制造	557	200	459			40	26
化工、木材、非金属加工专用设备制造	6						
食品、饮料、烟草及饲料生产专用设备制造							
印刷、制药、日化及日用品生产专用设备制造	1	1	3				
纺织、服装和皮革加工专用设备制造	39	8	3	1		6	
电子和电工机械专用设备制造							
农、林、牧、渔专用机械制造			2			2	
医疗仪器设备及器械制造							
环保、社会公共服务及其他专用设备制造	38	7	6			2	
汽车制造业	148	17	272			5	
汽车整车制造	7		7			2	
改装汽车制造	98	4	245			1	
低速载货汽车制造							
电车制造							
汽车车身、挂车制造							
汽车零部件及配件制造	43	13	20			2	
铁路、船舶、航空航天和其他运输设备制造业	180	74	93			7	16
铁路运输设备制造	105	53	71			3	16
城市轨道交通设备制造							
船舶及相关装置制造							
航空、航天器及设备制造	73	20	22			4	
摩托车制造							
自行车制造							
非公路休闲车及零配件制造							
潜水救捞及其他未列明运输设备制造	2	1					
电气机械和器材制造业	157	70	113	3	300	58	
电机制造	103	58	88			2	
输配电及控制设备制造	37	10	15			47	

2-4-93 续表 4

行业	专利申请数(件)	#发明专利	有效发明专利数(件)	专利所有权转让及许可数(件)	专利所有权转让及许可收入(万元)	拥有注册商标数(件)	形成国家或行业标准数(项)
电线、电缆、光缆及电工器材制造						6	
电池制造	17	2	10	3	300	3	
家用电力器具制造							
非电力家用器具制造							
照明器具制造							
其他电气机械及器材制造							
计算机、通信和其他电子设备制造业	59	24	23			11	10
计算机制造							
通信设备制造	6	2	6			1	
广播电视设备制造							
雷达及配套设备制造							
视听设备制造							
电子器件制造	2		2				
电子元件制造	44	20	9			7	3
其他电子设备制造	7	2	6			3	7
仪器仪表制造业	186	73	93			24	1
通用仪器仪表制造	146	60	69			18	
专用仪器仪表制造	18	9	20			4	
钟表与计时仪器制造							
光学仪器及眼镜制造	22	4	4			2	1
其他仪器仪表制造业							
其他制造业							
日用杂品制造							
煤制品制造							
核辐射加工							
其他未列明制造业							
废弃资源综合利用业							
金属废料和碎屑加工处理							
非金属废料和碎屑加工处理							
金属制品、机械和设备修理业	1						
金属制品修理							
通用设备修理							
专用设备修理							
铁路、船舶、航空航天等运输设备修理	1						
电气设备修理							
仪器仪表修理							
其他机械和设备修理业							
电力、热力、燃气及水生产和供应业	**966**	**280**	**49**				
电力、热力生产和供应业	966	280	49				
电力生产	6	2	9				
电力供应	960	278	40				
热力生产和供应							
燃气生产和供应业							
燃气生产和供应业							
水的生产和供应业							
自来水生产和供应							
污水处理及其再生利用							
其他水的处理、利用与分配							

2-4-94 分行业港澳台商投资企业自主知识产权及相关情况

行业	专利申请数（件）	#发明专利	有效发明专利数（件）	专利所有权转让及许可数（件）	专利所有权转让及许可收入（万元）	拥有注册商标数（件）	形成国家或行业标准数（项）
总计	**107**	**48**	**58**			**256**	**3**
采矿业	**4**						
煤炭开采和洗选业							
烟煤和无烟煤开采洗选							
褐煤开采洗选							
其他煤炭采选							
石油和天然气开采业	4						
石油开采							
天然气开采	4						
黑色金属矿采选业							
铁矿采选							
锰矿、铬矿采选							
其他黑色金属矿采选							
有色金属矿采选业							
常用有色金属矿采选							
贵金属矿采选							
稀有稀土金属矿采选							
非金属矿采选业							
土砂石开采							
化学矿开采							
采盐							
石棉及其他非金属矿采选							
开采辅助活动							
煤炭开采和洗选辅助活动							
石油和天然气开采辅助活动							
其他开采辅助活动							
其他采矿业							
其他采矿业							
制造业	**89**	**43**	**55**			**256**	**3**
农副食品加工业							
谷物磨制							
饲料加工							
植物油加工							
制糖业							
屠宰及肉类加工							
水产品加工							
蔬菜、水果和坚果加工							
其他农副食品加工							
食品制造业							
焙烤食品制造							
糖果、巧克力及蜜饯制造							
方便食品制造							
乳制品制造							
罐头食品制造							
调味品、发酵制品制造							
其他食品制造							
酒、饮料和精制茶制造业							
酒的制造							
饮料制造							
精制茶加工							

2-4-94 续表 1

行业	专利申请数（件）	#发明专利	有效发明专利数（件）	专利所有权转让及许可数（件）	专利所有权转让及许可收入（万元）	拥有注册商标数（件）	形成国家或行业标准数（项）
烟草制品业							
烟叶复烤							
卷烟制造							
其他烟草制品制造							
纺织业							
棉纺织及印染精加工							
毛纺织及染整精加工							
麻纺织及染整精加工							
丝绢纺织及印染精加工							
化纤织造及印染精加工							
针织或钩针编织物及其制品制造							
家用纺织制成品制造							
非家用纺织制成品制造							
纺织服装、服饰业							
机织服装制造							
针织或钩针编织服装制造							
服饰制造							
皮革、毛皮、羽毛及其制品和制鞋业							
皮革鞣制加工							
皮革制品制造							
毛皮鞣制及制品加工							
羽毛(绒)加工及制品制造							
制鞋业							
木材加工和木、竹、藤、棕、草制品业							
木材加工							
人造板制造							
木制品制造							
竹、藤、棕、草等制品制造							
家具制造业							
木质家具制造							
竹、藤家具制造							
金属家具制造							
塑料家具制造							
其他家具制造							
造纸和纸制品业							
纸浆制造							
造纸							
纸制品制造							
印刷和记录媒介复制业							
印刷							
装订及印刷相关服务							
记录媒介复制							
文教、工美、体育和娱乐用品制造业							
文教办公用品制造							
乐器制造							
工艺美术品制造							
体育用品制造							
玩具制造							
游艺器材及娱乐用品制造							

2-4-94　续表 2

行　　业	专　利申请数(件)	#发明专利	有　效发　明专利数(件)	专利所有权转让及许　可　数(件)	专利所有权转让及许可收入(万元)	拥　有注　册商标数(件)	形成国家或行业标准数(项)
石油加工、炼焦和核燃料加工业	1	1					
精炼石油产品制造							
炼焦	1	1					
核燃料加工							
化学原料和化学制品制造业							
基础化学原料制造							
肥料制造							
农药制造							
涂料、油墨、颜料及类似产品制造							
合成材料制造							
专用化学产品制造							
炸药、火工及焰火产品制造							
日用化学产品制造							
医药制造业	13	3	2			38	3
化学药品原料药制造							
化学药品制剂制造	3	1				2	3
中药饮片加工							
中成药生产	10	2	2			36	
兽用药品制造							
生物药品制造							
卫生材料及医药用品制造							
化学纤维制造业							
纤维素纤维原料及纤维制造							
合成纤维制造							
橡胶和塑料制品业							
橡胶制品业							
塑料制品业							
非金属矿物制品业							
水泥、石灰和石膏制造							
石膏、水泥制品及类似制品制造							
砖瓦、石材等建筑材料制造							
玻璃制造							
玻璃制品制造							
玻璃纤维和玻璃纤维增强塑料制品制造							
陶瓷制品制造							
耐火材料制品制造							
石墨及其他非金属矿物制品制造							
黑色金属冶炼和压延加工业							
炼铁							
炼钢							
黑色金属铸造							
钢压延加工							
铁合金冶炼							
有色金属冶炼和压延加工业							
常用有色金属冶炼							
贵金属冶炼							
稀有稀土金属冶炼							
有色金属合金制造							
有色金属铸造							
有色金属压延加工							

2-4-94 续表 3

行业	专利申请数（件）	#发明专利	有效发明专利数（件）	专利所有权转让及许可数（件）	专利所有权转让及许可收入（万元）	拥有注册商标数（件）	形成国家或行业标准数（项）
金属制品业							
结构性金属制品制造							
金属工具制造							
集装箱及金属包装容器制造							
金属丝绳及其制品制造							
建筑、安全用金属制品制造							
金属表面处理及热处理加工							
搪瓷制品制造							
金属制日用品制造							
其他金属制品制造							
通用设备制造业							
锅炉及原动设备制造							
金属加工机械制造							
物料搬运设备制造							
泵、阀门、压缩机及类似机械制造							
轴承、齿轮和传动部件制造							
烘炉、风机、衡器、包装等设备制造							
文化、办公用机械制造							
通用零部件制造							
其他通用设备制造业							
专用设备制造业	59	28	52			1	
采矿、冶金、建筑专用设备制造							
化工、木材、非金属加工专用设备制造							
食品、饮料、烟草及饲料生产专用设备制造							
印刷、制药、日化及日用品生产专用设备制造							
纺织、服装和皮革加工专用设备制造	59	28	52			1	
电子和电工机械专用设备制造							
农、林、牧、渔专用机械制造							
医疗仪器设备及器械制造							
环保、社会公共服务及其他专用设备制造							
汽车制造业							
汽车整车制造							
改装汽车制造							
低速载货汽车制造							
电车制造							
汽车车身、挂车制造							
汽车零部件及配件制造							
铁路、船舶、航空航天和其他运输设备制造业							
铁路运输设备制造							
城市轨道交通设备制造							
船舶及相关装置制造							
航空、航天器及设备制造							
摩托车制造							
自行车制造							
非公路休闲车及零配件制造							
潜水救捞及其他未列明运输设备制造							
电气机械和器材制造业							
电机制造							
输配电及控制设备制造							

2-4-94　续表 4

行　　业	专　利申请数(件)	#发明专利	有　效发　明专利数(件)	专利所有权转让及许　可　数(件)	专利所有权转让及许可收入(万元)	拥　有注　册商标数(件)	形成国家或行业标准数(项)
电线、电缆、光缆及电工器材制造							
电池制造							
家用电力器具制造							
非电力家用器具制造							
照明器具制造							
其他电气机械及器材制造							
计算机、通信和其他电子设备制造业							
计算机制造							
通信设备制造							
广播电视设备制造							
雷达及配套设备制造							
视听设备制造							
电子器件制造							
电子元件制造							
其他电子设备制造							
仪器仪表制造业	16	11	1			217	
通用仪器仪表制造	16	11	1			217	
专用仪器仪表制造							
钟表与计时仪器制造							
光学仪器及眼镜制造							
其他仪器仪表制造业							
其他制造业							
日用杂品制造							
煤制品制造							
核辐射加工							
其他未列明制造业							
废弃资源综合利用业							
金属废料和碎屑加工处理							
非金属废料和碎屑加工处理							
金属制品、机械和设备修理业							
金属制品修理							
通用设备修理							
专用设备修理							
铁路、船舶、航空航天等运输设备修理							
电气设备修理							
仪器仪表修理							
其他机械和设备修理业							
电力、热力、燃气及水生产和供应业	**14**	**5**	**3**				
电力、热力生产和供应业	14	5	3				
电力生产	14	5	3				
电力供应							
热力生产和供应							
燃气生产和供应业							
燃气生产和供应业							
水的生产和供应业							
自来水生产和供应							
污水处理及其再生利用							
其他水的处理、利用与分配							

2-4-95 分行业外商投资企业自主知识产权及相关情况

行业	专利申请数(件)	#发明专利	有效发明专利数(件)	专利所有权转让及许可数(件)	专利所有权转让及许可收入(万元)	拥有注册商标数(件)	形成国家或行业标准数(项)
总计	**45**	**9**	**14**			**8**	**2**
采矿业	**3**						
煤炭开采和洗选业							
烟煤和无烟煤开采洗选							
褐煤开采洗选							
其他煤炭采选							
石油和天然气开采业	3						
石油开采							
天然气开采	3						
黑色金属矿采选业							
铁矿采选							
锰矿、铬矿采选							
其他黑色金属矿采选							
有色金属矿采选业							
常用有色金属矿采选							
贵金属矿采选							
稀有稀土金属矿采选							
非金属矿采选业							
土砂石开采							
化学矿开采							
采盐							
石棉及其他非金属矿采选							
开采辅助活动							
煤炭开采和洗选辅助活动							
石油和天然气开采辅助活动							
其他开采辅助活动							
其他采矿业							
其他采矿业							
制造业	**38**	**9**	**14**			**8**	**2**
农副食品加工业							
谷物磨制							
饲料加工							
植物油加工							
制糖业							
屠宰及肉类加工							
水产品加工							
蔬菜、水果和坚果加工							
其他农副食品加工							
食品制造业							
焙烤食品制造							
糖果、巧克力及蜜饯制造							
方便食品制造							
乳制品制造							
罐头食品制造							
调味品、发酵制品制造							
其他食品制造							
酒、饮料和精制茶制造业							
酒的制造							
饮料制造							
精制茶加工							

2-4-95　续表 1

行　业	专利申请数(件)	#发明专利	有效发明专利数(件)	专利所有权转让及许可数(件)	专利所有权转让及许可收入(万元)	拥有注册商标数(件)	形成国家或行业标准数(项)
烟草制品业							
烟叶复烤							
卷烟制造							
其他烟草制品制造							
纺织业							
棉纺织及印染精加工							
毛纺织及染整精加工							
麻纺织及染整精加工							
丝绢纺织及印染精加工							
化纤织造及印染精加工							
针织或钩针编织物及其制品制造							
家用纺织制成品制造							
非家用纺织制成品制造							
纺织服装、服饰业							
机织服装制造							
针织或钩针编织服装制造							
服饰制造							
皮革、毛皮、羽毛及其制品和制鞋业							
皮革鞣制加工							
皮革制品制造							
毛皮鞣制及制品加工							
羽毛(绒)加工及制品制造							
制鞋业							
木材加工和木、竹、藤、棕、草制品业							
木材加工							
人造板制造							
木制品制造							
竹、藤、棕、草等制品制造							
家具制造业							
木质家具制造							
竹、藤家具制造							
金属家具制造							
塑料家具制造							
其他家具制造							
造纸和纸制品业							
纸浆制造							
造纸							
纸制品制造							
印刷和记录媒介复制业							
印刷							
装订及印刷相关服务							
记录媒介复制							
文教、工美、体育和娱乐用品制造业							
文教办公用品制造							
乐器制造							
工艺美术品制造							
体育用品制造							
玩具制造							
游艺器材及娱乐用品制造							

2-4-95 续表 2

行业	专利申请数（件）	#发明专利	有效发明专利数（件）	专利所有权转让及许可数（件）	专利所有权转让及许可收入（万元）	拥有注册商标数（件）	形成国家或行业标准数（项）
石油加工、炼焦和核燃料加工业							
精炼石油产品制造							
炼焦							
核燃料加工							
化学原料和化学制品制造业	7	2					
基础化学原料制造							
肥料制造	7	2					
农药制造							
涂料、油墨、颜料及类似产品制造							
合成材料制造							
专用化学产品制造							
炸药、火工及焰火产品制造							
日用化学产品制造							
医药制造业	2	2	10			2	2
化学药品原料药制造	2	2	2				
化学药品制剂制造							
中药饮片加工							
中成药生产			8			2	2
兽用药品制造							
生物药品制造							
卫生材料及医药用品制造							
化学纤维制造业							
纤维素纤维原料及纤维制造							
合成纤维制造							
橡胶和塑料制品业							
橡胶制品业							
塑料制品业							
非金属矿物制品业							
水泥、石灰和石膏制造							
石膏、水泥制品及类似制品制造							
砖瓦、石材等建筑材料制造							
玻璃制造							
玻璃制品制造							
玻璃纤维和玻璃纤维增强塑料制品制造							
陶瓷制品制造							
耐火材料制品制造							
石墨及其他非金属矿物制品制造							
黑色金属冶炼和压延加工业	10						
炼铁							
炼钢							
黑色金属铸造	10						
钢压延加工							
铁合金冶炼							
有色金属冶炼和压延加工业							
常用有色金属冶炼							
贵金属冶炼							
稀有稀土金属冶炼							
有色金属合金制造							
有色金属铸造							
有色金属压延加工							

2-4-95　续表 3

行　　业	专　利 申请数 (件)	#发明 专利	有　效 发　明 专利数 (件)	专利所有 权转让及 许 可 数 (件)	专利所有 权转让及 许可收入 (万元)	拥　有 注　册 商标数 (件)	形成国家 或 行 业 标 准 数 (项)
金属制品业	3	1					
结构性金属制品制造							
金属工具制造							
集装箱及金属包装容器制造							
金属丝绳及其制品制造							
建筑、安全用金属制品制造							
金属表面处理及热处理加工							
搪瓷制品制造							
金属制日用品制造							
其他金属制品制造	3	1					
通用设备制造业							
锅炉及原动设备制造							
金属加工机械制造							
物料搬运设备制造							
泵、阀门、压缩机及类似机械制造							
轴承、齿轮和传动部件制造							
烘炉、风机、衡器、包装等设备制造							
文化、办公用机械制造							
通用零部件制造							
其他通用设备制造业							
专用设备制造业							
采矿、冶金、建筑专用设备制造							
化工、木材、非金属加工专用设备制造							
食品、饮料、烟草及饲料生产专用设备制造							
印刷、制药、日化及日用品生产专用设备制造							
纺织、服装和皮革加工专用设备制造							
电子和电工机械专用设备制造							
农、林、牧、渔专用机械制造							
医疗仪器设备及器械制造							
环保、社会公共服务及其他专用设备制造							
汽车制造业	4	1	1			4	
汽车整车制造							
改装汽车制造							
低速载货汽车制造							
电车制造							
汽车车身、挂车制造							
汽车零部件及配件制造	4	1	1			4	
铁路、船舶、航空航天和其他运输设备制造业	12	3	3			2	
铁路运输设备制造	12	3	3			2	
城市轨道交通设备制造							
船舶及相关装置制造							
航空、航天器及设备制造							
摩托车制造							
自行车制造							
非公路休闲车及零配件制造							
潜水救捞及其他未列明运输设备制造							
电气机械和器材制造业							
电机制造							
输配电及控制设备制造							

2-4-95 续表 4

行业	专利申请数(件)	#发明专利	有效发明专利数(件)	专利所有权转让及许可数(件)	专利所有权转让及许可收入(万元)	拥有注册商标数(件)	形成国家或行业标准数(项)
电线、电缆、光缆及电工器材制造							
电池制造							
家用电力器具制造							
非电力家用器具制造							
照明器具制造							
其他电气机械及器材制造							
计算机、通信和其他电子设备制造业							
计算机制造							
通信设备制造							
广播电视设备制造							
雷达及配套设备制造							
视听设备制造							
电子器件制造							
电子元件制造							
其他电子设备制造							
仪器仪表制造业							
通用仪器仪表制造							
专用仪器仪表制造							
钟表与计时仪器制造							
光学仪器及眼镜制造							
其他仪器仪表制造业							
其他制造业							
日用杂品制造							
煤制品制造							
核辐射加工							
其他未列明制造业							
废弃资源综合利用业							
金属废料和碎屑加工处理							
非金属废料和碎屑加工处理							
金属制品、机械和设备修理业							
金属制品修理							
通用设备修理							
专用设备修理							
铁路、船舶、航空航天等运输设备修理							
电气设备修理							
仪器仪表修理							
其他机械和设备修理业							
电力、热力、燃气及水生产和供应业	**4**						
电力、热力生产和供应业	4						
电力生产	4						
电力供应							
热力生产和供应							
燃气生产和供应业							
燃气生产和供应业							
水的生产和供应业							
自来水生产和供应							
污水处理及其再生利用							
其他水的处理、利用与分配							

2-4-96　各地区企业自主知识产权及相关情况

地　区	专　利申请数（件）	#发明专利	有效发明专　利　数（件）	专利所有权转让及许可数（件）	专利所有权转让及许可收入（万元）	拥有注册商　标　数（件）	形成国家或行业标准数（项）
全　省	**5083**	**1807**	**3008**	**28**	**1540**	**2513**	**317**
太原市	2628	945	1380			560	91
大同市	263	100	158	1	280	101	69
阳泉市	132	59	45			106	27
长治市	345	138	213	3	800	350	50
晋城市	288	51	105			124	12
朔州市	50	16	23			43	8
晋中市	258	82	106	4		84	7
运城市	463	172	539	11	130	594	37
忻州市	124	46	90			6	2
临汾市	241	92	177	8	330	96	6
吕梁市	291	106	172	1	0	449	8

2-4-97　各地区大中型企业自主知识产权及相关情况

地　区	专　利申请数（件）	#发明专利	有效发明专　利　数（件）	专利所有权转让及许可数（件）	专利所有权转让及许可收入（万元）	拥有注册商　标　数（件）	形成国家或行业标准数（项）
全　省	**4016**	**1444**	**2444**	**7**	**310**	**2093**	**282**
太原市	2306	837	1121			385	83
大同市	230	96	140	1	280	99	69
阳泉市	101	52	34			98	27
长治市	300	117	165			335	47
晋城市	249	39	89			118	10
朔州市	30	6	19			19	2
晋中市	99	42	62			13	
运城市	373	142	510	1		563	31
忻州市	79	16	70			4	1
临汾市	179	67	129	5	30	18	4
吕梁市	70	30	105			441	8

2-4-98 各地区内资企业自主知识产权及相关情况

地 区	专 利 申请数 (件)	#发明专利	有效发明 专 利 数 (件)	专利所有权转 让及许可数 (件)	专利所有权转 让及许可收入 (万元)	拥有注册 商 标 数 (件)	形成国家或 行业标准数 (项)
全 省	**4931**	**1750**	**2936**	**28**	**1540**	**2249**	**312**
太原市	2600	931	1368			339	89
大同市	261	98	156	1	280	101	69
阳泉市	132	59	45			106	27
长治市	345	138	213	3	800	350	50
晋城市	277	51	105			124	12
朔州市	37	11	20			43	8
晋中市	180	49	51	4		41	4
运城市	443	169	539	11	130	594	37
忻州市	124	46	90			6	2
临汾市	241	92	177	8	330	96	6
吕梁市	291	106	172	1	0	449	8

2-4-99 各地区港澳台商投资企业自主知识产权及相关情况

地 区	专 利 申请数 (件)	#发明专利	有效发明 专 利 数 (件)	专利所有权转 让及许可数 (件)	专利所有权转 让及许可收入 (万元)	拥有注册 商 标 数 (件)	形成国家或 行业标准数 (项)
全 省	**107**	**48**	**58**			**256**	**3**
太原市	16	11	1			217	
大同市							
阳泉市							
长治市							
晋城市	4						
朔州市	13	5	3				
晋中市	74	32	54			39	3
运城市							
忻州市							
临汾市							
吕梁市							

2-4-100 各地区外商投资企业自主知识产权及相关情况

地 区	专 利 申请数 (件)	#发明专利	有效发明 专 利 数 (件)	专利所有权转 让及许可数 (件)	专利所有权转 让及许可收入 (万元)	拥有注册 商 标 数 (件)	形成国家或 行业标准数 (项)
全 省	**45**	**9**	**14**			**8**	**2**
太原市	12	3	11			4	2
大同市	2	2	2				
阳泉市							
长治市							
晋城市	7						
朔州市							
晋中市	4	1	1			4	
运城市	20	3					
忻州市							
临汾市							
吕梁市							

I. 企业政府相关政策落实情况

2-4-101　分登记注册类型企业政府相关政策落实情况

单位：万元

登记注册类型	使用来自政府部门的科技活动资金	研究开发费用加计扣除减免税	高新技术企业减免税
总　计	**58407**	**55050**	**59146**
内资企业	**56208**	**54806**	**57157**
国有企业	2135	1001	655
集体企业	15		
股份合作企业	90	16	22
联营企业			
国有联营企业			
集体联营企业			
国有与集体联营企业			
其他联营企业			
有限责任公司	40842	46415	49534
国有独资公司	18664	26893	43401
其他有限责任公司	22178	19522	6133
股份有限公司	2309	5212	2665
私营企业	10817	2163	4281
私营独资企业	100		
私营合伙企业			
私营有限责任公司	9713	1382	2348
私营股份有限公司	1005	781	1933
其他企业			
港、澳、台商投资企业	**1813**	**28**	**347**
合资经营企业	1199	28	347
合作经营企业			
港、澳、台商独资经营企业	614		
港、澳、台商投资股份有限公司			
其他港澳台投资企业			
外商投资企业	**385**	**215**	**1643**
中外合资经营企业	337	215	1376
中外合作经营企业			
外资企业	45		227
外商投资股份有限公司	3		40
其他外商投资企业			

2-4-102 分登记注册类型大中型企业政府相关政策落实情况

单位：万元

登记注册类型	使用来自政府部门的科技活动资金	研究开发费用加计扣除减免税	高新技术企业减免税
总 计	**46771**	**53420**	**57633**
内资企业	**45234**	**53239**	**55911**
国有企业	2050	1001	655
集体企业			
股份合作企业			
联营企业			
国有联营企业			
集体联营企业			
国有与集体联营企业			
其他联营企业			
有限责任公司	37580	46211	49232
国有独资公司	18664	26893	43401
其他有限责任公司	18916	19318	5832
股份有限公司	2203	5114	2265
私营企业	3401	913	3759
私营独资企业			
私营合伙企业			
私营有限责任公司	2561	251	1848
私营股份有限公司	840	663	1911
其他企业			
港、澳、台商投资企业	**1199**		**347**
合资经营企业	1199		347
合作经营企业			
港、澳、台商独资经营企业			
港、澳、台商投资股份有限公司			
其他港澳台投资企业			
外商投资企业	**337**	**181**	**1376**
中外合资经营企业	337	181	1376
中外合作经营企业			
外资企业			
外商投资股份有限公司			
其他外商投资企业			

2-4-103 分行业企业政府相关政策落实情况

单位：万元

行业	使用来自政府部门的科技活动资金	研究开发费用加计扣除减免税	高新技术企业减免税
总　计	**58407**	**55050**	**59146**
采矿业	**3789**	**17278**	**40975**
煤炭开采和洗选业	3579	17278	40748
烟煤和无烟煤开采洗选	3579	17278	40748
褐煤开采洗选			
其他煤炭采选			
石油和天然气开采业			227
石油开采			
天然气开采			227
黑色金属矿采选业	210		
铁矿采选	140		
锰矿、铬矿采选	70		
其他黑色金属矿采选			
有色金属矿采选业			
常用有色金属矿采选			
贵金属矿采选			
稀有稀土金属矿采选			
非金属矿采选业			
土砂石开采			
化学矿开采			
采盐			
石棉及其他非金属矿采选			
开采辅助活动			
煤炭开采和洗选辅助活动			
石油和天然气开采辅助活动			
其他开采辅助活动			
其他采矿业			
其他采矿业			
制造业	**54618**	**37424**	**18172**
农副食品加工业	462		
谷物磨制	80		
饲料加工	145		
植物油加工	10		
制糖业			
屠宰及肉类加工	130		
水产品加工			
蔬菜、水果和坚果加工	77		
其他农副食品加工	20		
食品制造业	1335		
焙烤食品制造	330		
糖果、巧克力及蜜饯制造	10		
方便食品制造	15		
乳制品制造			
罐头食品制造			
调味品、发酵制品制造	950		
其他食品制造	30		
酒、饮料和精制茶制造业	343		
酒的制造	238		
饮料制造	105		
精制茶加工			

2-4-103　续表 1

单位：万元

行　业	使用来自政府部门的科技活动资金	研究开发费用加计扣除减免税	高新技术企业减免税
烟草制品业			
烟叶复烤			
卷烟制造			
其他烟草制品制造			
纺织业	284	5	
棉纺织及印染精加工	225		
毛纺织及染整精加工			
麻纺织及染整精加工	25	5	
丝绢纺织及印染精加工			
化纤织造及印染精加工	34		
针织或钩针编织物及其制品制造			
家用纺织制成品制造			
非家用纺织制成品制造			
纺织服装、服饰业			
机织服装制造			
针织或钩针编织服装制造			
服饰制造			
皮革、毛皮、羽毛及其制品和制鞋业			
皮革鞣制加工			
皮革制品制造			
毛皮鞣制及制品加工			
羽毛(绒)加工及制品制造			
制鞋业			
木材加工和木、竹、藤、棕、草制品业	8		
木材加工	8		
人造板制造			
木制品制造			
竹、藤、棕、草等制品制造			
家具制造业	130		
木质家具制造	130		
竹、藤家具制造			
金属家具制造			
塑料家具制造			
其他家具制造			
造纸和纸制品业			
纸浆制造			
造纸			
纸制品制造			
印刷和记录媒介复制业	60	40	153
印刷	60	40	153
装订及印刷相关服务			
记录媒介复制			
文教、工美、体育和娱乐用品制造业	169		
文教办公用品制造			
乐器制造			
工艺美术品制造	30		
体育用品制造	139		
玩具制造			
游艺器材及娱乐用品制造			

2-4-103 续表 2

单位：万元

行业	使用来自政府部门的科技活动资金	研究开发费用加计扣除减免税	高新技术企业减免税
石油加工、炼焦和核燃料加工业	1318	210	27
精炼石油产品制造	210	196	27
炼焦	1108	14	
核燃料加工			
化学原料和化学制品制造业	2769	2322	915
基础化学原料制造	510		
肥料制造	965	75	
农药制造			
涂料、油墨、颜料及类似产品制造			
合成材料制造	200		
专用化学产品制造	600		178
炸药、火工及焰火产品制造	397	2247	737
日用化学产品制造	96		
医药制造业	2211	721	2268
化学药品原料药制造	510	158	133
化学药品制剂制造	513	520	2132
中药饮片加工	35		
中成药生产	726		3
兽用药品制造	17		
生物药品制造	410		
卫生材料及医药用品制造		42	
化学纤维制造业			
纤维素纤维原料及纤维制造			
合成纤维制造			
橡胶和塑料制品业	990		210
橡胶制品业	720		179
塑料制品业	270		31
非金属矿物制品业	3098	517	1343
水泥、石灰和石膏制造	150		
石膏、水泥制品及类似制品制造			
砖瓦、石材等建筑材料制造		84	212
玻璃制造			
玻璃制品制造	80		
玻璃纤维和玻璃纤维增强塑料制品制造			
陶瓷制品制造	80	368	54
耐火材料制品制造	2658	53	389
石墨及其他非金属矿物制品制造	130	13	688
黑色金属冶炼和压延加工业	5006	16272	592
炼铁			
炼钢	100		
黑色金属铸造	110		592
钢压延加工	4666	16272	
铁合金冶炼	130		
有色金属冶炼和压延加工业	1854	3157	9
常用有色金属冶炼	1685	3157	9
贵金属冶炼	70		
稀有稀土金属冶炼	91		
有色金属合金制造	8		
有色金属铸造			
有色金属压延加工			

2-4-103 续表 3

单位：万元

行 业	使用来自政府部门的科技活动资金	研究开发费用加计扣除减免税	高新技术企业减免税
金属制品业	13798	3449	2170
结构性金属制品制造	90	16	22
金属工具制造			
集装箱及金属包装容器制造			
金属丝绳及其制品制造			
建筑、安全用金属制品制造			
金属表面处理及热处理加工			
搪瓷制品制造			
金属制日用品制造			
其他金属制品制造	13708	3433	2149
通用设备制造业	2931	652	1564
锅炉及原动设备制造	1157	305	1494
金属加工机械制造	59		15
物料搬运设备制造			
泵、阀门、压缩机及类似机械制造	1296	248	54
轴承、齿轮和传动部件制造	47		
烘炉、风机、衡器、包装等设备制造	118	100	
文化、办公用机械制造			
通用零部件制造	255		
其他通用设备制造业			
专用设备制造业	10163	2795	2576
采矿、冶金、建筑专用设备制造	9200	2561	1898
化工、木材、非金属加工专用设备制造	310		624
食品、饮料、烟草及饲料生产专用设备制造			
印刷、制药、日化及日用品生产专用设备制造		16	7
纺织、服装和皮革加工专用设备制造	38	18	22
电子和电工机械专用设备制造	10		
农、林、牧、渔专用机械制造	408	201	25
医疗仪器设备及器械制造			
环保、社会公共服务及其他专用设备制造	198		
汽车制造业	1216	407	52
汽车整车制造			
改装汽车制造	424	155	
低速载货汽车制造			
电车制造			
汽车车身、挂车制造			
汽车零部件及配件制造	792	252	52
铁路、船舶、航空航天和其他运输设备制造业	608	1821	2683
铁路运输设备制造	60	1423	2149
城市轨道交通设备制造			
船舶及相关装置制造			
航空、航天器及设备制造	490	398	535
摩托车制造			
自行车制造			
非公路休闲车及零配件制造			
潜水救捞及其他未列明运输设备制造	58		
电气机械和器材制造业	1881	3956	3064
电机制造	324	3484	2653
输配电及控制设备制造	1297		67

2-4-103 续表 4

单位：万元

行业	使用来自政府部门的科技活动资金	研究开发费用加计扣除减免税	高新技术企业减免税
电线、电缆、光缆及电工器材制造	120		
电池制造			
家用电力器具制造			
非电力家用器具制造			
照明器具制造	140	473	344
其他电气机械及器材制造			
计算机、通信和其他电子设备制造业	1090	112	378
计算机制造			
通信设备制造	670		
广播电视设备制造			
雷达及配套设备制造			
视听设备制造			
电子器件制造			
电子元件制造	320	112	378
其他电子设备制造	100		
仪器仪表制造业	2886	927	169
通用仪器仪表制造	2363	171	169
专用仪器仪表制造	437	652	
钟表与计时仪器制造			
光学仪器及眼镜制造	85	105	
其他仪器仪表制造业			
其他制造业	10		
日用杂品制造			
煤制品制造			
核辐射加工			
其他未列明制造业	10		
废弃资源综合利用业			
金属废料和碎屑加工处理			
非金属废料和碎屑加工处理			
金属制品、机械和设备修理业		59	
金属制品修理			
通用设备修理			
专用设备修理			
铁路、船舶、航空航天等运输设备修理		59	
电气设备修理			
仪器仪表修理			
其他机械和设备修理业			
电力、热力、燃气及水生产和供应业		**348**	
电力、热力生产和供应业		348	
电力生产		28	
电力供应		320	
热力生产和供应			
燃气生产和供应业			
燃气生产和供应业			
水的生产和供应业			
自来水生产和供应			
污水处理及其再生利用			
其他水的处理、利用与分配			

2-4-104 分行业大中型企业政府相关政策落实情况

单位：万元

行业	使用来自政府部门的科技活动资金	研究开发费用加计扣除减免税	高新技术企业减免税
总 计	**46771**	**53420**	**57633**
采矿业	**3259**	**17278**	**40748**
煤炭开采和洗选业	3189	17278	40748
烟煤和无烟煤开采洗选	3189	17278	40748
褐煤开采洗选			
其他煤炭采选			
石油和天然气开采业			
石油开采			
天然气开采			
黑色金属矿采选业	70		
铁矿采选			
锰矿、铬矿采选	70		
其他黑色金属矿采选			
有色金属矿采选业			
常用有色金属矿采选			
贵金属矿采选			
稀有稀土金属矿采选			
非金属矿采选业			
土砂石开采			
化学矿开采			
采盐			
石棉及其他非金属矿采选			
开采辅助活动			
煤炭开采和洗选辅助活动			
石油和天然气开采辅助活动			
其他开采辅助活动			
其他采矿业			
其他采矿业			
制造业	**43512**	**35822**	**16886**
农副食品加工业	100		
谷物磨制			
饲料加工			
植物油加工			
制糖业			
屠宰及肉类加工	100		
水产品加工			
蔬菜、水果和坚果加工			
其他农副食品加工			
食品制造业	15		
焙烤食品制造			
糖果、巧克力及蜜饯制造			
方便食品制造			
乳制品制造			
罐头食品制造			
调味品、发酵制品制造	15		
其他食品制造			
酒、饮料和精制茶制造业	264		
酒的制造	184		
饮料制造	80		
精制茶加工			

2-4-104 续表 1

单位：万元

行　　业	使用来自政府部门的科技活动资金	研究开发费用加计扣除减免税	高新技术企业减免税
烟草制品业			
烟叶复烤			
卷烟制造			
其他烟草制品制造			
纺织业	30	5	
棉纺织及印染精加工	5		
毛纺织及染整精加工			
麻纺织及染整精加工	25	5	
丝绢纺织及印染精加工			
化纤织造及印染精加工			
针织或钩针编织物及其制品制造			
家用纺织制成品制造			
非家用纺织制成品制造			
纺织服装、服饰业			
机织服装制造			
针织或钩针编织服装制造			
服饰制造			
皮革、毛皮、羽毛及其制品和制鞋业			
皮革鞣制加工			
皮革制品制造			
毛皮鞣制及制品加工			
羽毛(绒)加工及制品制造			
制鞋业			
木材加工和木、竹、藤、棕、草制品业	8		
木材加工	8		
人造板制造			
木制品制造			
竹、藤、棕、草等制品制造			
家具制造业			
木质家具制造			
竹、藤家具制造			
金属家具制造			
塑料家具制造			
其他家具制造			
造纸和纸制品业			
纸浆制造			
造纸			
纸制品制造			
印刷和记录媒介复制业		40	153
印刷		40	153
装订及印刷相关服务			
记录媒介复制			
文教、工美、体育和娱乐用品制造业	169		
文教办公用品制造			
乐器制造			
工艺美术品制造	30		
体育用品制造	139		
玩具制造			
游艺器材及娱乐用品制造			

2-4-104　续表 2

单位：万元

行　　业	使用来自政府部门的科技活动资金	研究开发费用加计扣除减免税	高新技术企业减免税
石油加工、炼焦和核燃料加工业	1108		
精炼石油产品制造			
炼焦	1108		
核燃料加工			
化学原料和化学制品制造业	2416	2322	915
基础化学原料制造	370		
肥料制造	903	75	
农药制造			
涂料、油墨、颜料及类似产品制造			
合成材料制造	200		
专用化学产品制造	450		178
炸药、火工及焰火产品制造	397	2247	737
日用化学产品制造	96		
医药制造业	1034	678	2265
化学药品原料药制造	247	158	133
化学药品制剂制造	194	520	2132
中药饮片加工	35		
中成药生产	209		
兽用药品制造			
生物药品制造	350		
卫生材料及医药用品制造			
化学纤维制造业			
纤维素纤维原料及纤维制造			
合成纤维制造			
橡胶和塑料制品业	810		210
橡胶制品业	570		179
塑料制品业	240		31
非金属矿物制品业	2231		703
水泥、石灰和石膏制造	25		
石膏、水泥制品及类似制品制造			
砖瓦、石材等建筑材料制造			
玻璃制造			
玻璃制品制造			
玻璃纤维和玻璃纤维增强塑料制品制造			
陶瓷制品制造			
耐火材料制品制造	2200		15
石墨及其他非金属矿物制品制造	6		688
黑色金属冶炼和压延加工业	4816	16272	592
炼铁			
炼钢	100		
黑色金属铸造	50		592
钢压延加工	4636	16272	
铁合金冶炼	30		
有色金属冶炼和压延加工业	1706	3060	
常用有色金属冶炼	1636	3060	
贵金属冶炼	70		
稀有稀土金属冶炼			
有色金属合金制造			
有色金属铸造			
有色金属压延加工			

2-4-104 续表 3

单位：万元

行业	使用来自政府部门的科技活动资金	研究开发费用加计扣除减免税	高新技术企业减免税
金属制品业	13558	3399	2127
结构性金属制品制造			
金属工具制造			
集装箱及金属包装容器制造			
金属丝绳及其制品制造			
建筑、安全用金属制品制造			
金属表面处理及热处理加工			
搪瓷制品制造			
金属制日用品制造			
其他金属制品制造	13558	3399	2127
通用设备制造业	1868	397	1366
锅炉及原动设备制造	1032	276	1328
金属加工机械制造			
物料搬运设备制造			
泵、阀门、压缩机及类似机械制造	837	121	38
轴承、齿轮和传动部件制造			
烘炉、风机、衡器、包装等设备制造			
文化、办公用机械制造			
通用零部件制造			
其他通用设备制造业			
专用设备制造业	9338	2627	2536
采矿、冶金、建筑专用设备制造	8980	2546	1887
化工、木材、非金属加工专用设备制造	200		624
食品、饮料、烟草及饲料生产专用设备制造			
印刷、制药、日化及日用品生产专用设备制造			
纺织、服装和皮革加工专用设备制造			
电子和电工机械专用设备制造			
农、林、牧、渔专用机械制造	158	81	25
医疗仪器设备及器械制造			
环保、社会公共服务及其他专用设备制造			
汽车制造业	1063	407	12
汽车整车制造			
改装汽车制造	274	155	
低速载货汽车制造			
电车制造			
汽车车身、挂车制造			
汽车零部件及配件制造	789	252	12
铁路、船舶、航空航天和其他运输设备制造业	608	1791	2643
铁路运输设备制造	60	1393	2109
城市轨道交通设备制造			
船舶及相关装置制造			
航空、航天器及设备制造	490	398	535
摩托车制造			
自行车制造			
非公路休闲车及零配件制造			
潜水救捞及其他未列明运输设备制造	58		
电气机械和器材制造业	464	3956	2997
电机制造	324	3484	2653
输配电及控制设备制造			

2-4-104　续表 4

单位：万元

行　业	使用来自政府部门的科技活动资金	研究开发费用加计扣除减免税	高新技术企业减免税
电线、电缆、光缆及电工器材制造			
电池制造			
家用电力器具制造			
非电力家用器具制造			
照明器具制造	140	473	344
其他电气机械及器材制造			
计算机、通信和其他电子设备制造业	320	112	368
计算机制造			
通信设备制造			
广播电视设备制造			
雷达及配套设备制造			
视听设备制造			
电子器件制造			
电子元件制造	320	112	368
其他电子设备制造			
仪器仪表制造业	1587	757	
通用仪器仪表制造	1149		
专用仪器仪表制造	437	652	
钟表与计时仪器制造			
光学仪器及眼镜制造		105	
其他仪器仪表制造业			
其他制造业			
日用杂品制造			
煤制品制造			
核辐射加工			
其他未列明制造业			
废弃资源综合利用业			
金属废料和碎屑加工处理			
非金属废料和碎屑加工处理			
金属制品、机械和设备修理业			
金属制品修理			
通用设备修理			
专用设备修理			
铁路、船舶、航空航天等运输设备修理			
电气设备修理			
仪器仪表修理			
其他机械和设备修理业			
电力、热力、燃气及水生产和供应业		**320**	
电力、热力生产和供应业		320	
电力生产			
电力供应		320	
热力生产和供应			
燃气生产和供应业			
燃气生产和供应业			
水的生产和供应业			
自来水生产和供应			
污水处理及其再生利用			
其他水的处理、利用与分配			

2-4-105 分行业内资企业政府相关政策落实情况

单位：万元

行业	使用来自政府部门的科技活动资金	研究开发费用加计扣除减免税	高新技术企业减免税
总计	**56208**	**54806**	**57157**
采矿业	**3789**	**17278**	**40748**
煤炭开采和洗选业	3579	17278	40748
烟煤和无烟煤开采洗选	3579	17278	40748
褐煤开采洗选			
其他煤炭采选			
石油和天然气开采业			
石油开采			
天然气开采			
黑色金属矿采选业	210		
铁矿采选	140		
锰矿、铬矿采选	70		
其他黑色金属矿采选			
有色金属矿采选业			
常用有色金属矿采选			
贵金属矿采选			
稀有稀土金属矿采选			
非金属矿采选业			
土砂石开采			
化学矿开采			
采盐			
石棉及其他非金属矿采选			
开采辅助活动			
煤炭开采和洗选辅助活动			
石油和天然气开采辅助活动			
其他开采辅助活动			
其他采矿业			
其他采矿业			
制造业	**52419**	**37209**	**16409**
农副食品加工业	462		
谷物磨制	80		
饲料加工	145		
植物油加工	10		
制糖业			
屠宰及肉类加工	130		
水产品加工			
蔬菜、水果和坚果加工	77		
其他农副食品加工	20		
食品制造业	1335		
焙烤食品制造	330		
糖果、巧克力及蜜饯制造	10		
方便食品制造	15		
乳制品制造			
罐头食品制造			
调味品、发酵制品制造	950		
其他食品制造	30		
酒、饮料和精制茶制造业	318		
酒的制造	238		
饮料制造	80		
精制茶加工			

2-4-105　续表 1　　　　单位：万元

行　　业	使用来自政府部门的科技活动资金	研究开发费用加计扣除减免税	高新技术企业减免税
烟草制品业			
烟叶复烤			
卷烟制造			
其他烟草制品制造			
纺织业	284	5	
棉纺织及印染精加工	225		
毛纺织及染整精加工			
麻纺织及染整精加工	25	5	
丝绢纺织及印染精加工			
化纤织造及印染精加工	34		
针织或钩针编织物及其制品制造			
家用纺织制成品制造			
非家用纺织制成品制造			
纺织服装、服饰业			
机织服装制造			
针织或钩针编织服装制造			
服饰制造			
皮革、毛皮、羽毛及其制品和制鞋业			
皮革鞣制加工			
皮革制品制造			
毛皮鞣制及制品加工			
羽毛(绒)加工及制品制造			
制鞋业			
木材加工和木、竹、藤、棕、草制品业	8		
木材加工	8		
人造板制造			
木制品制造			
竹、藤、棕、草等制品制造			
家具制造业	130		
木质家具制造	130		
竹、藤家具制造			
金属家具制造			
塑料家具制造			
其他家具制造			
造纸和纸制品业			
纸浆制造			
造纸			
纸制品制造			
印刷和记录媒介复制业	60	40	153
印刷	60	40	153
装订及印刷相关服务			
记录媒介复制			
文教、工美、体育和娱乐用品制造业	169		
文教办公用品制造			
乐器制造			
工艺美术品制造	30		
体育用品制造	139		
玩具制造			
游艺器材及娱乐用品制造			

2-4-105 续表 2

单位：万元

行业	使用来自政府部门的科技活动资金	研究开发费用加计扣除减免税	高新技术企业减免税
石油加工、炼焦和核燃料加工业	1218	210	27
精炼石油产品制造	210	196	27
炼焦	1008	14	
核燃料加工			
化学原料和化学制品制造业	2769	2322	915
基础化学原料制造	510		
肥料制造	965	75	
农药制造			
涂料、油墨、颜料及类似产品制造			
合成材料制造	200		
专用化学产品制造	600		178
炸药、火工及焰火产品制造	397	2247	737
日用化学产品制造	96		
医药制造业	1339	563	2135
化学药品原料药制造	273		
化学药品制剂制造	204	520	2132
中药饮片加工	35		
中成药生产	401		3
兽用药品制造	17		
生物药品制造	410		
卫生材料及医药用品制造		42	
化学纤维制造业			
纤维素纤维原料及纤维制造			
合成纤维制造			
橡胶和塑料制品业	990		210
橡胶制品业	720		179
塑料制品业	270		31
非金属矿物制品业	3098	517	1343
水泥、石灰和石膏制造	150		
石膏、水泥制品及类似制品制造			
砖瓦、石材等建筑材料制造		84	212
玻璃制造			
玻璃制品制造	80		
玻璃纤维和玻璃纤维增强塑料制品制造			
陶瓷制品制造	80	368	54
耐火材料制品制造	2658	53	389
石墨及其他非金属矿物制品制造	130	13	688
黑色金属冶炼和压延加工业	4956	16272	245
炼铁			
炼钢	100		
黑色金属铸造	60		245
钢压延加工	4666	16272	
铁合金冶炼	130		
有色金属冶炼和压延加工业	1854	3157	9
常用有色金属冶炼	1685	3157	9
贵金属冶炼	70		
稀有稀土金属冶炼	91		
有色金属合金制造	8		
有色金属铸造			
有色金属压延加工			

2-4-105　续表 3　　　　单位：万元

行　业	使用来自政府部门的科技活动资金	研究开发费用加计扣除减免税	高新技术企业减免税
金属制品业	13798	3415	2170
结构性金属制品制造	90	16	22
金属工具制造			
集装箱及金属包装容器制造			
金属丝绳及其制品制造			
建筑、安全用金属制品制造			
金属表面处理及热处理加工			
搪瓷制品制造			
金属制日用品制造			
其他金属制品制造	13708	3399	2149
通用设备制造业	2931	652	1564
锅炉及原动设备制造	1157	305	1494
金属加工机械制造	59		15
物料搬运设备制造			
泵、阀门、压缩机及类似机械制造	1296	248	54
轴承、齿轮和传动部件制造	47		
烘炉、风机、衡器、包装等设备制造	118	100	
文化、办公用机械制造			
通用零部件制造	255		
其他通用设备制造业			
专用设备制造业	10163	2795	2576
采矿、冶金、建筑专用设备制造	9200	2561	1898
化工、木材、非金属加工专用设备制造	310		624
食品、饮料、烟草及饲料生产专用设备制造			
印刷、制药、日化及日用品生产专用设备制造		16	7
纺织、服装和皮革加工专用设备制造	38	18	22
电子和电工机械专用设备制造	10		
农、林、牧、渔专用机械制造	408	201	25
医疗仪器设备及器械制造			
环保、社会公共服务及其他专用设备制造	198		
汽车制造业	1213	407	12
汽车整车制造			
改装汽车制造	424	155	
低速载货汽车制造			
电车制造			
汽车车身、挂车制造			
汽车零部件及配件制造	789	252	12
铁路、船舶、航空航天和其他运输设备制造业	608	1798	1440
铁路运输设备制造	60	1401	906
城市轨道交通设备制造			
船舶及相关装置制造			
航空、航天器及设备制造	490	398	535
摩托车制造			
自行车制造			
非公路休闲车及零配件制造			
潜水救捞及其他未列明运输设备制造	58		
电气机械和器材制造业	1881	3956	3064
电机制造	324	3484	2653
输配电及控制设备制造	1297		67

2-4-105 续表 4

单位：万元

行业	使用来自政府部门的科技活动资金	研究开发费用加计扣除减免税	高新技术企业减免税
电线、电缆、光缆及电工器材制造	120		
电池制造			
家用电力器具制造			
非电力家用器具制造			
照明器具制造	140	473	344
其他电气机械及器材制造			
计算机、通信和其他电子设备制造业	1090	112	378
计算机制造			
通信设备制造	670		
广播电视设备制造			
雷达及配套设备制造			
视听设备制造			
电子器件制造			
电子元件制造	320	112	378
其他电子设备制造	100		
仪器仪表制造业	1736	927	169
通用仪器仪表制造	1214	171	169
专用仪器仪表制造	437	652	
钟表与计时仪器制造			
光学仪器及眼镜制造	85	105	
其他仪器仪表制造业			
其他制造业	10		
日用杂品制造			
煤制品制造			
核辐射加工			
其他未列明制造业	10		
废弃资源综合利用业			
金属废料和碎屑加工处理			
非金属废料和碎屑加工处理			
金属制品、机械和设备修理业		59	
金属制品修理			
通用设备修理			
专用设备修理			
铁路、船舶、航空航天等运输设备修理		59	
电气设备修理			
仪器仪表修理			
其他机械和设备修理业			
电力、热力、燃气及水生产和供应业		**320**	
电力、热力生产和供应业		320	
电力生产			
电力供应		320	
热力生产和供应			
燃气生产和供应业			
燃气生产和供应业			
水的生产和供应业			
自来水生产和供应			
污水处理及其再生利用			
其他水的处理、利用与分配			

2-4-106　分行业港澳台商投资企业政府相关政策落实情况

单位：万元

行　　业	使用来自政府部门的科技活动资金	研究开发费用加计扣除减免税	高新技术企业减免税
总　计	**1813**	**28**	**347**
采矿业			
煤炭开采和洗选业			
烟煤和无烟煤开采洗选			
褐煤开采洗选			
其他煤炭采选			
石油和天然气开采业			
石油开采			
天然气开采			
黑色金属矿采选业			
铁矿采选			
锰矿、铬矿采选			
其他黑色金属矿采选			
有色金属矿采选业			
常用有色金属矿采选			
贵金属矿采选			
稀有稀土金属矿采选			
非金属矿采选业			
土砂石开采			
化学矿开采			
采盐			
石棉及其他非金属矿采选			
开采辅助活动			
煤炭开采和洗选辅助活动			
石油和天然气开采辅助活动			
其他开采辅助活动			
其他采矿业			
其他采矿业			
制造业	**1813**		**347**
农副食品加工业			
谷物磨制			
饲料加工			
植物油加工			
制糖业			
屠宰及肉类加工			
水产品加工			
蔬菜、水果和坚果加工			
其他农副食品加工			
食品制造业			
焙烤食品制造			
糖果、巧克力及蜜饯制造			
方便食品制造			
乳制品制造			
罐头食品制造			
调味品、发酵制品制造			
其他食品制造			
酒、饮料和精制茶制造业			
酒的制造			
饮料制造			
精制茶加工			

2-4-106 续表 1

单位：万元

行　业	使用来自政府部门的科技活动资金	研究开发费用加计扣除减免税	高新技术企业减免税
烟草制品业			
烟叶复烤			
卷烟制造			
其他烟草制品制造			
纺织业			
棉纺织及印染精加工			
毛纺织及染整精加工			
麻纺织及染整精加工			
丝绢纺织及印染精加工			
化纤织造及印染精加工			
针织或钩针编织物及其制品制造			
家用纺织制成品制造			
非家用纺织制成品制造			
纺织服装、服饰业			
机织服装制造			
针织或钩针编织服装制造			
服饰制造			
皮革、毛皮、羽毛及其制品和制鞋业			
皮革鞣制加工			
皮革制品制造			
毛皮鞣制及制品加工			
羽毛(绒)加工及制品制造			
制鞋业			
木材加工和木、竹、藤、棕、草制品业			
木材加工			
人造板制造			
木制品制造			
竹、藤、棕、草等制品制造			
家具制造业			
木质家具制造			
竹、藤家具制造			
金属家具制造			
塑料家具制造			
其他家具制造			
造纸和纸制品业			
纸浆制造			
造纸			
纸制品制造			
印刷和记录媒介复制业			
印刷			
装订及印刷相关服务			
记录媒介复制			
文教、工美、体育和娱乐用品制造业			
文教办公用品制造			
乐器制造			
工艺美术品制造			
体育用品制造			
玩具制造			
游艺器材及娱乐用品制造			

2-4-106　续表 2

单位：万元

行　　业	使用来自政府部门的科技活动资金	研究开发费用加计扣除减免税	高新技术企业减免税
石油加工、炼焦和核燃料加工业			
精炼石油产品制造			
炼焦			
核燃料加工			
化学原料和化学制品制造业			
基础化学原料制造			
肥料制造			
农药制造			
涂料、油墨、颜料及类似产品制造			
合成材料制造			
专用化学产品制造			
炸药、火工及焰火产品制造			
日用化学产品制造			
医药制造业	614		
化学药品原料药制造			
化学药品制剂制造	289		
中药饮片加工			
中成药生产	325		
兽用药品制造			
生物药品制造			
卫生材料及医药用品制造			
化学纤维制造业			
纤维素纤维原料及纤维制造			
合成纤维制造			
橡胶和塑料制品业			
橡胶制品业			
塑料制品业			
非金属矿物制品业			
水泥、石灰和石膏制造			
石膏、水泥制品及类似制品制造			
砖瓦、石材等建筑材料制造			
玻璃制造			
玻璃制品制造			
玻璃纤维和玻璃纤维增强塑料制品制造			
陶瓷制品制造			
耐火材料制品制造			
石墨及其他非金属矿物制品制造			
黑色金属冶炼和压延加工业	50		347
炼铁			
炼钢			
黑色金属铸造	50		347
钢压延加工			
铁合金冶炼			
有色金属冶炼和压延加工业			
常用有色金属冶炼			
贵金属冶炼			
稀有稀土金属冶炼			
有色金属合金制造			
有色金属铸造			
有色金属压延加工			

2-4-106 续表 3

单位：万元

行业	使用来自政府部门的科技活动资金	研究开发费用加计扣除减免税	高新技术企业减免税
金属制品业			
结构性金属制品制造			
金属工具制造			
集装箱及金属包装容器制造			
金属丝绳及其制品制造			
建筑、安全用金属制品制造			
金属表面处理及热处理加工			
搪瓷制品制造			
金属制日用品制造			
其他金属制品制造			
通用设备制造业			
锅炉及原动设备制造			
金属加工机械制造			
物料搬运设备制造			
泵、阀门、压缩机及类似机械制造			
轴承、齿轮和传动部件制造			
烘炉、风机、衡器、包装等设备制造			
文化、办公用机械制造			
通用零部件制造			
其他通用设备制造业			
专用设备制造业			
采矿、冶金、建筑专用设备制造			
化工、木材、非金属加工专用设备制造			
食品、饮料、烟草及饲料生产专用设备制造			
印刷、制药、日化及日用品生产专用设备制造			
纺织、服装和皮革加工专用设备制造			
电子和电工机械专用设备制造			
农、林、牧、渔专用机械制造			
医疗仪器设备及器械制造			
环保、社会公共服务及其他专用设备制造			
汽车制造业			
汽车整车制造			
改装汽车制造			
低速载货汽车制造			
电车制造			
汽车车身、挂车制造			
汽车零部件及配件制造			
铁路、船舶、航空航天和其他运输设备制造业			
铁路运输设备制造			
城市轨道交通设备制造			
船舶及相关装置制造			
航空、航天器及设备制造			
摩托车制造			
自行车制造			
非公路休闲车及零配件制造			
潜水救捞及其他未列明运输设备制造			
电气机械和器材制造业			
电机制造			
输配电及控制设备制造			

2-4-106　续表 4　　　　单位：万元

行　业	使用来自政府部门的科技活动资金	研究开发费用加计扣除减免税	高新技术企业减免税
电线、电缆、光缆及电工器材制造			
电池制造			
家用电力器具制造			
非电力家用器具制造			
照明器具制造			
其他电气机械及器材制造			
计算机、通信和其他电子设备制造业			
计算机制造			
通信设备制造			
广播电视设备制造			
雷达及配套设备制造			
视听设备制造			
电子器件制造			
电子元件制造			
其他电子设备制造			
仪器仪表制造业	1149		
通用仪器仪表制造	1149		
专用仪器仪表制造			
钟表与计时仪器制造			
光学仪器及眼镜制造			
其他仪器仪表制造业			
其他制造业			
日用杂品制造			
煤制品制造			
核辐射加工			
其他未列明制造业			
废弃资源综合利用业			
金属废料和碎屑加工处理			
非金属废料和碎屑加工处理			
金属制品、机械和设备修理业			
金属制品修理			
通用设备修理			
专用设备修理			
铁路、船舶、航空航天等运输设备修理			
电气设备修理			
仪器仪表修理			
其他机械和设备修理业			
电力、热力、燃气及水生产和供应业		**28**	
电力、热力生产和供应业		28	
电力生产		28	
电力供应			
热力生产和供应			
燃气生产和供应业			
燃气生产和供应业			
水的生产和供应业			
自来水生产和供应			
污水处理及其再生利用			
其他水的处理、利用与分配			

2-4-107 分行业外商投资企业政府相关政策落实情况

单位：万元

行业	使用来自政府部门的科技活动资金	研究开发费用加计扣除减免税	高新技术企业减免税
总 计	**385**	**215**	**1643**
采矿业			**227**
煤炭开采和洗选业			
烟煤和无烟煤开采洗选			
褐煤开采洗选			
其他煤炭采选			
石油和天然气开采业			227
石油开采			
天然气开采			227
黑色金属矿采选业			
铁矿采选			
锰矿、铬矿采选			
其他黑色金属矿采选			
有色金属矿采选业			
常用有色金属矿采选			
贵金属矿采选			
稀有稀土金属矿采选			
非金属矿采选业			
土砂石开采			
化学矿开采			
采盐			
石棉及其他非金属矿采选			
开采辅助活动			
煤炭开采和洗选辅助活动			
石油和天然气开采辅助活动			
其他开采辅助活动			
其他采矿业			
其他采矿业			
制造业	**385**	**215**	**1416**
农副食品加工业			
谷物磨制			
饲料加工			
植物油加工			
制糖业			
屠宰及肉类加工			
水产品加工			
蔬菜、水果和坚果加工			
其他农副食品加工			
食品制造业			
焙烤食品制造			
糖果、巧克力及蜜饯制造			
方便食品制造			
乳制品制造			
罐头食品制造			
调味品、发酵制品制造			
其他食品制造			
酒、饮料和精制茶制造业	25		
酒的制造			
饮料制造	25		
精制茶加工			

2-4-107　续表 1

单位：万元

行　业	使用来自政府部门的科技活动资金	研究开发费用加计扣除减免税	高新技术企业减免税
烟草制品业			
烟叶复烤			
卷烟制造			
其他烟草制品制造			
纺织业			
棉纺织及印染精加工			
毛纺织及染整精加工			
麻纺织及染整精加工			
丝绢纺织及印染精加工			
化纤织造及印染精加工			
针织或钩针编织物及其制品制造			
家用纺织制成品制造			
非家用纺织制成品制造			
纺织服装、服饰业			
机织服装制造			
针织或钩针编织服装制造			
服饰制造			
皮革、毛皮、羽毛及其制品和制鞋业			
皮革鞣制加工			
皮革制品制造			
毛皮鞣制及制品加工			
羽毛(绒)加工及制品制造			
制鞋业			
木材加工和木、竹、藤、棕、草制品业			
木材加工			
人造板制造			
木制品制造			
竹、藤、棕、草等制品制造			
家具制造业			
木质家具制造			
竹、藤家具制造			
金属家具制造			
塑料家具制造			
其他家具制造			
造纸和纸制品业			
纸浆制造			
造纸			
纸制品制造			
印刷和记录媒介复制业			
印刷			
装订及印刷相关服务			
记录媒介复制			
文教、工美、体育和娱乐用品制造业			
文教办公用品制造			
乐器制造			
工艺美术品制造			
体育用品制造			
玩具制造			
游艺器材及娱乐用品制造			

2-4-107 续表 2

单位：万元

行　业	使用来自政府部门的科技活动资金	研究开发费用加计扣除减免税	高新技术企业减免税
石油加工、炼焦和核燃料加工业	100		
精炼石油产品制造			
炼焦	100		
核燃料加工			
化学原料和化学制品制造业			
基础化学原料制造			
肥料制造			
农药制造			
涂料、油墨、颜料及类似产品制造			
合成材料制造			
专用化学产品制造			
炸药、火工及焰火产品制造			
日用化学产品制造			
医药制造业	257	158	133
化学药品原料药制造	237	158	133
化学药品制剂制造	20		
中药饮片加工			
中成药生产			
兽用药品制造			
生物药品制造			
卫生材料及医药用品制造			
化学纤维制造业			
纤维素纤维原料及纤维制造			
合成纤维制造			
橡胶和塑料制品业			
橡胶制品业			
塑料制品业			
非金属矿物制品业			
水泥、石灰和石膏制造			
石膏、水泥制品及类似制品制造			
砖瓦、石材等建筑材料制造			
玻璃制造			
玻璃制品制造			
玻璃纤维和玻璃纤维增强塑料制品制造			
陶瓷制品制造			
耐火材料制品制造			
石墨及其他非金属矿物制品制造			
黑色金属冶炼和压延加工业			
炼铁			
炼钢			
黑色金属铸造			
钢压延加工			
铁合金冶炼			
有色金属冶炼和压延加工业			
常用有色金属冶炼			
贵金属冶炼			
稀有稀土金属冶炼			
有色金属合金制造			
有色金属铸造			
有色金属压延加工			

2-4-107　续表 3　　单位：万元

行　业	使用来自政府部门的科技活动资金	研究开发费用加计扣除减免税	高新技术企业减免税
金属制品业		35	
结构性金属制品制造			
金属工具制造			
集装箱及金属包装容器制造			
金属丝绳及其制品制造			
建筑、安全用金属制品制造			
金属表面处理及热处理加工			
搪瓷制品制造			
金属制日用品制造			
其他金属制品制造		35	
通用设备制造业			
锅炉及原动设备制造			
金属加工机械制造			
物料搬运设备制造			
泵、阀门、压缩机及类似机械制造			
轴承、齿轮和传动部件制造			
烘炉、风机、衡器、包装等设备制造			
文化、办公用机械制造			
通用零部件制造			
其他通用设备制造业			
专用设备制造业			
采矿、冶金、建筑专用设备制造			
化工、木材、非金属加工专用设备制造			
食品、饮料、烟草及饲料生产专用设备制造			
印刷、制药、日化及日用品生产专用设备制造			
纺织、服装和皮革加工专用设备制造			
电子和电工机械专用设备制造			
农、林、牧、渔专用机械制造			
医疗仪器设备及器械制造			
环保、社会公共服务及其他专用设备制造			
汽车制造业	3		40
汽车整车制造			
改装汽车制造			
低速载货汽车制造			
电车制造			
汽车车身、挂车制造			
汽车零部件及配件制造	3		40
铁路、船舶、航空航天和其他运输设备制造业		23	1243
铁路运输设备制造		23	1243
城市轨道交通设备制造			
船舶及相关装置制造			
航空、航天器及设备制造			
摩托车制造			
自行车制造			
非公路休闲车及零配件制造			
潜水救捞及其他未列明运输设备制造			
电气机械和器材制造业			
电机制造			
输配电及控制设备制造			

2-4-107 续表 4　　　　单位：万元

行　业	使用来自政府部门的科技活动资金	研究开发费用加计扣除减免税	高新技术企业减免税
电线、电缆、光缆及电工器材制造			
电池制造			
家用电力器具制造			
非电力家用器具制造			
照明器具制造			
其他电气机械及器材制造			
计算机、通信和其他电子设备制造业			
计算机制造			
通信设备制造			
广播电视设备制造			
雷达及配套设备制造			
视听设备制造			
电子器件制造			
电子元件制造			
其他电子设备制造			
仪器仪表制造业			
通用仪器仪表制造			
专用仪器仪表制造			
钟表与计时仪器制造			
光学仪器及眼镜制造			
其他仪器仪表制造业			
其他制造业			
日用杂品制造			
煤制品制造			
核辐射加工			
其他未列明制造业			
废弃资源综合利用业			
金属废料和碎屑加工处理			
非金属废料和碎屑加工处理			
金属制品、机械和设备修理业			
金属制品修理			
通用设备修理			
专用设备修理			
铁路、船舶、航空航天等运输设备修理			
电气设备修理			
仪器仪表修理			
其他机械和设备修理业			
电力、热力、燃气及水生产和供应业			
电力、热力生产和供应业			
电力生产			
电力供应			
热力生产和供应			
燃气生产和供应业			
燃气生产和供应业			
水的生产和供应业			
自来水生产和供应			
污水处理及其再生利用			
其他水的处理、利用与分配			

2-4-108　各地区企业政府相关政策落实情况

单位：万元

地　区	使用来自政府部门的科技活动资金	研究开发费用加计扣除减免税	高新技术企业减免税
全　省	**58407**	**55050**	**59146**
太原市	21470	29593	6242
大同市	2848	1290	1502
阳泉市	3445	4054	16
长治市	13247	5164	41384
晋城市	2272	1669	312
朔州市	428	3220	
晋中市	4441	346	88
运城市	3701	7203	6534
忻州市	690	335	2058
临汾市	5456	1379	1011
吕梁市	410	795	

2-4-109　各地区大中型企业政府相关政策落实情况

单位：万元

地　区	使用来自政府部门的科技活动资金	研究开发费用加计扣除减免税	高新技术企业减免税
全　省	**46771**	**53420**	**57633**
太原市	17176	29354	5616
大同市	2368	1261	1337
阳泉市	2683	4042	16
长治市	11938	5149	41351
晋城市	2218	1288	31
朔州市	138	3150	
晋中市	1150	81	39
运城市	2815	6587	6239
忻州市	690	335	2058
临汾市	5351	1379	947
吕梁市	244	795	

2-4-110 各地区内资企业政府相关政策落实情况

单位：万元

地 区	使用来自政府部门的科技活动资金	研究开发费用加计扣除减免税	高新技术企业减免税
全 省	**56208**	**54806**	**57157**
太原市	20317	29571	4959
大同市	2611	1132	1369
阳泉市	3445	4054	16
长治市	13122	5164	41384
晋城市	2272	1669	85
朔州市	408	3192	
晋中市	3827	346	88
运城市	3701	7169	6534
忻州市	690	335	2058
临汾市	5406	1379	665
吕梁市	410	795	

2-4-111 各地区港澳台商投资企业政府相关政策落实情况

单位：万元

地 区	使用来自政府部门的科技活动资金	研究开发费用加计扣除减免税	高新技术企业减免税
全 省	**1813**	**28**	**347**
太原市	1149		
大同市			
阳泉市			
长治市			
晋城市			
朔州市		28	
晋中市	614		
运城市			
忻州市			
临汾市	50		347
吕梁市			

2-4-112　各地区外商投资企业政府相关政策落实情况

单位：万元

地　区	使用来自政府部门的科技活动资金	研究开发费用加计扣除减免税	高新技术企业减免税
全　省	**385**	**215**	**1643**
太原市	3	23	1283
大同市	237	158	133
阳泉市			
长治市	125		
晋城市			227
朔州市	20		
晋中市			
运城市		35	
忻州市			
临汾市			
吕梁市			

J. 企业技术获取和技术改造情况

2-4-113 分登记注册类型企业技术获取和技术改造情况

单位：万元

登记注册类型	引进技术经费支出	消化吸收经费支出	购买国内技术经费支出	技术改造经费支出
总 计	**52934**	**26172**	**33536**	**1373318**
内资企业	**52934**	**26172**	**33536**	**1332880**
国有企业	300	13	30	85677
集体企业				3
股份合作企业				
联营企业				
国有联营企业				
集体联营企业				
国有与集体联营企业				
其他联营企业				
有限责任公司	52217	20377	26932	1124834
国有独资公司	316	775	1339	665777
其他有限责任公司	51901	19602	25593	459057
股份有限公司		3518	5113	98899
私营企业	417	2264	1462	23467
私营独资企业				2
私营合伙企业				
私营有限责任公司	417	2264	1432	18478
私营股份有限公司			30	4987
其他企业				
港、澳、台商投资企业				**4535**
合资经营企业				2379
合作经营企业				
港、澳、台商独资经营企业				
港、澳、台商投资股份有限公司				2157
其他港澳台投资企业				
外商投资企业				**35902**
中外合资经营企业				2893
中外合作经营企业				32999
外资企业				10
外商投资股份有限公司				
其他外商投资企业				

2-4-114　分登记注册类型大中型企业技术获取和技术改造情况

单位：万元

登记注册类型	引进技术经费支出	消化吸收经费支出	购买国内技术经费支出	技术改造经费支出
总　计	**52013**	**25847**	**31705**	**1356857**
内资企业	**52013**	**25847**	**31705**	**1318976**
国有企业	300	13	30	85677
集体企业				
股份合作企业				
联营企业				
国有联营企业				
集体联营企业				
国有与集体联营企业				
其他联营企业				
有限责任公司	51326	20322	26533	1118548
国有独资公司	316	775	1339	665475
其他有限责任公司	51010	19547	25193	453073
股份有限公司		3518	5113	97959
私营企业	387	1994	30	16792
私营独资企业				
私营合伙企业				
私营有限责任公司	387	1994		12016
私营股份有限公司			30	4776
其他企业				
港、澳、台商投资企业				**2169**
合资经营企业				12
合作经营企业				
港、澳、台商独资经营企业				
港、澳、台商投资股份有限公司				2157
其他港澳台投资企业				
外商投资企业				**35712**
中外合资经营企业				2713
中外合作经营企业				32999
外资企业				
外商投资股份有限公司				
其他外商投资企业				

2-4-115 分行业企业技术获取和技术改造情况

单位：万元

行　业	引进技术经费支出	消化吸收经费支出	购买国内技术经费支出	技术改造经费支出
总　计	**52934**	**26172**	**33536**	**1373318**
采矿业	**45403**	**14057**	**20185**	**359388**
煤炭开采和洗选业	45403	14057	20185	350860
烟煤和无烟煤开采洗选	45403	14057	20185	350860
褐煤开采洗选				
其他煤炭采选				
石油和天然气开采业				2363
石油开采				
天然气开采				2363
黑色金属矿采选业				6164
铁矿采选				5460
锰矿、铬矿采选				704
其他黑色金属矿采选				
有色金属矿采选业				
常用有色金属矿采选				
贵金属矿采选				
稀有稀土金属矿采选				
非金属矿采选业				
土砂石开采				
化学矿开采				
采盐				
石棉及其他非金属矿采选				
开采辅助活动				
煤炭开采和洗选辅助活动				
石油和天然气开采辅助活动				
其他开采辅助活动				
其他采矿业				
其他采矿业				
制造业	**7531**	**12115**	**13352**	**883164**
农副食品加工业		3012	60	405
谷物磨制				
饲料加工		55		355
植物油加工				
制糖业				
屠宰及肉类加工		2957		
水产品加工				
蔬菜、水果和坚果加工			60	50
其他农副食品加工				
食品制造业				683
焙烤食品制造				
糖果、巧克力及蜜饯制造				
方便食品制造				
乳制品制造				
罐头食品制造				
调味品、发酵制品制造				15
其他食品制造				668
酒、饮料和精制茶制造业		54	217	776
酒的制造				
饮料制造		54	217	776
精制茶加工				

2-4-115　续表 1

单位：万元

行　　业	引进技术经费支出	消化吸收经费支出	购买国内技术经费支出	技术改造经费支出
烟草制品业				
烟叶复烤				
卷烟制造				
其他烟草制品制造				
纺织业				38
棉纺织及印染精加工				
毛纺织及染整精加工				
麻纺织及染整精加工				38
丝绢纺织及印染精加工				
化纤织造及印染精加工				
针织或钩针编织物及其制品制造				
家用纺织制成品制造				
非家用纺织制成品制造				
纺织服装、服饰业				
机织服装制造				
针织或钩针编织服装制造				
服饰制造				
皮革、毛皮、羽毛及其制品和制鞋业				
皮革鞣制加工				
皮革制品制造				
毛皮鞣制及制品加工				
羽毛(绒)加工及制品制造				
制鞋业				
木材加工和木、竹、藤、棕、草制品业				
木材加工				
人造板制造				
木制品制造				
竹、藤、棕、草等制品制造				
家具制造业				
木质家具制造				
竹、藤家具制造				
金属家具制造				
塑料家具制造				
其他家具制造				
造纸和纸制品业				
纸浆制造				
造纸				
纸制品制造				
印刷和记录媒介复制业				
印刷				
装订及印刷相关服务				
记录媒介复制				
文教、工美、体育和娱乐用品制造业		63		97
文教办公用品制造				
乐器制造				
工艺美术品制造		63		97
体育用品制造				
玩具制造				
游艺器材及娱乐用品制造				

2-4-115 续表 2

单位：万元

行 业	引进技术经费支出	消化吸收经费支出	购买国内技术经费支出	技术改造经费支出
石油加工、炼焦和核燃料加工业	300	1100	1803	13478
精炼石油产品制造				7134
炼焦	300	1100	1803	6345
核燃料加工				
化学原料和化学制品制造业	1283	3076	5039	99318
基础化学原料制造	30	40	20	1649
肥料制造	1253	359	3919	88921
农药制造				
涂料、油墨、颜料及类似产品制造				
合成材料制造				1100
专用化学产品制造				310
炸药、火工及焰火产品制造		317		1858
日用化学产品制造		2360	1100	5480
医药制造业	891	939	1024	6177
化学药品原料药制造	891		60	422
化学药品制剂制造		151	626	86
中药饮片加工				
中成药生产		788	338	5450
兽用药品制造				
生物药品制造				
卫生材料及医药用品制造				220
化学纤维制造业				
纤维素纤维原料及纤维制造				
合成纤维制造				
橡胶和塑料制品业				621
橡胶制品业				319
塑料制品业				303
非金属矿物制品业			6	2756
水泥、石灰和石膏制造				1092
石膏、水泥制品及类似制品制造			6	
砖瓦、石材等建筑材料制造				
玻璃制造				
玻璃制品制造				148
玻璃纤维和玻璃纤维增强塑料制品制造				
陶瓷制品制造				
耐火材料制品制造				293
石墨及其他非金属矿物制品制造				1223
黑色金属冶炼和压延加工业	130	850	1500	442985
炼铁				357
炼钢		130	150	180
黑色金属铸造				
钢压延加工	130	720	1350	438102
铁合金冶炼				4346
有色金属冶炼和压延加工业		60	330	121438
常用有色金属冶炼		60	330	121438
贵金属冶炼				
稀有稀土金属冶炼				
有色金属合金制造				
有色金属铸造				
有色金属压延加工				

2-4-115　续表 3

单位：万元

行　　业	引进技术经费支出	消化吸收经费支出	购买国内技术经费支出	技术改造经费支出
金属制品业	238			25009
结构性金属制品制造				
金属工具制造				
集装箱及金属包装容器制造				
金属丝绳及其制品制造				
建筑、安全用金属制品制造				
金属表面处理及热处理加工				
搪瓷制品制造				
金属制日用品制造				
其他金属制品制造	238			25009
通用设备制造业	300	243	30	3242
锅炉及原动设备制造				2336
金属加工机械制造				20
物料搬运设备制造				
泵、阀门、压缩机及类似机械制造	300	133	30	866
轴承、齿轮和传动部件制造				
烘炉、风机、衡器、包装等设备制造		110		20
文化、办公用机械制造				
通用零部件制造				
其他通用设备制造业				
专用设备制造业	79	276	1044	142402
采矿、冶金、建筑专用设备制造	79	276	1044	139722
化工、木材、非金属加工专用设备制造				312
食品、饮料、烟草及饲料生产专用设备制造				
印刷、制药、日化及日用品生产专用设备制造				
纺织、服装和皮革加工专用设备制造				2368
电子和电工机械专用设备制造				
农、林、牧、渔专用机械制造				
医疗仪器设备及器械制造				
环保、社会公共服务及其他专用设备制造				
汽车制造业	1816		150	1417
汽车整车制造				
改装汽车制造	1816		150	
低速载货汽车制造				
电车制造				
汽车车身、挂车制造				
汽车零部件及配件制造				1417
铁路、船舶、航空航天和其他运输设备制造业	2108		2108	16874
铁路运输设备制造	2108		2108	12016
城市轨道交通设备制造				
船舶及相关装置制造				
航空、航天器及设备制造				4859
摩托车制造				
自行车制造				
非公路休闲车及零配件制造				
潜水救捞及其他未列明运输设备制造				
电气机械和器材制造业		450	40	4297
电机制造			28	1181
输配电及控制设备制造		450		3064

2-4-115 续表 4

单位：万元

行　业	引进技术经费支出	消化吸收经费支出	购买国内技术经费支出	技术改造经费支出
电线、电缆、光缆及电工器材制造			12	43
电池制造				
家用电力器具制造				10
非电力家用器具制造				
照明器具制造				
其他电气机械及器材制造				
计算机、通信和其他电子设备制造业	387	1994		1141
计算机制造				
通信设备制造				
广播电视设备制造				
雷达及配套设备制造				
视听设备制造				
电子器件制造				
电子元件制造				785
其他电子设备制造	387	1994		356
仪器仪表制造业				
通用仪器仪表制造				
专用仪器仪表制造				
钟表与计时仪器制造				
光学仪器及眼镜制造				
其他仪器仪表制造业				
其他制造业				
日用杂品制造				
煤制品制造				
核辐射加工				
其他未列明制造业				
废弃资源综合利用业				
金属废料和碎屑加工处理				
非金属废料和碎屑加工处理				
金属制品、机械和设备修理业				9
金属制品修理				
通用设备修理				
专用设备修理				
铁路、船舶、航空航天等运输设备修理				9
电气设备修理				
仪器仪表修理				
其他机械和设备修理业				
电力、热力、燃气及水生产和供应业				**130766**
电力、热力生产和供应业				130766
电力生产				72135
电力供应				46466
热力生产和供应				12164
燃气生产和供应业				
燃气生产和供应业				
水的生产和供应业				
自来水生产和供应				
污水处理及其再生利用				
其他水的处理、利用与分配				

2-4-116　分行业大中型企业技术获取和技术改造情况

单位：万元

行　　业	引进技术经费支出	消化吸收经费支出	购买国内技术经费支出	技术改造经费支出
总　计	**52013**	**25847**	**31705**	**1356857**
采矿业	**45403**	**14057**	**19755**	**349498**
煤炭开采和洗选业	45403	14057	19755	348793
烟煤和无烟煤开采洗选	45403	14057	19755	348793
褐煤开采洗选				
其他煤炭采选				
石油和天然气开采业				
石油开采				
天然气开采				
黑色金属矿采选业				704
铁矿采选				
锰矿、铬矿采选				704
其他黑色金属矿采选				
有色金属矿采选业				
常用有色金属矿采选				
贵金属矿采选				
稀有稀土金属矿采选				
非金属矿采选业				
土砂石开采				
化学矿开采				
采盐				
石棉及其他非金属矿采选				
开采辅助活动				
煤炭开采和洗选辅助活动				
石油和天然气开采辅助活动				
其他开采辅助活动				
其他采矿业				
其他采矿业				
制造业	**6610**	**11790**	**11950**	**876594**
农副食品加工业		2957		
谷物磨制				
饲料加工				
植物油加工				
制糖业				
屠宰及肉类加工		2957		
水产品加工				
蔬菜、水果和坚果加工				
其他农副食品加工				
食品制造业				683
焙烤食品制造				
糖果、巧克力及蜜饯制造				
方便食品制造				
乳制品制造				
罐头食品制造				
调味品、发酵制品制造				15
其他食品制造				668
酒、饮料和精制茶制造业		54	217	744
酒的制造				
饮料制造		54	217	744
精制茶加工				

2-4-116 续表 1

单位：万元

行业	引进技术经费支出	消化吸收经费支出	购买国内技术经费支出	技术改造经费支出
烟草制品业				
烟叶复烤				
卷烟制造				
其他烟草制品制造				
纺织业				38
棉纺织及印染精加工				
毛纺织及染整精加工				
麻纺织及染整精加工				38
丝绢纺织及印染精加工				
化纤织造及印染精加工				
针织或钩针编织物及其制品制造				
家用纺织制成品制造				
非家用纺织制成品制造				
纺织服装、服饰业				
机织服装制造				
针织或钩针编织服装制造				
服饰制造				
皮革、毛皮、羽毛及其制品和制鞋业				
皮革鞣制加工				
皮革制品制造				
毛皮鞣制及制品加工				
羽毛(绒)加工及制品制造				
制鞋业				
木材加工和木、竹、藤、棕、草制品业				
木材加工				
人造板制造				
木制品制造				
竹、藤、棕、草等制品制造				
家具制造业				
木质家具制造				
竹、藤家具制造				
金属家具制造				
塑料家具制造				
其他家具制造				
造纸和纸制品业				
纸浆制造				
造纸				
纸制品制造				
印刷和记录媒介复制业				
印刷				
装订及印刷相关服务				
记录媒介复制				
文教、工美、体育和娱乐用品制造业		63		97
文教办公用品制造				
乐器制造				
工艺美术品制造		63		97
体育用品制造				
玩具制造				
游艺器材及娱乐用品制造				

2-4-116　续表 2

单位：万元

行　业	引进技术经费支出	消化吸收经费支出	购买国内技术经费支出	技术改造经费支出
石油加工、炼焦和核燃料加工业	300	1100	553	13445
精炼石油产品制造				7100
炼焦	300	1100	553	6345
核燃料加工				
化学原料和化学制品制造业	1253	3036	5019	98380
基础化学原料制造				710
肥料制造	1253	359	3919	88921
农药制造				
涂料、油墨、颜料及类似产品制造				
合成材料制造				1100
专用化学产品制造				310
炸药、火工及焰火产品制造		317		1858
日用化学产品制造		2360	1100	5480
医药制造业		938	964	6176
化学药品原料药制造				422
化学药品制剂制造		150	626	85
中药饮片加工				
中成药生产		788	338	5450
兽用药品制造				
生物药品制造				
卫生材料及医药用品制造				220
化学纤维制造业				
纤维素纤维原料及纤维制造				
合成纤维制造				
橡胶和塑料制品业				314
橡胶制品业				314
塑料制品业				
非金属矿物制品业			6	2069
水泥、石灰和石膏制造				1092
石膏、水泥制品及类似制品制造			6	
砖瓦、石材等建筑材料制造				
玻璃制造				
玻璃制品制造				148
玻璃纤维和玻璃纤维增强塑料制品制造				
陶瓷制品制造				
耐火材料制品制造				53
石墨及其他非金属矿物制品制造				776
黑色金属冶炼和压延加工业	130	850	1500	442985
炼铁				357
炼钢		130	150	180
黑色金属铸造				
钢压延加工	130	720	1350	438102
铁合金冶炼				4346
有色金属冶炼和压延加工业		60	330	121438
常用有色金属冶炼		60	330	121438
贵金属冶炼				
稀有稀土金属冶炼				
有色金属合金制造				
有色金属铸造				
有色金属压延加工				

2-4-116 续表 3

单位：万元

行业	引进技术经费支出	消化吸收经费支出	购买国内技术经费支出	技术改造经费支出
金属制品业	238			25009
结构性金属制品制造				
金属工具制造				
集装箱及金属包装容器制造				
金属丝绳及其制品制造				
建筑、安全用金属制品制造				
金属表面处理及热处理加工				
搪瓷制品制造				
金属制日用品制造				
其他金属制品制造	238			25009
通用设备制造业	300	13	30	3062
锅炉及原动设备制造				2336
金属加工机械制造				20
物料搬运设备制造				
泵、阀门、压缩机及类似机械制造	300	13	30	706
轴承、齿轮和传动部件制造				
烘炉、风机、衡器、包装等设备制造				
文化、办公用机械制造				
通用零部件制造				
其他通用设备制造业				
专用设备制造业	79	276	1044	141661
采矿、冶金、建筑专用设备制造	79	276	1044	139192
化工、木材、非金属加工专用设备制造				312
食品、饮料、烟草及饲料生产专用设备制造				
印刷、制药、日化及日用品生产专用设备制造				
纺织、服装和皮革加工专用设备制造				2157
电子和电工机械专用设备制造				
农、林、牧、渔专用机械制造				
医疗仪器设备及器械制造				
环保、社会公共服务及其他专用设备制造				
汽车制造业	1816		150	1237
汽车整车制造				
改装汽车制造	1816		150	
低速载货汽车制造				
电车制造				
汽车车身、挂车制造				
汽车零部件及配件制造				1237
铁路、船舶、航空航天和其他运输设备制造业	2108		2108	16874
铁路运输设备制造	2108		2108	12016
城市轨道交通设备制造				
船舶及相关装置制造				
航空、航天器及设备制造				4859
摩托车制造				
自行车制造				
非公路休闲车及零配件制造				
潜水救捞及其他未列明运输设备制造				
电气机械和器材制造业		450	28	1241
电机制造			28	1181
输配电及控制设备制造		450		60

2-4-116　续表 4

单位：万元

行　业	引进技术经费支出	消化吸收经费支出	购买国内技术经费支出	技术改造经费支出
电线、电缆、光缆及电工器材制造				
电池制造				
家用电力器具制造				
非电力家用器具制造				
照明器具制造				
其他电气机械及器材制造				
计算机、通信和其他电子设备制造业	387	1994		1141
计算机制造				
通信设备制造				
广播电视设备制造				
雷达及配套设备制造				
视听设备制造				
电子器件制造				
电子元件制造				785
其他电子设备制造	387	1994		356
仪器仪表制造业				
通用仪器仪表制造				
专用仪器仪表制造				
钟表与计时仪器制造				
光学仪器及眼镜制造				
其他仪器仪表制造业				
其他制造业				
日用杂品制造				
煤制品制造				
核辐射加工				
其他未列明制造业				
废弃资源综合利用业				
金属废料和碎屑加工处理				
非金属废料和碎屑加工处理				
金属制品、机械和设备修理业				
金属制品修理				
通用设备修理				
专用设备修理				
铁路、船舶、航空航天等运输设备修理				
电气设备修理				
仪器仪表修理				
其他机械和设备修理业				
电力、热力、燃气及水生产和供应业				**130766**
电力、热力生产和供应业				130766
电力生产				72135
电力供应				46466
热力生产和供应				12164
燃气生产和供应业				
燃气生产和供应业				
水的生产和供应业				
自来水生产和供应				
污水处理及其再生利用				
其他水的处理、利用与分配				

2-4-117 分行业内资企业技术获取和技术改造情况

单位：万元

行业	引进技术经费支出	消化吸收经费支出	购买国内技术经费支出	技术改造经费支出
总 计	**52934**	**26172**	**33536**	**1332880**
采矿业	**45403**	**14057**	**20185**	**357022**
煤炭开采和洗选业	45403	14057	20185	350857
烟煤和无烟煤开采洗选	45403	14057	20185	350857
褐煤开采洗选				
其他煤炭采选				
石油和天然气开采业				
石油开采				
天然气开采				
黑色金属矿采选业				6164
铁矿采选				5460
锰矿、铬矿采选				704
其他黑色金属矿采选				
有色金属矿采选业				
常用有色金属矿采选				
贵金属矿采选				
稀有稀土金属矿采选				
非金属矿采选业				
土砂石开采				
化学矿开采				
采盐				
石棉及其他非金属矿采选				
开采辅助活动				
煤炭开采和洗选辅助活动				
石油和天然气开采辅助活动				
其他开采辅助活动				
其他采矿业				
其他采矿业				
制造业	**7531**	**12115**	**13352**	**878093**
农副食品加工业		3012	60	405
谷物磨制				
饲料加工		55		355
植物油加工				
制糖业				
屠宰及肉类加工		2957		
水产品加工				
蔬菜、水果和坚果加工			60	50
其他农副食品加工				
食品制造业				683
焙烤食品制造				
糖果、巧克力及蜜饯制造				
方便食品制造				
乳制品制造				
罐头食品制造				
调味品、发酵制品制造				15
其他食品制造				668
酒、饮料和精制茶制造业		54	217	776
酒的制造				
饮料制造		54	217	776
精制茶加工				

2-4-117　续表 1　　　　单位：万元

行　业	引进技术经费支出	消化吸收经费支出	购买国内技术经费支出	技术改造经费支出
烟草制品业				
烟叶复烤				
卷烟制造				
其他烟草制品制造				
纺织业				38
棉纺织及印染精加工				
毛纺织及染整精加工				
麻纺织及染整精加工				38
丝绢纺织及印染精加工				
化纤织造及印染精加工				
针织或钩针编织物及其制品制造				
家用纺织制成品制造				
非家用纺织制成品制造				
纺织服装、服饰业				
机织服装制造				
针织或钩针编织服装制造				
服饰制造				
皮革、毛皮、羽毛及其制品和制鞋业				
皮革鞣制加工				
皮革制品制造				
毛皮鞣制及制品加工				
羽毛(绒)加工及制品制造				
制鞋业				
木材加工和木、竹、藤、棕、草制品业				
木材加工				
人造板制造				
木制品制造				
竹、藤、棕、草等制品制造				
家具制造业				
木质家具制造				
竹、藤家具制造				
金属家具制造				
塑料家具制造				
其他家具制造				
造纸和纸制品业				
纸浆制造				
造纸				
纸制品制造				
印刷和记录媒介复制业				
印刷				
装订及印刷相关服务				
记录媒介复制				
文教、工美、体育和娱乐用品制造业		63		97
文教办公用品制造				
乐器制造				
工艺美术品制造		63		97
体育用品制造				
玩具制造				
游艺器材及娱乐用品制造				

2-4-117 续表 2

单位：万元

行　业	引进技术经费支出	消化吸收经费支出	购买国内技术经费支出	技术改造经费支出
石油加工、炼焦和核燃料加工业	300	1100	1803	13478
精炼石油产品制造				7134
炼焦	300	1100	1803	6345
核燃料加工				
化学原料和化学制品制造业	1283	3076	5039	97027
基础化学原料制造	30	40	20	1649
肥料制造	1253	359	3919	86630
农药制造				
涂料、油墨、颜料及类似产品制造				
合成材料制造				1100
专用化学产品制造				310
炸药、火工及焰火产品制造		317		1858
日用化学产品制造		2360	1100	5480
医药制造业	891	939	1024	5755
化学药品原料药制造	891		60	
化学药品制剂制造		151	626	86
中药饮片加工				
中成药生产		788	338	5450
兽用药品制造				
生物药品制造				
卫生材料及医药用品制造				220
化学纤维制造业				
纤维素纤维原料及纤维制造				
合成纤维制造				
橡胶和塑料制品业				621
橡胶制品业				319
塑料制品业				303
非金属矿物制品业			6	2744
水泥、石灰和石膏制造				1080
石膏、水泥制品及类似制品制造			6	
砖瓦、石材等建筑材料制造				
玻璃制造				
玻璃制品制造				148
玻璃纤维和玻璃纤维增强塑料制品制造				
陶瓷制品制造				
耐火材料制品制造				293
石墨及其他非金属矿物制品制造				1223
黑色金属冶炼和压延加工业	130	850	1500	442985
炼铁				357
炼钢		130	150	180
黑色金属铸造				
钢压延加工	130	720	1350	438102
铁合金冶炼				4346
有色金属冶炼和压延加工业		60	330	121438
常用有色金属冶炼		60	330	121438
贵金属冶炼				
稀有稀土金属冶炼				
有色金属合金制造				
有色金属铸造				
有色金属压延加工				

2-4-117 续表 3

单位：万元

行业	引进技术经费支出	消化吸收经费支出	购买国内技术经费支出	技术改造经费支出
金属制品业	238			25009
结构性金属制品制造				
金属工具制造				
集装箱及金属包装容器制造				
金属丝绳及其制品制造				
建筑、安全用金属制品制造				
金属表面处理及热处理加工				
搪瓷制品制造				
金属制日用品制造				
其他金属制品制造	238			25009
通用设备制造业	300	243	30	3242
锅炉及原动设备制造				2336
金属加工机械制造				20
物料搬运设备制造				
泵、阀门、压缩机及类似机械制造	300	133	30	866
轴承、齿轮和传动部件制造				
烘炉、风机、衡器、包装等设备制造		110		20
文化、办公用机械制造				
通用零部件制造				
其他通用设备制造业				
专用设备制造业	79	276	1044	140246
采矿、冶金、建筑专用设备制造	79	276	1044	139722
化工、木材、非金属加工专用设备制造				312
食品、饮料、烟草及饲料生产专用设备制造				
印刷、制药、日化及日用品生产专用设备制造				
纺织、服装和皮革加工专用设备制造				212
电子和电工机械专用设备制造				
农、林、牧、渔专用机械制造				
医疗仪器设备及器械制造				
环保、社会公共服务及其他专用设备制造				
汽车制造业	1816		150	1237
汽车整车制造				
改装汽车制造	1816		150	
低速载货汽车制造				
电车制造				
汽车车身、挂车制造				
汽车零部件及配件制造				1237
铁路、船舶、航空航天和其他运输设备制造业	2108		2108	16874
铁路运输设备制造	2108		2108	12016
城市轨道交通设备制造				
船舶及相关装置制造				
航空、航天器及设备制造				4859
摩托车制造				
自行车制造				
非公路休闲车及零配件制造				
潜水救捞及其他未列明运输设备制造				
电气机械和器材制造业		450	40	4287
电机制造			28	1181
输配电及控制设备制造		450		3064

2-4-117 续表 4

单位：万元

行　　业	引进技术经费支出	消化吸收经费支出	购买国内技术经费支出	技术改造经费支出
电线、电缆、光缆及电工器材制造			12	43
电池制造				
家用电力器具制造				
非电力家用器具制造				
照明器具制造				
其他电气机械及器材制造				
计算机、通信和其他电子设备制造业	387	1994		1141
计算机制造				
通信设备制造				
广播电视设备制造				
雷达及配套设备制造				
视听设备制造				
电子器件制造				
电子元件制造				785
其他电子设备制造	387	1994		356
仪器仪表制造业				
通用仪器仪表制造				
专用仪器仪表制造				
钟表与计时仪器制造				
光学仪器及眼镜制造				
其他仪器仪表制造业				
其他制造业				
日用杂品制造				
煤制品制造				
核辐射加工				
其他未列明制造业				
废弃资源综合利用业				
金属废料和碎屑加工处理				
非金属废料和碎屑加工处理				
金属制品、机械和设备修理业				9
金属制品修理				
通用设备修理				
专用设备修理				
铁路、船舶、航空航天等运输设备修理				9
电气设备修理				
仪器仪表修理				
其他机械和设备修理业				
电力、热力、燃气及水生产和供应业				**97766**
电力、热力生产和供应业				97766
电力生产				39136
电力供应				46466
热力生产和供应				12164
燃气生产和供应业				
燃气生产和供应业				
水的生产和供应业				
自来水生产和供应				
污水处理及其再生利用				
其他水的处理、利用与分配				

2-4-118　分行业港澳台商投资企业技术获取和技术改造情况

单位：万元

行　　业	引进技术经费支出	消化吸收经费支出	购买国内技术经费支出	技术改造经费支出
总　计				**4535**
采矿业				**2366**
煤炭开采和洗选业				3
烟煤和无烟煤开采洗选				3
褐煤开采洗选				
其他煤炭采选				
石油和天然气开采业				2363
石油开采				
天然气开采				2363
黑色金属矿采选业				
铁矿采选				
锰矿、铬矿采选				
其他黑色金属矿采选				
有色金属矿采选业				
常用有色金属矿采选				
贵金属矿采选				
稀有稀土金属矿采选				
非金属矿采选业				
土砂石开采				
化学矿开采				
采盐				
石棉及其他非金属矿采选				
开采辅助活动				
煤炭开采和洗选辅助活动				
石油和天然气开采辅助活动				
其他开采辅助活动				
其他采矿业				
其他采矿业				
制造业				**2169**
农副食品加工业				
谷物磨制				
饲料加工				
植物油加工				
制糖业				
屠宰及肉类加工				
水产品加工				
蔬菜、水果和坚果加工				
其他农副食品加工				
食品制造业				
焙烤食品制造				
糖果、巧克力及蜜饯制造				
方便食品制造				
乳制品制造				
罐头食品制造				
调味品、发酵制品制造				
其他食品制造				
酒、饮料和精制茶制造业				
酒的制造				
饮料制造				
精制茶加工				

2-4-118 续表 1

单位：万元

行　业	引进技术经费支出	消化吸收经费支出	购买国内技术经费支出	技术改造经费支出
烟草制品业				
烟叶复烤				
卷烟制造				
其他烟草制品制造				
纺织业				
棉纺织及印染精加工				
毛纺织及染整精加工				
麻纺织及染整精加工				
丝绢纺织及印染精加工				
化纤织造及印染精加工				
针织或钩针编织物及其制品制造				
家用纺织制成品制造				
非家用纺织制成品制造				
纺织服装、服饰业				
机织服装制造				
针织或钩针编织服装制造				
服饰制造				
皮革、毛皮、羽毛及其制品和制鞋业				
皮革鞣制加工				
皮革制品制造				
毛皮鞣制及制品加工				
羽毛(绒)加工及制品制造				
制鞋业				
木材加工和木、竹、藤、棕、草制品业				
木材加工				
人造板制造				
木制品制造				
竹、藤、棕、草等制品制造				
家具制造业				
木质家具制造				
竹、藤家具制造				
金属家具制造				
塑料家具制造				
其他家具制造				
造纸和纸制品业				
纸浆制造				
造纸				
纸制品制造				
印刷和记录媒介复制业				
印刷				
装订及印刷相关服务				
记录媒介复制				
文教、工美、体育和娱乐用品制造业				
文教办公用品制造				
乐器制造				
工艺美术品制造				
体育用品制造				
玩具制造				
游艺器材及娱乐用品制造				

2-4-118　续表 2

单位：万元

行　业	引进技术经费支出	消化吸收经费支出	购买国内技术经费支出	技术改造经费支出
石油加工、炼焦和核燃料加工业				
精炼石油产品制造				
炼焦				
核燃料加工				
化学原料和化学制品制造业				
基础化学原料制造				
肥料制造				
农药制造				
涂料、油墨、颜料及类似产品制造				
合成材料制造				
专用化学产品制造				
炸药、火工及焰火产品制造				
日用化学产品制造				
医药制造业				
化学药品原料药制造				
化学药品制剂制造				
中药饮片加工				
中成药生产				
兽用药品制造				
生物药品制造				
卫生材料及医药用品制造				
化学纤维制造业				
纤维素纤维原料及纤维制造				
合成纤维制造				
橡胶和塑料制品业				
橡胶制品业				
塑料制品业				
非金属矿物制品业				12
水泥、石灰和石膏制造				12
石膏、水泥制品及类似制品制造				
砖瓦、石材等建筑材料制造				
玻璃制造				
玻璃制品制造				
玻璃纤维和玻璃纤维增强塑料制品制造				
陶瓷制品制造				
耐火材料制品制造				
石墨及其他非金属矿物制品制造				
黑色金属冶炼和压延加工业				
炼铁				
炼钢				
黑色金属铸造				
钢压延加工				
铁合金冶炼				
有色金属冶炼和压延加工业				
常用有色金属冶炼				
贵金属冶炼				
稀有稀土金属冶炼				
有色金属合金制造				
有色金属铸造				
有色金属压延加工				

2-4-118 续表 3

单位：万元

行　业	引进技术经费支出	消化吸收经费支出	购买国内技术经费支出	技术改造经费支出
金属制品业				
结构性金属制品制造				
金属工具制造				
集装箱及金属包装容器制造				
金属丝绳及其制品制造				
建筑、安全用金属制品制造				
金属表面处理及热处理加工				
搪瓷制品制造				
金属制日用品制造				
其他金属制品制造				
通用设备制造业				
锅炉及原动设备制造				
金属加工机械制造				
物料搬运设备制造				
泵、阀门、压缩机及类似机械制造				
轴承、齿轮和传动部件制造				
烘炉、风机、衡器、包装等设备制造				
文化、办公用机械制造				
通用零部件制造				
其他通用设备制造业				
专用设备制造业				2157
采矿、冶金、建筑专用设备制造				
化工、木材、非金属加工专用设备制造				
食品、饮料、烟草及饲料生产专用设备制造				
印刷、制药、日化及日用品生产专用设备制造				
纺织、服装和皮革加工专用设备制造				2157
电子和电工机械专用设备制造				
农、林、牧、渔专用机械制造				
医疗仪器设备及器械制造				
环保、社会公共服务及其他专用设备制造				
汽车制造业				
汽车整车制造				
改装汽车制造				
低速载货汽车制造				
电车制造				
汽车车身、挂车制造				
汽车零部件及配件制造				
铁路、船舶、航空航天和其他运输设备制造业				
铁路运输设备制造				
城市轨道交通设备制造				
船舶及相关装置制造				
航空、航天器及设备制造				
摩托车制造				
自行车制造				
非公路休闲车及零配件制造				
潜水救捞及其他未列明运输设备制造				
电气机械和器材制造业				
电机制造				
输配电及控制设备制造				

2-4-118　续表 4

单位：万元

行　　业	引进技术经费支出	消化吸收经费支出	购买国内技术经费支出	技术改造经费支出
电线、电缆、光缆及电工器材制造				
电池制造				
家用电力器具制造				
非电力家用器具制造				
照明器具制造				
其他电气机械及器材制造				
计算机、通信和其他电子设备制造业				
计算机制造				
通信设备制造				
广播电视设备制造				
雷达及配套设备制造				
视听设备制造				
电子器件制造				
电子元件制造				
其他电子设备制造				
仪器仪表制造业				
通用仪器仪表制造				
专用仪器仪表制造				
钟表与计时仪器制造				
光学仪器及眼镜制造				
其他仪器仪表制造业				
其他制造业				
日用杂品制造				
煤制品制造				
核辐射加工				
其他未列明制造业				
废弃资源综合利用业				
金属废料和碎屑加工处理				
非金属废料和碎屑加工处理				
金属制品、机械和设备修理业				
金属制品修理				
通用设备修理				
专用设备修理				
铁路、船舶、航空航天等运输设备修理				
电气设备修理				
仪器仪表修理				
其他机械和设备修理业				
电力、热力、燃气及水生产和供应业				
电力、热力生产和供应业				
电力生产				
电力供应				
热力生产和供应				
燃气生产和供应业				
燃气生产和供应业				
水的生产和供应业				
自来水生产和供应				
污水处理及其再生利用				
其他水的处理、利用与分配				

2-4-119　分行业外商投资企业技术获取和技术改造情况

单位：万元

行　　业	引进技术经费支出	消化吸收经费支出	购买国内技术经费支出	技术改造经费支出
总　计				**35902**
采矿业				
煤炭开采和洗选业				
烟煤和无烟煤开采洗选				
褐煤开采洗选				
其他煤炭采选				
石油和天然气开采业				
石油开采				
天然气开采				
黑色金属矿采选业				
铁矿采选				
锰矿、铬矿采选				
其他黑色金属矿采选				
有色金属矿采选业				
常用有色金属矿采选				
贵金属矿采选				
稀有稀土金属矿采选				
非金属矿采选业				
土砂石开采				
化学矿开采				
采盐				
石棉及其他非金属矿采选				
开采辅助活动				
煤炭开采和洗选辅助活动				
石油和天然气开采辅助活动				
其他开采辅助活动				
其他采矿业				
其他采矿业				
制造业				**2903**
农副食品加工业				
谷物磨制				
饲料加工				
植物油加工				
制糖业				
屠宰及肉类加工				
水产品加工				
蔬菜、水果和坚果加工				
其他农副食品加工				
食品制造业				
焙烤食品制造				
糖果、巧克力及蜜饯制造				
方便食品制造				
乳制品制造				
罐头食品制造				
调味品、发酵制品制造				
其他食品制造				
酒、饮料和精制茶制造业				
酒的制造				
饮料制造				
精制茶加工				

2-4-119　续表 1

单位：万元

行　　业	引进技术经费支出	消化吸收经费支出	购买国内技术经费支出	技术改造经费支出
烟草制品业				
烟叶复烤				
卷烟制造				
其他烟草制品制造				
纺织业				
棉纺织及印染精加工				
毛纺织及染整精加工				
麻纺织及染整精加工				
丝绢纺织及印染精加工				
化纤织造及印染精加工				
针织或钩针编织物及其制品制造				
家用纺织制成品制造				
非家用纺织制成品制造				
纺织服装、服饰业				
机织服装制造				
针织或钩针编织服装制造				
服饰制造				
皮革、毛皮、羽毛及其制品和制鞋业				
皮革鞣制加工				
皮革制品制造				
毛皮鞣制及制品加工				
羽毛(绒)加工及制品制造				
制鞋业				
木材加工和木、竹、藤、棕、草制品业				
木材加工				
人造板制造				
木制品制造				
竹、藤、棕、草等制品制造				
家具制造业				
木质家具制造				
竹、藤家具制造				
金属家具制造				
塑料家具制造				
其他家具制造				
造纸和纸制品业				
纸浆制造				
造纸				
纸制品制造				
印刷和记录媒介复制业				
印刷				
装订及印刷相关服务				
记录媒介复制				
文教、工美、体育和娱乐用品制造业				
文教办公用品制造				
乐器制造				
工艺美术品制造				
体育用品制造				
玩具制造				
游艺器材及娱乐用品制造				

2-4-119 续表 2

单位：万元

行业	引进技术经费支出	消化吸收经费支出	购买国内技术经费支出	技术改造经费支出
石油加工、炼焦和核燃料加工业				
精炼石油产品制造				
炼焦				
核燃料加工				
化学原料和化学制品制造业				2291
基础化学原料制造				
肥料制造				2291
农药制造				
涂料、油墨、颜料及类似产品制造				
合成材料制造				
专用化学产品制造				
炸药、火工及焰火产品制造				
日用化学产品制造				
医药制造业				422
化学药品原料药制造				422
化学药品制剂制造				
中药饮片加工				
中成药生产				
兽用药品制造				
生物药品制造				
卫生材料及医药用品制造				
化学纤维制造业				
纤维素纤维原料及纤维制造				
合成纤维制造				
橡胶和塑料制品业				
橡胶制品业				
塑料制品业				
非金属矿物制品业				
水泥、石灰和石膏制造				
石膏、水泥制品及类似制品制造				
砖瓦、石材等建筑材料制造				
玻璃制造				
玻璃制品制造				
玻璃纤维和玻璃纤维增强塑料制品制造				
陶瓷制品制造				
耐火材料制品制造				
石墨及其他非金属矿物制品制造				
黑色金属冶炼和压延加工业				
炼铁				
炼钢				
黑色金属铸造				
钢压延加工				
铁合金冶炼				
有色金属冶炼和压延加工业				
常用有色金属冶炼				
贵金属冶炼				
稀有稀土金属冶炼				
有色金属合金制造				
有色金属铸造				
有色金属压延加工				

2-4-119　续表 3　　单位：万元

行　业	引进技术经费支出	消化吸收经费支出	购买国内技术经费支出	技术改造经费支出
金属制品业				
结构性金属制品制造				
金属工具制造				
集装箱及金属包装容器制造				
金属丝绳及其制品制造				
建筑、安全用金属制品制造				
金属表面处理及热处理加工				
搪瓷制品制造				
金属制日用品制造				
其他金属制品制造				
通用设备制造业				
锅炉及原动设备制造				
金属加工机械制造				
物料搬运设备制造				
泵、阀门、压缩机及类似机械制造				
轴承、齿轮和传动部件制造				
烘炉、风机、衡器、包装等设备制造				
文化、办公用机械制造				
通用零部件制造				
其他通用设备制造业				
专用设备制造业				
采矿、冶金、建筑专用设备制造				
化工、木材、非金属加工专用设备制造				
食品、饮料、烟草及饲料生产专用设备制造				
印刷、制药、日化及日用品生产专用设备制造				
纺织、服装和皮革加工专用设备制造				
电子和电工机械专用设备制造				
农、林、牧、渔专用机械制造				
医疗仪器设备及器械制造				
环保、社会公共服务及其他专用设备制造				
汽车制造业				180
汽车整车制造				
改装汽车制造				
低速载货汽车制造				
电车制造				
汽车车身、挂车制造				
汽车零部件及配件制造				180
铁路、船舶、航空航天和其他运输设备制造业				
铁路运输设备制造				
城市轨道交通设备制造				
船舶及相关装置制造				
航空、航天器及设备制造				
摩托车制造				
自行车制造				
非公路休闲车及零配件制造				
潜水救捞及其他未列明运输设备制造				
电气机械和器材制造业				10
电机制造				
输配电及控制设备制造				

2-4-119 续表 4

单位：万元

行业	引进技术经费支出	消化吸收经费支出	购买国内技术经费支出	技术改造经费支出
电线、电缆、光缆及电工器材制造				
电池制造				
家用电力器具制造				10
非电力家用器具制造				
照明器具制造				
其他电气机械及器材制造				
计算机、通信和其他电子设备制造业				
计算机制造				
通信设备制造				
广播电视设备制造				
雷达及配套设备制造				
视听设备制造				
电子器件制造				
电子元件制造				
其他电子设备制造				
仪器仪表制造业				
通用仪器仪表制造				
专用仪器仪表制造				
钟表与计时仪器制造				
光学仪器及眼镜制造				
其他仪器仪表制造业				
其他制造业				
日用杂品制造				
煤制品制造				
核辐射加工				
其他未列明制造业				
废弃资源综合利用业				
金属废料和碎屑加工处理				
非金属废料和碎屑加工处理				
金属制品、机械和设备修理业				
金属制品修理				
通用设备修理				
专用设备修理				
铁路、船舶、航空航天等运输设备修理				
电气设备修理				
仪器仪表修理				
其他机械和设备修理业				
电力、热力、燃气及水生产和供应业				**32999**
电力、热力生产和供应业				32999
电力生产				32999
电力供应				
热力生产和供应				
燃气生产和供应业				
燃气生产和供应业				
水的生产和供应业				
自来水生产和供应				
污水处理及其再生利用				
其他水的处理、利用与分配				

2-4-120 各地区企业技术获取和技术改造情况

单位：万元

地 区	引进技术经费支出	消化吸收经费支出	购买国内技术经费支出	技术改造经费支出
全 省	**52934**	**26172**	**33536**	**1373318**
太原市	4299	2327	6691	735305
大同市	42928	7940	8760	84399
阳泉市		3675	1013	6074
长治市	1640	4191	2160	14748
晋城市	600	445	7371	252043
朔州市			30	64105
晋中市	330	283	95	4590
运城市	1816	5646	6384	185408
忻州市		317		5907
临汾市	430	1350	1003	14818
吕梁市	891		30	5921

2-4-121 各地区大中型企业技术获取和技术改造情况

单位：万元

地 区	引进技术经费支出	消化吸收经费支出	购买国内技术经费支出	技术改造经费支出
全 省	**52013**	**25847**	**31705**	**1356857**
太原市	4299	2327	6691	732301
大同市	42928	7940	8760	84399
阳泉市		3675	1013	5797
长治市	1640	4191	2040	14118
晋城市	600	445	7002	247298
朔州市				64105
晋中市	300	13	63	3289
运城市	1816	5590	5134	185010
忻州市		317		447
临汾市	430	1350	1003	14508
吕梁市				5586

2-4-122 各地区内资企业技术获取和技术改造情况

单位：万元

地 区	引进技术经费支出	消化吸收经费支出	购买国内技术经费支出	技术改造经费支出
全 省	**52934**	**26172**	**33536**	**1332880**
太原市	4299	2327	6691	735305
大同市	42928	7940	8760	83977
阳泉市		3675	1013	6074
长治市	1640	4191	2160	14736
晋城市	600	445	7371	216671
朔州市			30	64105
晋中市	330	283	95	2254
运城市	1816	5646	6384	183116
忻州市		317		5907
临汾市	430	1350	1003	14815
吕梁市	891		30	5921

2-4-123 各地区港澳台商投资企业技术获取和技术改造情况

单位：万元

地 区	引进技术经费支出	消化吸收经费支出	购买国内技术经费支出	技术改造经费支出
全 省				**4535**
太原市				
大同市				
阳泉市				
长治市				12
晋城市				2363
朔州市				
晋中市				2157
运城市				
忻州市				
临汾市				3
吕梁市				

2-4-124　各地区外商投资企业技术获取和技术改造情况

单位：万元

地　区	引进技术经费支出	消化吸收经费支出	购买国内技术经费支出	技术改造经费支出
全　省				**35902**
太原市				
大同市				422
阳泉市				
长治市				
晋城市				33009
朔州市				
晋中市				180
运城市				2291
忻州市				
临汾市				
吕梁市				

规模以上工业法人单位R&D及相关活动主要指标解释

研究与试验发展（R&D） 指在科学技术领域，为增加知识总量、以及运用这些知识去创造新的应用而进行的系统的、创造性的活动，包括基础研究、应用研究、试验发展三类活动。

R&D人员 指报告期企业内部从事R&D活动的人员。包括直接参加R&D项目活动的人员，R&D项目管理人员，以及为R&D活动提供资料文献、材料供应、设备维护等直接服务的人员。

R&D人员折合全时当量 指报告期企业R&D全时人员（全年从事R&D活动累积工作时间占全部工作时间的90%及以上人员）工作量与非全时人员按实际工作时间折算的工作量之和。例如：有2个R&D全时人员（工作时间分别为0.9年和1年）和3个R&D非全时人员（工作时间分别为0.2年、0.3年和0.7年），则R&D人员全时当量=1+1+0.2+0.3+0.7=3.2（人年）。

R&D经费内部支出 指企业在报告年度用于内部开展R&D活动的实际支出。包括用于R&D项目（课题）活动的直接支出，以及间接用于R&D活动的管理费、服务费、与R&D有关的基本建设支出以及外协加工费等。不包括生产性活动支出、归还贷款支出以及与外单位合作或委托外单位进行R&D活动而转拨给对方的经费支出。

日常性支出 指企业在报告年度为开展R&D活动而发生的人员劳务费，及其各项管理费用和购买非资产性的材料、物资费用等他日常支出。

资产性支出 指企业在报告年度为开展R&D活动而进行建造、购置、安装、改建、扩建固定资产，以及进行设备技术改造和大修理等实际支出的费用。

政府资金 指企业R&D经费内部支出中来自各级政府部门的各类资金。

企业资金 指企业R&D经费内部支出中来自本企业的自有资金和接受其他企业委托而获得的经费。

R&D经费外部支出 指报告期企业委托外单位或与外单位合作进行R&D活动而拨给对方的经费。

R&D项目 指报告期企业在当年立项并开展研究工作、以前年份立项仍继续进行研究的研究开发项目或课题，包括当年完成和年内研究工作已告失败的研发项目或课题。

企业办研发机构数 指企业自办或与外单位合办，管理上同生产系统相对独立（或者单独核算）的专门科技活动机构。

研发机构人员 指报告期末企业办研发机构中从业人员合计。

机构经费支出 指报告期企业办研发机构用于内部开展研发活动实际支出的总费用。包括机构人员劳务费（含工资）支出、机构业务费支出、管理费支出、固定资产购建支出以及其他维持机构正常工作的日常费用等的支出总和。

新产品 指采用新技术原理、新设计构思研制、生产的全新产品，或在结构、材质、工艺等某一方面比原有产品有明显改进，从而显著提高了产品性能或扩大了使用功能的产品。

专利申请数 指企业在报告期内向国内外知识产权行政部门提出专利申请并被受理的件数。

发明专利申请数 指企业在报告期内向国内外知识产权行政部门提出发明专利申请并被受理的件数。

有效发明专利数 指报告期末企业作为专利权人在报告年度拥有的、经国内外知识产权行政部门授权且在有效期内的发明专利件数。

拥有注册商标 指企业在报告期末拥有的注册商标件数。包括在境内和境外注册的商标件数，一件商标在境内外同时注册时只统计一件。

形成国家或行业标准 指报告期企业在自主研发或自主知识产权基础上形成的经有关部门批准的国家或行业标准项数。

研究开发费用加计扣除减免税 指企业在报告期按有关政策和税法规定税前加计扣除的研究开发活动费用所得税。

高新技术企业减免税 指高新技术企业按照国家有关政策依法享受的企业所得税减免额。

引进技术经费支出 指企业在报告期用于购买境外技术的费用支出，包括产品设计、工艺流程、图纸、配方、专利等技术资料的费用支出，以及购买关键设备、仪器、样机和样件等的费用支出。

消化吸收经费支出 指对引进技术的掌握、应用、复制而开展的工作，以及在此基础上的创新。消化吸收经费支出包括：人员培训费、测绘费、参加消化吸收人员的工资、工装、工艺开发费、必备的配套设备费、翻版费等。

购买国内技术经费支出 指企业在报告期购买境内其他单位科技成果的经费支出。包括购买产品设计、工艺流程、图纸、配方、专利、技术诀窍及关键设备的费用支出。

技术改造经费支出 指企业在报告期进行技术改造而发生的费用支出。技术改造指企业在坚持科技进步的前提下，将科技成果应用于生产的各个领域（产品、设备、工艺等），用先进工艺、设备代替落后工艺、设备，实现以内涵为主的扩大再生产，从而提高产品质量、促进产品更新换代、节约能源、降低消耗，全面提高综合经济效益。

第5篇

建筑业企业生产经营及财务状况

资料整理校对： 陈烨松

A. 总承包和专业承包建筑业企业情况

2-5-1　全部建筑业企业主要经济指标

主要指标	合计	总承包和专业承包企业	劳务分包企业	资质以外企业
企业个数(个)	6192	2412	137	3643
其中：有工作量企业(个)	2277	2181	96	
从事建筑业活动的从业人员平均人数(人)	1072904	1053758	19146	
期末从业人数(人)	713025	630695	20716	61614
自有机械设备总台数(台)	212416	212416		
自有机械设备净值(千元)	12337488	12337488		
自有机械设备总功率(千瓦)	6097219	6097219		
建筑业总产值(千元)	304657829	303436562	1221267	
竣工产值(千元)	139367072	139367072		
施工面积(平方米)	131072137	131072137		
竣工面积(平方米)	37221212	37221212		
固定资产原价(千元)	40914529	40817290	97239	
本年折旧(千元)	3043409	3034139	9270	
资产合计(千元)	367433626	342022611	770957	24640058
负债合计(千元)	257045740	256501532	544208	
营业利润(千元)	8748408	8738050	10358	
利润总额(千元)	8981140	8973184	7956	
税金总额(千元)	9247864	9228644	19220	
应付职工薪酬(千元)	21618294	21618294	342537	
按总产值计算的劳动生产率(元/人)	283956	287957	63787	
竣工率(按产值计算)(%)	45.9	45.9		
技术装备率(元/人)	19562	19562		
动力装备率(千瓦/人)	9.7	9.7		
产值利润率(%)	2.9	3.0	0.7	
产值利税率(%)	6.0	6.0	2.2	

2-5-2 按各种分组的总承包和专业承包建筑企业签订合同情况

单位：千元

项 目	签订的合同额	上年结转合同额	本年新签合同额
总 计	**577452100**	**260423429**	**317028671**
一、按登记注册类型分组			
内资企业	575437917	259722408	315715509
国有企业	68894407	24094355	44800052
集体企业	5252886	1035388	4217498
股份合作企业			
联营企业			
有限责任公司	383829966	203229051	180600915
国有独资公司	27811098	15759945	12051153
其他有限责任公司	356018868	187469106	168549762
股份有限公司	10915849	2719441	8196408
私营企业	106507176	28638959	77868217
私营独资企业	82897	63030	19867
私营合伙企业	8316		8316
私营有限责任公司	98393235	26390443	72002792
私营股份有限公司	8022728	2185486	5837242
其他企业	37633	5214	32419
港、澳、台商投资企业	1400053	466483	933570
合资经营企业(港或澳、台资)	1400053	466483	933570
外商投资企业	614130	234538	379592
中外合资经营企业	614130	234538	379592
二、按国民经济行业分组			
房屋和土木工程建筑业	544213056	252974894	291238162
房屋工程建筑	203573599	82791697	120781902
土木工程建筑业	340639457	170183197	170456260
建筑安装业	20677295	4976205	15701090
建筑装饰业	4546329	742339	3803990
其他建筑业	8015420	1729991	6285429
三、按隶属关系分组			
中央	298966345	169120438	129845907
省(自治区、直辖市)	108565617	40996613	67569004
地区(州、盟、省辖市)	33501344	11659123	21842221
县(区、市、旗)	9847800	2825354	7022446
四、按企业资质等级分组			
施工总承包	539260669	249023234	290237435
特级	113276954	57574758	55702196
一级	337399086	168527316	168871770
二级	56341068	16672405	39668663
三级及以下	32243561	6248755	25994806
专业承包	38191431	11400195	26791236
一级	11669521	4768531	6900990
二级	15519352	4626223	10893129
三级及以下	11002558	2005441	8997117
五、按控股情况分组			
国有控股	411944689	203828312	208116377
集体控股	13522315	3536596	9985719
私人控股	123904260	35346932	88557328
港澳台商控股	1275587	441132	834455
外商控股	106570		106570
其他	26698679	17270457	9428222

2-5-3　按各种分组的总承包和专业承包建筑企业承包工程完成情况

单位：千元

项　目	直接从建设单位承揽工程完成的产值	自行完成施工产值	分包出去工程的产值	从建设单位以外承揽工程完成的产值
总　计	**302845441**	**302031051**	**814390**	**1405511**
一、按登记注册类型分组				
内资企业	301985553	301171163	814390	1405511
国有企业	38334592	38088306	246286	283927
集体企业	4741931	4739131	2800	66177
股份合作企业				
联营企业				
有限责任公司	170020287	169700767	319520	183247
国有独资公司	23385215	23306013	79202	
其他有限责任公司	146635072	146394754	240318	183247
股份有限公司	4958274	4958274		111346
私营企业	83897272	83651488	245784	760609
私营独资企业	94657	94657		
私营合伙企业	8316	8316		
私营有限责任公司	69516796	69271012	245784	725722
私营股份有限公司	14277503	14277503		34887
其他企业	33197	33197		205
港、澳、台商投资企业	420674	420674		
合资经营企业(港或澳、台资)	420674	420674		
外商投资企业	439214	439214		
中外合资经营企业	439214	439214		
二、按国民经济行业分组				
房屋和土木工程建筑业	278368234	277692945	675289	988780
房屋工程建筑	122517567	122233252	284315	469614
土木工程建筑业	155850667	155459693	390974	519166
建筑安装业	14205708	14124623	81085	112167
建筑装饰业	3949842	3948900	942	100726
其他建筑业	6321657	6264583	57074	203838
三、按隶属关系分组				
中央	99614453	99369667	244786	324102
省(自治区、直辖市)	75588959	75347556	241403	95176
地区(州、盟、省辖市)	23320843	23313980	6863	86163
县(区、市、旗)	8178383	8172383	6000	123240
四、按企业资质等级分组				
施工总承包	272156128	271471302	684826	901887
特级	43945212	43945212		
一级	158299923	157899104	400819	329682
二级	42840625	42714739	125886	213859
三级及以下	27070368	26912247	158121	358346
专业承包	30689313	30559749	129564	503624
一级	8676906	8676906		66023
二级	12301876	12289319	12557	142110
三级及以下	9710531	9593524	117007	295491
五、按控股情况分组				
国有控股	185049162	184562973	486189	463174
集体控股	10892795	10888955	3840	67217
私人控股	94156862	93911015	245847	771110
港澳台商控股	305320	305320		
外商控股	104603	104603		
其他	12336699	12258185	78514	104010

2-5-4 按各种分组的总承包和专业承包建筑企业总产值和竣工产值

单位：千元

项 目	建筑业总产值	#装饰装修产值	#在外省完成的产值	按构成分组			竣工产值
				建筑工程产值	安装工程产值	其他产值	
总 计	**303436562**	**8925347**	**86456164**	**258930655**	**32899299**	**11606608**	**139367072**
一、按登记注册类型分组							
内资企业	302576674	8775633	86409325	258235433	32839616	11501625	139038705
国有企业	38372233	1306760	6601453	32601364	5039269	731600	19901168
集体企业	4805308	420168	26052	3507198	1121111	176999	2910294
股份合作企业							
联营企业							
有限责任公司	169884014	2127243	67707545	150989747	13999125	4895142	73804282
国有独资公司	23306013	27355	366953	21057100	1319321	929592	5387378
其他有限责任公司	146578001	2099888	67340592	129932647	12679804	3965550	68416904
股份有限公司	5069620	79211	3274805	3422841	1601317	45462	1343399
私营企业	84412097	4842206	8799470	67703592	11071211	5637294	41059103
私营独资企业	94657	1950		85640	1950	7067	43667
私营合伙企业	8316					8316	
私营有限责任公司	69996734	4600316	2257865	56748109	8459384	4789241	38891144
私营股份有限公司	14312390	239940	6541605	10869843	2609877	832670	2124292
其他企业	33402	45		10691	7583	15128	20459
港、澳、台商投资企业	420674	149714	5195	360611	59683	380	188764
合资经营企业(港或澳、台资)	420674	149714	5195	360611	59683	380	188764
外商投资企业	439214		41644	334611		104603	139603
中外合资经营企业	439214		41644	334611		104603	139603
二、按国民经济行业分组							
房屋和土木工程建筑业	278681725	5124408	82606124	246041896	23683218	8956611	126295182
房屋工程建筑	122702866	4878547	20252993	111486466	8763173	2453227	58399075
土木工程建筑业	155978859	245861	62353131	134555430	14920045	6503384	67896107
建筑安装业	14236790	200714	2374215	5028149	8472613	736028	6284914
建筑装饰业	4049626	3550904	77919	3220967	352155	476504	2423475
其他建筑业	6468421	49321	1397906	4639643	391313	1437465	4363501
三、按隶属关系分组							
中央	99693769	752772	70844034	88870435	9443064	1380270	45045434
省(自治区、直辖市)	75442732	2206252	5370095	65667138	6653887	3121707	28901634
地区(州、盟、省辖市)	23400143	337880	686527	19917288	3240720	242135	12466220
县(区、市、旗)	8295623	227273		6607283	1155191	533149	5219585
四、按企业资质等级分组							
施工总承包	272373189	5230380	81045768	239048368	24938752	8386069	123832594
特级	43945212	315930	25117831	42979282	965930		26550910
一级	158228786	2777217	53662518	137839504	15151051	5238231	57216690
二级	42928598	1545654	1027296	35492119	5636247	1800232	23082696
三级及以下	27270593	591579	1238123	22737463	3185524	1347606	16982298
专业承包	31063373	3694967	5410396	19882287	7960547	3220539	15534478
一级	8742929	715329	3215908	6560657	1522510	659762	2467816
二级	12431429	2105507	1906178	8726078	2823885	881466	7311440
三级及以下	9889015	874131	288310	4595552	3614152	1679311	5755222
五、按控股情况分组							
国有控股	185026147	3128070	67982543	162665202	17672074	4688871	59321800
集体控股	10956172	570670	205920	8170473	2394239	391460	5998142
私人控股	94682125	5091400	9420457	76425665	12019895	6236565	47942740
港澳台商控股	305320	95375		245257	59683	380	125121
外商控股	104603		41644			104603	104603
其他	12362195	39832	8805600	11424058	753408	184729	25874666

2-5-5　按各种分组的总承包和专业承包建筑企业房屋建筑面积

单位：平方米

项　目	房屋建筑施工面积	#本年新开工	#实行投标承包面积	#本年新开工
总　计	**131072137**	**47082071**	**111900987**	**36769796**
一、按登记注册类型分组				
内资企业	130248147	46562886	111076997	36250611
国有企业	26415512	7636493	25214135	7361089
集体企业	2793428	1815787	1731499	1147092
股份合作企业				
联营企业				
有限责任公司	58376118	16143301	54126853	14294043
国有独资公司	4291155	1918758	4122455	1798420
其他有限责任公司	54084963	14224543	50004398	12495623
股份有限公司	3395837	1145816	3097761	1089341
私营企业	39248252	19802489	26906749	12359046
私营独资企业	33837	8460	33837	8460
私营合伙企业				
私营有限责任公司	37308275	18568002	25391396	11815827
私营股份有限公司	1906140	1226027	1481516	534759
其他企业	19000	19000		
港、澳、台商投资企业	469472	278670	469472	278670
合资经营企业(港或澳、台资)	469472	278670	469472	278670
外商投资企业	354518	240515	354518	240515
中外合资经营企业	354518	240515	354518	240515
二、按国民经济行业分组				
房屋和土木工程建筑业	129793059	46395159	111258813	36505034
房屋工程建筑	117705968	41684938	100800424	32614120
土木工程建筑业	12087091	4710221	10458389	3890914
建筑安装业	1155171	678887	580049	259637
建筑装饰业				
其他建筑业	123907	8025	62125	5125
三、按隶属关系分组				
中央	25003708	4849067	24706246	4777395
省(自治区、直辖市)	43678814	11246643	41483412	10628513
地区(州、盟、省辖市)	9782457	3657046	8696757	3193006
县(区、市、旗)	4233255	2922225	3250373	2448760
四、按企业资质等级分组				
施工总承包	129569202	46133326	111422438	36689031
特级	6684735	2001906	6130574	1915319
一级	85837733	22949466	81177029	19540591
二级	23220046	12364736	15326005	9389673
三级及以下	13826688	8817218	8788830	5843448
专业承包	1502935	948745	478549	80765
一级	183984	49048	183984	49048
二级	813978	512044	271388	10060
三级及以下	504973	387653	23177	21657
五、按控股情况分组				
国有控股	75647425	19595520	72273424	18526637
集体控股	5635803	3392354	4139537	2527404
私人控股	47462698	22766813	33756459	14756004
港澳台商控股	469472	278670	469472	278670
外商控股				
其他	1856739	1048714	1262095	681081

2-5-6 按各种分组的总承包和

项 目	合 计	住宅房屋	商业及服务用房屋	商厦房屋(批发和零售用房)
总 计	**37221212**	**26898331**	**1772028**	**431610**
一、按登记注册类型分组				
内资企业	37134404	26811523	1772028	431610
国有企业	7010851	4520871	535950	178605
集体企业	1228917	989973	11756	200
股份合作企业				
联营企业				
有限责任公司	12614988	8948420	630149	178303
国有独资公司	2614848	2104771	41276	1500
其他有限责任公司	10000140	6843649	588873	176803
股份有限公司	154412	67493		
私营企业	16123336	12282866	594173	74502
私营独资企业	8460	8460		
私营合伙企业				
私营有限责任公司	15088715	11527199	594173	74502
私营股份有限公司	1026161	747207		
其他企业	1900	1900		
港、澳、台商投资企业	61808	61808		
合资经营企业(港或澳、台资)	61808	61808		
外商投资企业	25000	25000		
中外合资经营企业	25000	25000		
二、按国民经济行业分组				
房屋和土木工程建筑业	36576496	26616147	1753164	431610
房屋工程建筑	34064327	24972775	1719333	431610
土木工程建筑业	2512169	1643372	33831	
建筑安装业	546129	239059	18864	
建筑装饰业				
其他建筑业	98587	43125		
三、按隶属关系分组				
中央	1138190	612944	18794	
省(自治区、直辖市)	10970136	7388967	808583	289739
地区(州、盟、省辖市)	3693308	2547099	220548	35028
县(区、市、旗)	2433270	1881096	57633	32341
四、按企业资质等级分组				
施工总承包	36632687	26822619	1770672	431610
特级	1807195	933428	250291	129016
一级	17877382	12952961	947156	194606
二级	9688282	7278605	360865	72083
三级及以下	7259828	5657625	212360	35905
专业承包	588525	75712	1356	
一级	24323	19500		
二级	231595			
三级及以下	332607	56212	1356	
五、按控股情况分组				
国有控股	15022309	10068264	967542	340828
集体控股	2103083	1658881	34606	200
私人控股	19166895	14489494	752772	74502
港澳台商控股	61808	61808		
外商控股				
其他	867117	619884	17108	16080

专业承包建筑企业房屋建筑竣工面积

单位：平方米

宾馆用房屋 (住宿用房)	餐饮用房屋 (餐饮用房)	商务会展 用房屋	其他商业及服务用房屋 (居民服务业用房)	办公用房屋
420979	**86877**	**143928**	**688634**	**2790567**
420979	86877	143928	688634	2790567
39504	32752	129128	155961	476398
1761	994	700	8101	80180
237667	16467	6850	190862	1027232
26681	12395		700	92213
210986	4072	6850	190162	935019
142047	36664	7250	333710	1206757
142047	36664	7250	333710	1145225
				61532
420979	85721	143928	670926	2763554
420979	81406	143928	641410	2634024
	4315		29516	129530
	1156		17708	27013
			18794	113551
268978	44460	129128	76278	792634
5781			179739	410594
4173	3788	7550	9781	137209
420979	85721	143928	688434	2777688
2275	1584	94570	22846	66051
267969	65259	34558	384764	1365721
143646	16909	10996	117231	943055
7089	1969	3804	163593	402861
	1156		200	12879
				10960
	1156		200	1919
274877	47254	129128	175455	1069098
1761	994	7550	24101	127674
143313	38629	7250	489078	1528570
1028				65225

2-5-6 续表

项 目	科研、教育、医疗用房屋	科学研究用房屋	教育用房屋
总 计	**2446381**	**115528**	**2020626**
一、按登记注册类型分组			
内资企业	2446381	115528	2020626
国有企业	854149	59492	700179
集体企业	30530	200	29530
股份合作企业			
联营企业			
有限责任公司	806687	34222	652873
国有独资公司	48693		48693
其他有限责任公司	757994	34222	604180
股份有限公司			
私营企业	755015	21614	638044
私营独资企业			
私营合伙企业			
私营有限责任公司	673871	21614	558000
私营股份有限公司	81144		80044
其他企业			
港、澳、台商投资企业			
合资经营企业(港或澳、台资)			
外商投资企业			
中外合资经营企业			
二、按国民经济行业分组			
房屋和土木工程建筑业	2442881	112028	2020626
房屋工程建筑	2413580	112028	1991325
土木工程建筑业	29301		29301
建筑安装业	3500	3500	
建筑装饰业			
其他建筑业			
三、按隶属关系分组			
中央	75538		75538
省(自治区、直辖市)	1041318	90381	811684
地区(州、盟、省辖市)	204149	2438	146155
县(区、市、旗)	164167	1095	149011
四、按企业资质等级分组			
施工总承包	2433508	115528	2007753
特级	352251		314708
一级	1223147	90381	975773
二级	489972	4231	395372
三级及以下	368138	20916	321900
专业承包	12873		12873
一级			
二级			
三级及以下	12873		12873
五、按控股情况分组			
国有控股	1383203	93714	1078594
集体控股	56164	200	55164
私人控股	901386	21614	781240
港澳台商控股			
外商控股			
其他	105628		105628

单位：平方米

医疗用房屋（卫生医疗用房）	文化、体育、娱乐用房屋	厂房及建筑物	#厂房	仓库	其他未列明的房屋建筑物*
310227	**272338**	**2250709**	**1438336**	**177015**	**613843**
310227	272338	2250709	1438336	177015	613843
94478	43708	544094	435420	14478	21203
800	20078	50091	27718	25834	20475
119592	137486	674044	416997	46050	344920
	10837	230900	125571	2649	83509
119592	126649	443144	291426	43401	261411
		86919			
95357	71066	895561	558201	90653	227245
94257	71066	759283	489189	90653	227245
1100		136278	69012		
310227	267304	1947323	1269685	177015	609108
310227	256467	1341694	923941	177015	549439
	10837	605629	345744		59669
	5034	247924	113189		4735
		55462	55462		
		239051	122753		78312
139253	88960	755324	623661	19910	74440
55556	12737	236485	49199	8000	53696
14061	15259	77787	38021	28608	71511
310227	272338	1770684	1167852	176815	608363
37543	5817	187641	143931	10291	1425
156993	207736	993375	709577	78380	108906
90369	40903	316703	176248	22609	235570
25322	17882	272965	138096	65535	262462
		480025	270484	200	5480
		4823			
		220635	180285		
		254567	90199	200	5480
210895	103960	1146167	774188	27597	256478
800	20078	135791	43351	30334	39555
98532	146883	919196	581056	119084	309510
	1417	49555	39741		8300

2-5-7 按各种分组的总承包和专业

项 目	合 计	住宅房屋	商 业 及 服务用房屋	商厦房屋 (批发和零售用房)
总 计	**53388421**	**35730826**	**2776866**	**457650**
一、按登记注册类型分组				
内资企业	53294507	35636912	2776866	457650
国有企业	11178284	6301517	802268	240972
集体企业	1339098	1031880	14923	400
股份合作企业				
联营企业				
有限责任公司	19844958	12700338	1044760	144632
国有独资公司	3704294	2629954	153691	2400
其他有限责任公司	16140664	10070384	891069	142232
股份有限公司	276572	90722		
私营企业	20650059	15506919	914915	71646
私营独资企业	5922	5922		
私营合伙企业				
私营有限责任公司	19706796	14846921	914915	71646
私营股份有限公司	937341	654076		
其他企业	5536	5536		
港、澳、台商投资企业	58914	58914		
合资经营企业(港或澳、台资)	58914	58914		
外商投资企业	35000	35000		
中外合资经营企业	35000	35000		
二、按国民经济行业分组				
房屋和土木工程建筑业	52656280	35295687	2759795	457650
房屋工程建筑	48553763	33043870	2698327	457650
土木工程建筑业	4102517	2251817	61468	
建筑安装业	629257	368571	17071	
建筑装饰业				
其他建筑业	102884	66568		
三、按隶属关系分组				
中央	2520301	1012763	37388	
省(自治区、直辖市)	17752618	10663347	1161127	286640
地区(州、盟、省辖市)	5561322	3592404	416139	42500
县(区、市、旗)	2954627	2136149	90659	56864
四、按企业资质等级分组				
施工总承包	53005606	35680349	2773265	457650
特级	2899950	1123180	326080	157700
一级	28077381	18293575	1539063	153182
二级	12826433	9311047	637427	102098
三级及以下	9201842	6952547	270695	44670
专业承包	382815	50477	3601	
一级	42867	25000		
二级	131412			
三级及以下	208536	25477	3601	
五、按控股情况分组				
国有控股	24081263	14226599	1381139	372312
集体控股	2525186	1948052	31322	400
私人控股	25690843	18768548	1350396	71646
港澳台商控股	58914	58914		
外商控股				
其他	1032215	728713	14009	13292

承包建筑企业房屋建筑竣工价值

单位：千元

宾馆用房屋（住宿用房）	餐饮用房屋（餐饮用房）	商务会展用房屋	其他商业及服务用房屋（居民服务业用房）	办公用房屋
695653	**163666**	**227574**	**1232323**	**4874509**
695653	163666	227574	1232323	4874509
62686	67406	206710	224494	857069
2128	1015	1400	9980	89590
392366	24782	7813	475167	2334461
134091	16300		900	246265
258275	8482	7813	474267	2088196
238473	70463	11651	522682	1593389
238473	70463	11651	522682	1556400
				36989
695653	163065	227574	1215853	4796386
695653	154765	227574	1162685	4417513
	8300		53168	378873
	601		16470	78123
			37388	298681
438398	83641	206710	145738	1732441
13278			360361	868971
5504	6362	9213	12716	207596
695653	163065	227574	1229323	4867208
3210	4500	94500	66170	163490
439176	107059	112210	727436	2900276
244499	49356	15778	225696	1185242
8768	2150	5086	210021	618200
	601		3000	7301
				6210
	601		3000	1091
450347	88988	206710	262782	2308480
2128	1015	9213	18566	164703
242461	73663	11651	950975	2316229
717				85097

2-5-7 续表

项　目	科研、教育、医疗用房屋	科学研究用房屋	教育用房屋
总　计	**4159489**	**191325**	**3425879**
一、按登记注册类型分组			
内资企业	4159489	191325	3425879
国有企业	1668110	117792	1349268
集体企业	35551	400	34251
股份合作企业			
联营企业			
有限责任公司	1370173	43522	1109046
国有独资公司	77413		77413
其他有限责任公司	1292760	43522	1031633
股份有限公司			
私营企业	1085655	29611	933314
私营独资企业			
私营合伙企业			
私营有限责任公司	1005454	29611	854393
私营股份有限公司	80201		78921
其他企业			
港、澳、台商投资企业			
合资经营企业(港或澳、台资)			
外商投资企业			
中外合资经营企业			
二、按国民经济行业分组			
房屋和土木工程建筑业	4155889	187725	3425879
房屋工程建筑	4121033	187725	3391023
土木工程建筑业	34856		34856
建筑安装业	3600	3600	
建筑装饰业			
其他建筑业			
三、按隶属关系分组			
中央	213650		213650
省(自治区、直辖市)	2065920	155840	1604149
地区(州、盟、省辖市)	262829	4400	183734
县(区、市、旗)	248795	1474	213442
四、按企业资质等级分组			
施工总承包	4148656	191325	3415046
特级	728250		625170
一级	2197756	155840	1764831
二级	746667	7190	608638
三级及以下	475983	28295	416407
专业承包	10833		10833
一级			
二级			
三级及以下	10833		10833
五、按控股情况分组			
国有控股	2641556	161314	2066490
集体控股	67426	400	66126
私人控股	1325028	29611	1167784
港澳台商控股			
外商控股			
其他	125479		125479

单位：千元

医疗用房屋（卫生医疗用房）	文化、体育、娱乐用房屋	厂房及建筑物	#厂房	仓库	其他未列明的房屋建筑物*
542285	**708309**	**3940648**	**2709614**	**280163**	**917611**
542285	708309	3940648	2709614	280163	917611
201050	93296	1417591	1110642	18454	19979
900	29778	73750	35365	36382	27244
217605	461579	1193279	791924	122658	617710
	24354	435529	299807	3903	133185
217605	437225	757750	492117	118755	484525
		185850			
122730	123656	1070178	771683	102669	252678
121450	123656	904103	657780	102669	252678
1280		166075	113903		
542285	704099	3749020	2578968	280163	915241
542285	679745	2512196	1848166	280163	800916
	24354	1236824	730802		114325
	4210	155312	94330		2370
		36316	36316		
		714082	403341		243737
305931	339881	1641421	1324299	34483	113998
74695	24608	323821	83753	20204	52346
33879	31160	132466	67858	39710	68092
542285	708309	3648218	2522895	280073	899528
103080	13180	530680	386480	13430	1660
277085	598275	2153818	1596344	120678	273940
130839	72224	539298	317480	39724	294804
31281	24630	424422	222591	106241	329124
		292430	186719	90	18083
		17867			
		125202	109649		
		149361	77070	90	18083
413752	371041	2580728	1798596	46007	525713
900	29778	188080	54924	50086	45739
127633	305390	1101580	802812	184070	339602
	2100	70260	53282		6557

2-5-8 按各种分组的总承包和专业承包建筑企业施工机械设备情况

项　目	年末自有施工机械设备总功率(千瓦)	年末自有施工机械设备净值(千元)	年末自有施工机械设备总台数(台)	年末从业人数(人)	技术装备率(元/人)	动力装备率(千瓦/人)
总　计	**6097219**	**12337488**	**212416**	**630695**	**19562**	**9.7**
一、按登记注册类型分组						
内资企业	6068832	12267336	210305	625899	19600	9.7
国有企业	643092	936620	27633	71977	13013	8.9
集体企业	135747	213330	13393	24980	8540	5.4
股份合作企业						
联营企业						
有限责任公司	3419800	6100910	66100	255982	23833	13.4
国有独资公司	244758	371706	8813	26126	14227	9.4
其他有限责任公司	3175042	5729204	57287	229856	24925	13.8
股份有限公司	63925	134150	4616	8533	15721	7.5
私营企业	1804755	4856800	98541	264221	18382	6.8
私营独资企业	262	1270	18	437	2906	0.6
私营合伙企业	280	5150	7	24	214583	11.7
私营有限责任公司	1652527	4528227	89581	252046	17966	6.6
私营股份有限公司	151686	322153	8935	11714	27502	12.9
其他企业	1513	25526	22	206	123913	7.3
港、澳、台商投资企业	16191	37798	1355	3171	11920	5.1
合资经营企业(港或澳、台资)	16191	37798	1355	3171	11920	5.1
外商投资企业	12196	32354	756	1625	19910	7.5
中外合资经营企业	12196	32354	756	1625	19910	7.5
二、按国民经济行业分组						
房屋和土木工程建筑业	5558089	11071232	182001	543543	20369	10.2
房屋工程建筑	1933703	3548058	111140	267662	13256	7.2
土木工程建筑业	3624386	7523174	70861	275881	27270	13.1
建筑安装业	264449	535095	17061	49676	10772	5.3
建筑装饰业	93559	137536	9062	20716	6639	4.5
其他建筑业	181122	593625	4292	16760	35419	10.8
三、按隶属关系分组						
中央	2126227	4129918	28031	125176	32993	17.0
省(自治区、直辖市)	801238	1338643	31488	91365	14652	8.8
地区(州、盟、省辖市)	853047	1068233	23798	66346	16101	12.9
县(区、市、旗)	303545	498663	18141	47085	10591	6.4
四、按企业资质等级分组						
施工总承包	5391687	10653082	178564	522693	20381	10.3
特级	1196080	2241656	7093	38320	58498	31.2
一级	2087961	3742489	62972	191729	19520	10.9
二级	1137945	2713353	57934	171257	15844	6.6
三级及以下	969701	1955584	50565	121387	16110	8.0
专业承包	705532	1684406	33852	108002	15596	6.5
一级	157413	316588	8155	15972	19821	9.9
二级	242049	603960	14541	43829	13780	5.5
三级及以下	306070	763858	11156	48201	15847	6.3
五、按控股情况分组						
国有控股	3526387	6139428	80650	251297	24431	14.0
集体控股	440799	409324	18120	45417	9013	9.7
私人控股	1940034	5298029	107576	289176	18321	6.7
港澳台商控股	8932	16670	1271	2696	6183	3.3
外商控股	2208	13687	406	1096	12488	2.0
其他	178859	460350	4393	41013	11224	4.4

2-5-9 按各种分组的总承包和专业承包建筑企业劳动生产率

项 目	从事建筑业活动的从业人员平均人数（人）	按总产值计算的劳动生产率（元/人）	人均竣工产值（元/人）
总 计	**1053758**	**287957**	**132257**
一、按登记注册类型分组			
内资企业	1049220	288382	132516
国有企业	140812	272507	141331
集体企业	24886	193093	116945
股份合作企业			
联营企业			
有限责任公司	515309	329674	143223
国有独资公司	49274	472988	109335
其他有限责任公司	466035	314521	146806
股份有限公司	10969	462177	122472
私营企业	357030	236429	115002
私营独资企业	435	217602	100384
私营合伙企业	13	639692	
私营有限责任公司	309298	226308	125740
私营股份有限公司	47284	302690	44926
其他企业	214	156084	95603
港、澳、台商投资企业	2029	207331	93033
合资经营企业(港或澳、台资)	2029	207331	93033
外商投资企业	2509	175055	55641
中外合资经营企业	2509	175055	55641
二、按国民经济行业分组			
房屋和土木工程建筑业	941152	296107	134192
房屋工程建筑	485056	252966	120397
土木工程建筑业	456096	341987	148864
建筑安装业	63065	225748	99658
建筑装饰业	24978	162128	97024
其他建筑业	24563	263340	177645
三、按隶属关系分组			
中央	262826	379315	171389
省(自治区、直辖市)	229563	328636	125898
地区(州、盟、省辖市)	101559	230409	122749
县(区、市、旗)	51262	161828	101822
四、按企业资质等级分组			
施工总承包	920330	295952	134552
特级	87797	500532	302412
一级	510082	310203	112172
二级	192748	222719	119756
三级及以下	129703	210254	130932
专业承包	133428	232810	116426
一级	31300	279327	78844
二级	52252	237913	139927
三级及以下	49876	198272	115391
五、按控股情况分组			
国有控股	560488	330116	105840
集体控股	50322	217721	119195
私人控股	400686	236300	119652
港澳台商控股	1498	203818	83525
外商控股	1220	85740	85740
其他	39544	312619	654326

2-5-10 按各种分组的总承包和专业承包建筑企业总产值

单位：千元

项 目	企业总产值	#建筑业总产值	在境外完成的营业额
总 计	**313342151**	**303436562**	**2099066**
一、按登记注册类型分组			
内资企业	312478468	302576674	2099066
国有企业	39081043	38372233	590784
集体企业	4905844	4805308	
股份合作企业			
联营企业			
有限责任公司	177674037	169884014	1349248
国有独资公司	23337753	23306013	235435
其他有限责任公司	154336284	146578001	1113813
股份有限公司	5148276	5069620	
私营企业	85635866	84412097	159034
私营独资企业	170004	94657	
私营合伙企业	8316	8316	
私营有限责任公司	71080162	69996734	159034
私营股份有限公司	14377384	14312390	
其他企业	33402	33402	
港、澳、台商投资企业	424469	420674	
合资经营企业(港或澳、台资)	424469	420674	
外商投资企业	439214	439214	
中外合资经营企业	439214	439214	
二、按国民经济行业分组			
房屋和土木工程建筑业	287836992	278681725	1720326
房屋工程建筑	126592432	122702866	634409
土木工程建筑业	161244560	155978859	1085917
建筑安装业	14389469	14236790	318451
建筑装饰业	4512608	4049626	35678
其他建筑业	6603082	6468421	24611
三、按隶属关系分组			
中央	100639469	99693769	1578872
省(自治区、直辖市)	79530488	75442732	294010
地区(州、盟、省辖市)	23883653	23400143	30000
县(区、市、旗)	8349084	8295623	16500
四、按企业资质等级分组			
施工总承包	281465363	272373189	1837792
特级	44464232	43945212	636991
一级	165610591	158228786	1096810
二级	43689508	42928598	
三级及以下	27701032	27270593	103991
专业承包	31876788	31063373	261274
一级	9152309	8742929	138333
二级	12532687	12431429	79222
三级及以下	10191792	9889015	43719
五、按控股情况分组			
国有控股	190385124	185026147	1829113
集体控股	14021915	10956172	
私人控股	96007642	94682125	226184
港澳台商控股	309115	305320	
外商控股	104603	104603	
其他	12513752	12362195	43769

2-5-11 按各种分组的总承包和专业承包建筑企业主要建筑材料消耗量

项 目	钢材(吨)	木材(立方米)	水泥(吨)	平板玻璃(重量箱)	平板玻璃(平方米)	铝材(吨)
总 计	**9913731**	**2247413**	**32076360**	**1213270**	**10049429**	**268237**
一、按登记注册类型分组						
内资企业	9894052	2242064	32034983	1211090	10028929	268040
国有企业	1171780	163338	2607449	305145	1631841	27248
集体企业	143155	60270	367198	23265	1369429	22388
股份合作企业						
联营企业						
有限责任公司	6295448	531920	20403612	316672	1972206	62780
国有独资公司	1227611	27692	966114	113043	369521	1089
其他有限责任公司	5067837	504228	19437498	203629	1602685	61691
股份有限公司	233878	476459	944759	34709	191641	1313
私营企业	2049384	1009901	7710126	531259	4862072	154308
私营独资企业	16040	3638	33922	2568	11425	3346
私营合伙企业			18000			
私营有限责任公司	1848153	961610	7239945	516582	4077660	136892
私营股份有限公司	185191	44653	418259	12109	772987	14070
其他企业	407	176	1839	40	1740	3
港、澳、台商投资企业	6668	3416	17964	2180	20500	197
合资经营企业(港或澳、台资)	6668	3416	17964	2180	20500	197
外商投资企业	13011	1933	23413			
中外合资经营企业	13011	1933	23413			
二、按国民经济行业分组						
房屋和土木工程建筑业	9534774	2176794	30344943	1045207	7817517	249964
房屋工程建筑	4052401	1451155	10090097	984618	7221665	231369
土木工程建筑业	5482373	725639	20254846	60589	595852	18595
建筑安装业	254839	12505	311373	14857	181726	3994
建筑装饰业	26099	56837	53273	149434	2037225	13923
其他建筑业	98019	1277	1366771	3772	12961	356
三、按隶属关系分组						
中央	3826281	646832	15799638	39007	196273	4544
省(自治区、直辖市)	2659111	285327	3607278	264603	2509437	5263
地区(州、盟、省辖市)	801680	180565	2345489	172385	1037228	23643
县(区、市、旗)	354794	84919	1300189	114228	767034	40964
四、按企业资质等级分组						
施工总承包	9539074	2169346	30079061	1049244	7870562	238789
特级	2727209	86308	8798456	75	750	
一级	4550507	1096559	11984431	455405	3193215	26137
二级	1391411	555632	6181737	393463	2673577	115375
三级及以下	869947	430847	3114437	200301	2003020	97277
专业承包	374657	78067	1997299	164026	2178867	29448
一级	105177	38178	409433	9977	120429	6499
二级	163152	25948	699704	110952	1752622	8721
三级及以下	106328	13941	888162	43097	305816	14228
五、按控股情况分组						
国有控股	6850499	1021669	20427852	490357	2846710	37336
集体控股	253655	75542	1060554	63987	1474397	31514
私人控股	2247683	1093414	8801691	628153	5428330	197330
港澳台商控股	6326	1762	17784	2000	20000	197
外商控股						
其他	555568	55026	1768479	28773	279992	1860

2-5-12 按各种分组的总承包和专业承包建筑企业资产构成

单位：千元

项 目	资产合计	#流动资产合计	#存货	#非流动资产合计	#固定资产合计
总 计	**342022611**	**261505624**	**46358604**	**80516987**	**27390611**
一、按登记注册类型分组					
内资企业	341297351	260909964	46226564	80387387	27273180
国有企业	29526553	24770697	2975715	4755856	3075892
集体企业	5271936	4114047	786098	1157889	749315
股份合作企业					
联营企业					
有限责任公司	219372948	166774358	26056581	52598590	10324471
国有独资公司	46695607	25785406	6275208	20910201	1034482
其他有限责任公司	172677341	140988952	19781373	31688389	9289989
股份有限公司	5795578	5029341	2448992	766237	504358
私营企业	81018292	59950619	13800445	21067673	12581129
私营独资企业	75640	44363	7347	31277	31277
私营合伙企业	25067	18217	741	6850	6850
私营有限责任公司	74442494	54631985	13019714	19810509	11832998
私营股份有限公司	6475091	5256054	772643	1219037	710004
其他企业	312044	270902	158733	41142	38015
港、澳、台商投资企业	531535	453432	127958	78103	71003
合资经营企业(港或澳、台资)	531535	453432	127958	78103	71003
外商投资企业	193725	142228	4082	51497	46428
中外合资经营企业	193725	142228	4082	51497	46428
二、按国民经济行业分组					
房屋和土木工程建筑业	309861086	236057185	41259986	73803901	22976419
房屋工程建筑	92379148	72769111	12483004	19610037	9366267
土木工程建筑业	217481938	163288074	28776982	54193864	13610152
建筑安装业	17274786	14066221	3121854	3208565	2008873
建筑装饰业	6118157	4847487	980512	1270670	766447
其他建筑业	8768582	6534731	996252	2233851	1638872
三、按隶属关系分组					
中央	124842832	102639944	15088191	22202888	5558372
省(自治区、直辖市)	88297466	60156799	11316801	28140667	3563316
地区(州、盟、省辖市)	23573524	19295581	2901618	4277943	2953542
县(区、市、旗)	8083003	6292347	772087	1790656	1264740
四、按企业资质等级分组					
施工总承包	303289459	230534736	40622272	72754723	21942956
特级	99395360	62133378	5050285	37261982	2181819
一级	133226815	117229883	24689818	15996932	7754364
二级	41570140	30876735	6687346	10693405	6984758
三级及以下	29097144	20294740	4194823	8802404	5022015
专业承包	38733152	30970888	5736332	7762264	5447655
一级	7466850	6634422	1215182	832428	599436
二级	14548206	11681608	2084866	2866598	2014903
三级及以下	16718096	12654858	2436284	4063238	2833316
五、按控股情况分组					
国有控股	210567131	162307382	27917383	48259749	10980489
集体控股	13864598	11590895	1572722	2273703	1508815
私人控股	89659791	66744945	15562334	22914846	13550484
港澳台商控股	380784	325554	85484	55230	48130
外商控股	50846	36599	1661	14247	13687
其他	27499461	20500249	1219020	6999212	1289006

2-5-13 按各种分组的总承包和专业承包建筑企业固定资产情况

单位：千元

项 目	固定资产合计	固定资产原价	固定资产折旧	#本年折旧	在建工程
总 计	**27390611**	**40817290**	**17690074**	**3034139**	**2408813**
一、按登记注册类型分组					
内资企业	27273180	40585831	17550923	2982116	2386217
国有企业	3075892	4549844	1861478	179963	328553
集体企业	749315	1015845	369621	48939	68040
股份合作企业					
联营企业					
有限责任公司	10324471	18291544	9664557	1734119	746123
国有独资公司	1034482	1532634	817184	161473	221883
其他有限责任公司	9289989	16758910	8847373	1572646	524240
股份有限公司	504358	480557	118730	75360	113559
私营企业	12581129	16234805	5534401	943431	1114277
私营独资企业	31277	32670	3658	1553	
私营合伙企业	6850	9630	2780		
私营有限责任公司	11832998	15069643	5022709	869813	1080928
私营股份有限公司	710004	1122862	505254	72065	33349
其他企业	38015	13236	2136	304	15665
港、澳、台商投资企业	71003	147669	101789	46914	22596
合资经营企业(港或澳、台资)	71003	147669	101789	46914	22596
外商投资企业	46428	83790	37362	5109	
中外合资经营企业	46428	83790	37362	5109	
二、按国民经济行业分组					
房屋和土木工程建筑业	22976419	35034945	15494250	2639302	1787538
房屋工程建筑	9366267	11616284	3891624	655457	1076692
土木工程建筑业	13610152	23418661	11602626	1983845	710846
建筑安装业	2008873	2471251	930927	192300	327314
建筑装饰业	766447	944099	344877	42518	126295
其他建筑业	1638872	2366995	920020	160019	167666
三、按隶属关系分组					
中央	5558372	11250990	6355649	1122165	91212
省(自治区、直辖市)	3563316	5684072	2742106	405531	468080
地区(州、盟、省辖市)	2953542	4228374	1798212	402253	286028
县(区、市、旗)	1264740	1629819	555230	61079	160177
四、按企业资质等级分组					
施工总承包	21942956	32926810	14527495	2472716	1945413
特级	2181819	3297839	1600630	243592	228568
一级	7754364	14977735	7963457	1391423	416761
二级	6984758	8583193	3106070	542648	814036
三级及以下	5022015	6068043	1857338	295053	486048
专业承包	5447655	7890480	3162579	561423	463400
一级	599436	1003449	500340	98647	55095
二级	2014903	3124620	1343839	205213	132248
三级及以下	2833316	3762411	1318400	257563	276057
五、按控股情况分组					
国有控股	10980489	19975506	10387281	1820791	809108
集体控股	1508815	1916933	745681	99761	202180
私人控股	13550484	17461376	5962822	1016780	1231521
港澳台商控股	48130	77209	54202	1120	22596
外商控股	13687	30043	16356	1881	
其他	1289006	1356223	523732	93806	143408

2-5-14 按各种分组的总承包和专业承包建筑企业负债及所有者权益

单位：千元

项目	负债合计	#流动负债	#应付账款	#非流动负债	所有者权益	#实收资本
总计	**256501532**	**232056218**	**95912466**	**19721518**	**85521079**	**54182884**
一、按登记注册类型分组						
内资企业	256094132	231648819	95745493	19721518	85203219	53931629
国有企业	26040905	25254372	11405690	594970	3485648	3317493
集体企业	4009610	3722701	1098483	88422	1262326	1136887
股份合作企业						
联营企业						
有限责任公司	179533684	159221330	66883151	17525591	39839264	21138055
国有独资公司	35825513	21795896	6063837	12063688	10870094	3402099
其他有限责任公司	143708171	137425434	60819314	5461903	28969170	17735956
股份有限公司	5045648	4724846	2710299	262066	749930	631396
私营企业	41199212	38610124	13534649	1101082	39819080	27660498
私营独资企业	21987	21986	1246		53653	46900
私营合伙企业	17563	17563	13341		7504	7504
私营有限责任公司	37094248	34607824	11167797	1019834	37348246	26227877
私营股份有限公司	4065414	3962751	2352265	81248	2409677	1378217
其他企业	265073	115446	113221	149387	46971	47300
港、澳、台商投资企业	272712	272711	96796		258823	162120
合资经营企业(港或澳、台资)	272712	272711	96796		258823	162120
外商投资企业	134688	134688	70177		59037	89135
中外合资经营企业	134688	134688	70177		59037	89135
二、按国民经济行业分组						
房屋和土木工程建筑业	237489876	214523698	88980354	18629286	72371210	44247142
房屋工程建筑	65347953	61399357	25613706	2815368	27031195	19862606
土木工程建筑业	172141923	153124341	63366648	15813918	45340015	24384536
建筑安装业	11030382	10021689	4092849	833840	6244404	5010344
建筑装饰业	2649483	2498372	956705	40415	3468674	2624141
其他建筑业	5331791	5012459	1882558	217977	3436791	2301257
三、按隶属关系分组						
中央	108032445	104457031	44711734	3575409	16810387	10969473
省(自治区、直辖市)	72208126	59410297	26862801	12428825	16089340	7488946
地区(州、盟、省辖市)	17381803	15832895	6528331	974558	6191721	3870313
县(区、市、旗)	5860845	3830421	1160157	80894	2222158	1645122
四、按企业资质等级分组						
施工总承包	233224194	210032457	86823916	19130033	70065265	42643847
特级	81166205	67313394	24365381	13852811	18229155	5956696
一级	111987685	105985460	50032414	3334682	21239130	14094381
二级	25473866	23138623	7483424	1612148	16096274	11454843
三级及以下	14596438	13594980	4942697	330392	14500706	11137927
专业承包	23277338	22023761	9088550	591485	15455814	11539037
一级	5735317	5680261	2983434	55054	1731533	1299442
二级	8474427	8178896	3185374	162586	6073779	4355632
三级及以下	9067594	8164604	2919742	373845	7650502	5883963
五、按控股情况分组						
国有控股	175818323	157613496	72475971	16011542	34748808	19927340
集体控股	11068896	9759614	3110721	928844	2795702	2270493
私人控股	46789546	43716440	15222112	1492755	42870245	29484099
港澳台商控股	183040	183039	49768		197744	119130
外商控股	39207	39207	17083		11639	48135
其他	22602520	20744422	5036811	1288377	4896941	2333687

2-5-15　按各种分组的总承包和专业承包建筑企业实收资本

单位：千元

项　目	合计	国家资本	集体资本	法人资本	个人资本	港澳台资本	外商资本
总　计	**54182884**	**12665748**	**2395073**	**19663565**	**19384360**	**65388**	**8750**
一、按登记注册类型分组							
内资企业	53931629	12597278	2381426	19563365	19384360	3600	1600
国有企业	3317493	2013115	22415	1278963	3000		
集体企业	1136887	9423	949491	155495	22478		
股份合作企业							
联营企业							
有限责任公司	21138055	10052972	951596	7848334	2285153		
国有独资公司	3402099	2784783	998	567365	48953		
其他有限责任公司	17735956	7268189	950598	7280969	2236200		
股份有限公司	631396	408419	58749	74630	89598		
私营企业	27660498	113349	399175	10183643	16959131	3600	1600
私营独资企业	46900			30500	16400		
私营合伙企业	7504				7504		
私营有限责任公司	26227877	106849	356634	9653149	16111045	100	100
私营股份有限公司	1378217	6500	42541	499994	824182	3500	1500
其他企业	47300			22300	25000		
港、澳、台商投资企业	162120	20335	13647	65350		61788	1000
合资经营企业(港或澳、台资)	162120	20335	13647	65350		61788	1000
外商投资企业	89135	48135		34850			6150
中外合资经营企业	89135	48135		34850			6150
二、按国民经济行业分组							
房屋和土木工程建筑业	44247142	12118891	2064355	16100715	13916746	37785	8650
房屋工程建筑	19862606	1972706	1241689	8536730	8093211	14620	3650
土木工程建筑业	24384536	10146185	822666	7563985	5823535	23165	5000
建筑安装业	5010344	335376	229212	1920104	2525652		
建筑装饰业	2624141	4050	44717	671900	1875771	27603	100
其他建筑业	2301257	207431	56789	970846	1066191		
三、按隶属关系分组							
中央	10969473	4719908	8100	6238465	3000		
省(自治区、直辖市)	7488946	5603028	123488	1288637	473793		
地区(州、盟、省辖市)	3870313	1623130	889692	686624	669867		1000
县(区、市、旗)	1645122	447453	459366	344939	393364		
四、按企业资质等级分组							
施工总承包	42643847	11715354	1747860	15719454	13420744	35785	4650
特级	5956696	3790549		2166147			
一级	14094381	5837622	156923	5241992	2857844		
二级	11454843	1455832	606188	3380844	5974544	34285	3150
三级及以下	11137927	631351	984749	4930471	4588356	1500	1500
专业承包	11539037	950394	647213	3944111	5963616	29603	4100
一级	1299442	295069	15227	281298	677595	26253	4000
二级	4355632	462687	211525	1617159	2062811	1350	100
三级及以下	5883963	192638	420461	2045654	3223210	2000	
五、按控股情况分组							
国有控股	19927340	12317405	214985	6730872	663078		1000
集体控股	2270493	134423	1587886	428555	113136	4343	2150
私人控股	29484099	115449	465015	10751982	18141203	4850	5600
港澳台商控股	119130	20335		42600		56195	
外商控股	48135	48135					
其他	2333687	30001	127187	1709556	466943		

2-5-16 按各种分组的总承包和专业承包建筑企业收入情况

单位：千元

项 目	营业收入	#主营业务收入	营业成本	#主营业务成本	其他业务利润
总 计	**305021842**	**298651697**	**273070337**	**266638937**	**638096**
一、按登记注册类型分组					
内资企业	304260559	297890526	272382915	265951524	637993
国有企业	35678749	35281078	32700307	32313058	93404
集体企业	4771743	4648997	4112723	3986911	22413
股份合作企业					
联营企业					
有限责任公司	179127995	174671252	161615810	157603458	381353
国有独资公司	21660548	21050860	19626714	19123699	107285
其他有限责任公司	157467447	153620392	141989096	138479759	274068
股份有限公司	5002554	4967412	4472596	4440245	4032
私营企业	79653950	78296219	69459523	67585896	136791
私营独资企业	89243	89243	79763	79763	
私营合伙企业	8316	8316	6853	6853	
私营有限责任公司	65268364	64805538	55991652	54981830	128070
私营股份有限公司	14288027	13393122	13381255	12517450	8721
其他企业	25568	25568	21956	21956	
港、澳、台商投资企业	429230	429230	372403	372403	
合资经营企业(港或澳、台资)	429230	429230	372403	372403	
外商投资企业	332053	331941	315019	315010	103
中外合资经营企业	332053	331941	315019	315010	103
二、按国民经济行业分组					
房屋和土木工程建筑业	279796991	273930853	251776028	245935483	539490
房屋工程建筑	110980151	110260469	100575033	99486339	139295
土木工程建筑业	168816840	163670384	151200995	146449144	400195
建筑安装业	14747863	14324992	12492775	12047215	91759
建筑装饰业	4029741	3967802	3320928	3196675	-572
其他建筑业	6447247	6428050	5480606	5459564	7419
三、按隶属关系分组					
中央	108309997	107962612	97626717	97261426	44788
省(自治区、直辖市)	73271138	69282366	67059705	63414658	346301
地区(州、盟、省辖市)	23380759	23008321	20907772	20622844	49593
县(区、市、旗)	8111705	7883831	7097201	6895415	39071
四、按企业资质等级分组					
施工总承包	273361052	267616064	246205999	240436727	507723
特级	49146625	48922138	43863925	43774963	132917
一级	156953253	152001232	143937766	139286605	261453
二级	40985370	40598130	35696225	35252113	90066
三级及以下	26275804	26094564	22708083	22123046	23287
专业承包	31660790	31035633	26864338	26202210	130373
一级	8670547	8654383	7572792	7531662	8476
二级	12549106	12382054	10772479	10566615	22960
三级及以下	10441137	9999196	8519067	8103933	98937
五、按控股情况分组					
国有控股	192771710	188065845	174454677	170176696	430624
集体控股	10696787	10479864	9380428	9191907	53452
私人控股	89052530	87677129	77886833	75970457	148436
港澳台商控股	313876	313876	268025	268025	
外商控股	104603	104491	113174	113165	103
其他	12082336	12010492	10967200	10918687	5481

2-5-17　按各种分组的总承包和专业承包建筑企业费用情况

单位：千元

项　目	管理费用	#税金	销售费用	财务费用	#利息收入	#利息支出
总　计	**12476325**	**375976**	**917576**	**1683009**	**729760**	**1801949**
一、按登记注册类型分组						
内资企业	12434972	373340	917498	1681583	729563	1800760
国有企业	1632176	44129	52348	87035	11338	86285
集体企业	330690	6939	56825	8852	1270	5247
股份合作企业						
联营企业						
有限责任公司	7049824	164544	181296	757207	687245	1304442
国有独资公司	653712	74797	10685	142124	86960	155942
其他有限责任公司	6396112	89747	170611	615083	600285	1148500
股份有限公司	124156	4866	10563	59137	14824	60400
私营企业	3295541	152822	616410	769201	14962	344231
私营独资企业	1282	37	165	41	4	14
私营合伙企业	489	13	132	41	15	5
私营有限责任公司	3075091	147777	584794	736401	9034	331522
私营股份有限公司	218679	4995	31319	32718	5909	12690
其他企业	2585	40	56	151	-76	155
港、澳、台商投资企业	21932	2151		639	4	591
合资经营企业(港或澳、台资)	21932	2151		639	4	591
外商投资企业	19421	485	78	787	193	598
中外合资经营企业	19421	485	78	787	193	598
二、按国民经济行业分组						
房屋和土木工程建筑业	10622162	297219	605747	1536649	712973	1656614
房屋工程建筑	3880289	104754	358717	426404	98503	353132
土木工程建筑业	6741873	192465	247030	1110245	614470	1303482
建筑安装业	1086557	54855	153622	56470	13682	56236
建筑装饰业	312324	11669	60134	32703	558	28680
其他建筑业	455282	12233	98073	57187	2547	60419
三、按隶属关系分组						
中央	4404796	40899	40259	482948	597430	1040922
省(自治区、直辖市)	2804584	102564	57344	315784	101384	319442
地区(州、盟、省辖市)	1123318	42304	66570	41957	4356	33322
县(区、市、旗)	402802	23435	65568	35029	4594	27252
四、按企业资质等级分组						
施工总承包	10051230	300062	567046	1538131	715505	1653425
特级	1662036	7651	14216	277451	553733	827691
一级	5277612	154114	67685	907170	141550	574184
二级	1926589	76043	224645	235307	12950	161704
三级及以下	1184993	62254	260500	118203	7272	89846
专业承包	2425095	75914	350530	144878	14255	148524
一级	569706	5985	15377	35959	4740	38727
二级	927102	28386	118728	44025	4573	51662
三级及以下	928287	41543	216425	64894	4942	58135
五、按控股情况分组						
国有控股	7753864	178999	156064	754530	599850	1196470
集体控股	647027	16742	89870	9831	1521	6798
私人控股	3620830	164330	639119	804166	13808	373164
港澳台商控股	16150	1083		374	2	324
外商控股	1117	378		193	187	9
其他	437337	14444	32523	113915	114392	225184

2-5-18 按各种分组的总承包和专业承包建筑企业利润及税金情况

单位：千元

项目	利润总额	#应交所得税	税金总额	主营业务税金及附加	管理费用中的税金
总 计	**8973184**	**1498251**	**9228644**	**8852668**	**375976**
一、按登记注册类型分组					
内资企业	8965174	1496195	9202998	8829658	373340
国有企业	174272	102620	1136400	1092271	44129
集体企业	88737	32019	179481	172542	6939
股份合作企业					
联营企业					
有限责任公司	5664706	623785	4948213	4783669	164544
国有独资公司	679380	162957	680100	605303	74797
其他有限责任公司	4985326	460828	4268113	4178366	89747
股份有限公司	168958	46118	152812	147946	4866
私营企业	2868529	691591	2785239	2632417	152822
私营独资企业	4238	471	3801	3764	37
私营合伙企业	288	13	526	513	13
私营有限责任公司	2728599	657612	2293001	2145224	147777
私营股份有限公司	135404	33495	487911	482916	4995
其他企业	-28	62	853	813	40
港、澳、台商投资企业	21213	1850	15258	13107	2151
合资经营企业(港或澳、台资)	21213	1850	15258	13107	2151
外商投资企业	-13203	206	10388	9903	485
中外合资经营企业	-13203	206	10388	9903	485
二、按国民经济行业分组					
房屋和土木工程建筑业	8039616	1300801	8449684	8152465	297219
房屋工程建筑	2040954	437076	3770772	3666018	104754
土木工程建筑业	5998662	863725	4678912	4486447	192465
建筑安装业	515987	112331	463788	408933	54855
建筑装饰业	188962	40370	138898	127229	11669
其他建筑业	228619	44749	176274	164041	12233
三、按隶属关系分组					
中央	3957946	197215	2793656	2752757	40899
省(自治区、直辖市)	984340	289694	2164545	2061981	102564
地区(州、盟、省辖市)	535373	170300	763135	720831	42304
县(区、市、旗)	209927	52006	316351	292916	23435
四、按企业资质等级分组					
施工总承包	7836686	1281579	8360126	8060064	300062
特级	3180831	125402	1039143	1031492	7651
一级	2001020	529583	4918048	4763934	154114
二级	1561090	396229	1456962	1380919	76043
三级及以下	1093745	230365	945973	883719	62254
专业承包	1136498	216672	868518	792604	75914
一级	285056	34267	185427	179442	5985
二级	428679	76793	361061	332675	28386
三级及以下	422763	105612	322030	280487	41543
五、按控股情况分组					
国有控股	5177725	622462	5469832	5290833	178999
集体控股	200897	54833	367799	351057	16742
私人控股	3152819	755156	3106503	2942173	164330
港澳台商控股	20230	1426	10355	9272	1083
外商控股	-12189		2667	2289	378
其他	433702	64374	271488	257044	14444

2-5-19　按各种分组的总承包和专业承包建筑企业营业利润

单位：　千元

项　目	营业利润	营业外收入	营业外支出
总　计	**8738050**	**392290**	**157464**
一、按登记注册类型分组			
内资企业	8730056	392086	157276
国有企业	113332	89610	28670
集体企业	83527	10141	4932
股份合作企业			
联营企业			
有限责任公司	5528042	218248	81878
国有独资公司	665460	29675	15755
其他有限责任公司	4862582	188573	66123
股份有限公司	169578	1209	1829
私营企业	2835570	72868	39922
私营独资企业	4228	10	
私营合伙企业	288		
私营有限责任公司	2694807	71021	37242
私营股份有限公司	136247	1837	2680
其他企业	7	10	45
港、澳、台商投资企业	21149	200	136
合资经营企业(港或澳、台资)	21149	200	136
外商投资企业	-13155	4	52
中外合资经营企业	-13155	4	52
二、按国民经济行业分组			
房屋和土木工程建筑业	7871805	302778	135598
房屋工程建筑	1962357	138180	59596
土木工程建筑业	5909448	164598	76002
建筑安装业	497303	32518	13511
建筑装饰业	187016	3732	1786
其他建筑业	181926	53262	6569
三、按隶属关系分组			
中央	3892026	93849	27929
省(自治区、直辖市)	872425	158028	45790
地区(州、盟、省辖市)	510428	48301	23974
县(区、市、旗)	212615	9430	12118
四、按企业资质等级分组			
施工总承包	7685311	281340	130595
特级	3157163	40653	16985
一级	1890602	178879	68461
二级	1544364	34834	18738
三级及以下	1093182	26974	26411
专业承包	1052739	110950	26869
一级	283086	3859	1889
二级	367769	73593	12360
三级及以下	401884	33498	12620
五、按控股情况分组			
国有控股	4996485	274473	93527
集体控股	195109	16842	11055
私人控股	3112300	89579	49073
港澳台商控股	20055	200	25
外商控股	-12170	4	23
其他	426271	11192	3761

2-5-20 按各种分组的总承包和专业承包建筑企业其他经济指标

单位：千元

项目	应收工程款	应付职工薪酬	投资收益	补贴收入
总计	**89067626**	**21618294**	**994369**	**104054**
一、按登记注册类型分组				
内资企业	88837864	21500399	994369	103854
国有企业	12058571	2596650	6626	26887
集体企业	980859	685734	2689	3134
股份合作企业				
联营企业				
有限责任公司	52382505	10608635	975219	49134
国有独资公司	8361753	1600538	66681	8726
其他有限责任公司	44020752	9008097	908538	40408
股份有限公司	1488882	350494	-4329	
私营企业	21823478	7253435	14164	24699
私营独资企业	30437	8010		
私营合伙企业	17443	384		
私营有限责任公司	19947297	6714763	14164	24699
私营股份有限公司	1828301	530278		
其他企业	103569	5451		
港、澳、台商投资企业	140847	46249		200
合资经营企业(港或澳、台资)	140847	46249		200
外商投资企业	88915	71646		
中外合资经营企业	88915	71646		
二、按国民经济行业分组				
房屋和土木工程建筑业	80498865	19288708	981574	82906
房屋工程建筑	33390015	9556500	4469	29524
土木工程建筑业	47108850	9732208	977105	53382
建筑安装业	4193935	1427993	533	11925
建筑装饰业	1636166	423727	12171	
其他建筑业	2738660	477866	91	9223
三、按隶属关系分组				
中央	23440247	4618342	939414	41973
省(自治区、直辖市)	30835467	4792168	5131	17350
地区(州、盟、省辖市)	6901303	2584310	30821	17602
县(区、市、旗)	1377983	1333642	4766	786
四、按企业资质等级分组				
施工总承包	79764095	18594377	960551	72531
特级	14297470	1537575	885012	11698
一级	46845388	8753083	8459	36063
二级	11408612	5025977	60385	13978
三级以下	7212625	3277742	6695	10792
专业承包	9303531	3023917	33818	31523
一级	2045895	498168	10000	509
二级	3690449	1233351	18907	21189
三级以下	3567187	1292398	4911	9825
五、按控股情况分组				
国有控股	57647775	11091707	812910	66906
集体控股	3391844	1302237	7114	4021
私人控股	24067138	8353975	14203	31982
港澳台商控股	79506	41163		200
外商控股	29581	60733		
其他	3851782	768479	160142	945

2-5-21　各市总承包和专业承包建筑企业签订合同情况

单位：千元

地　区	签订的合同额	上年结转合同额	本年新签合同额
全　省	**577452100**	**260423429**	**317028671**
太原市	441049646	216681236	224368410
大同市	14323509	4154642	10168867
阳泉市	15679877	6784011	8895866
长治市	18920028	4946513	13973515
晋城市	12285930	4341964	7943966
朔州市	7494317	1278766	6215551
晋中市	26083482	11875278	14208204
运城市	15471656	3572136	11899520
忻州市	7977671	1540766	6436905
临汾市	9447670	2589175	6858495
吕梁市	8718314	2658942	6059372

2-5-22　各市总承包和专业承包建筑企业承包工程完成情况

单位：千元

地　区	直接从建设单位承揽工程完成的产值	自行完成施工产值	分包出去工程的产值	从建设单位以外承揽工程完成的产值
全　省	**302845441**	**302031051**	**814390**	**1405511**
太原市	199649693	199172167	477526	664212
大同市	12147639	11996663	150976	147396
阳泉市	12310349	12310349		600
长治市	14488285	14439611	48674	85434
晋城市	7071635	7070025	1610	32773
朔州市	6287166	6264246	22920	217413
晋中市	17461569	17437017	24552	103233
运城市	11758730	11684357	74373	66840
忻州市	6685015	6674338	10677	49125
临汾市	7888766	7888766		24455
吕梁市	7096594	7093512	3082	14030

2-5-23 各市总承包和专业承包建筑企业总产值和竣工产值

单位：千元

地区	建筑业总产值	#装饰装修产值	#在外省完成的产值	按构成分组			竣工产值
				建筑工程产值	安装工程产值	其他产值	
全省	**303436562**	**8925347**	**86456164**	**258930655**	**32899299**	**11606608**	**139367072**
太原市	199836379	6038259	76796084	170071673	22977271	6787435	85691084
大同市	12144059	366300	267487	10256703	1526607	360749	8630882
阳泉市	12310949	116795	477533	10588128	1056492	666329	5772247
长治市	14525045	482730	319857	12846119	654667	1024259	7138833
晋城市	7102798	168725	111908	6188579	512260	401959	4610025
朔州市	6481659	116580	258411	4368766	1522704	590189	3755804
晋中市	17540250	519776	7292447	16064445	1194599	281206	4021963
运城市	11751197	609141	50737	9742282	1303313	705602	7442454
忻州市	6723463	166985	490156	5717745	582839	422879	4775645
临汾市	7913221	272410	304531	6778955	993173	141093	3930516
吕梁市	7107542	67646	87013	6307260	575374	224908	3597619

2-5-24　各市总承包和专业承包建筑企业房屋建筑面积

单位：平方米

地　区	房屋建筑施工面积	#本年新开工	#实行投标承包面积	#本年新开工
全　省	**131072137**	**47082071**	**111900987**	**36769796**
太原市	81260015	22538195	76203280	19252528
大同市	7786389	3044200	5245584	1777979
阳泉市	6000024	1841199	3630982	759557
长治市	9031909	4001624	7940179	3277638
晋城市	3696183	1506028	2334319	988491
朔州市	1535274	1156864	1019235	854712
晋中市	5474225	2702704	3709841	2130440
运城市	7316527	4638821	5409941	3442611
忻州市	3357272	2411435	2134629	1743236
临汾市	2503471	1584719	1971049	1298024
吕梁市	3110848	1656282	2301948	1244580

2-5-25　各市总承包和专业承包

地　区	合　计	住宅房屋	商业及服务用房屋	商厦房屋（批发和零售用房）	宾馆用房屋（住宿用房）	餐饮用房屋（餐饮用房）	商务会展用房屋	其他商业及服务用房屋（居民服务业用房）
全　省	**37221212**	**26898331**	**1772028**	**431610**	**420979**	**86877**	**143928**	**688634**
太原市	15149442	10349544	882741	311491	222395	26074	132548	190233
大同市	4272320	3794819	104369		30042	16774		57553
阳泉市	1931725	1519368	144402					144402
长治市	3124673	2044733	255998	100	114468	33654	125	107651
晋城市	1336993	908162	55244	38618	8830	10	15	7771
朔州市	1004636	730809	22144	14856	179	93	130	6886
晋中市	1908262	1277720	32820		7000			25820
运城市	3937974	2845071	81283	17380	25578	2804	596	34925
忻州市	1828457	1563735	62020		3440	2794		55786
临汾市	1351759	899751	111217	31875	8447	4374	9814	56707
吕梁市	1374971	964619	19790	17290	600	300	700	900

2-5-26　各市总承包和专业承包

地　区	合　计	住宅房屋	商业及服务用房屋	商厦房屋（批发和零售用房）	宾馆用房屋（住宿用房）	餐饮用房屋（餐饮用房）	商务会展用房屋	其他商业及服务用房屋（居民服务业用房）
全　省	**53388421**	**35730826**	**2776866**	**457650**	**695653**	**163666**	**227574**	**1232323**
太原市	24719943	15162305	1272234	305436	279458	37700	213379	436261
大同市	5644322	4673446	279780		139070	43272		97438
阳泉市	3097071	2247303	310987					310987
长治市	4476151	2663875	422737	223	211689	66984	115	143726
晋城市	1667112	1049483	71636	45117	13058	10	15	13436
朔州市	1378921	988400	51665	41297	318	165	231	9654
晋中市	2406454	1595920	40504		9800			30704
运城市	4433087	3187527	87339	16628	30511	6528	1065	32607
忻州市	2172353	1820147	74526		4093	5347		65086
临汾市	1622300	1092921	147618	35609	6456	3060	11369	91124
吕梁市	1770707	1249499	17840	13340	1200	600	1400	1300

建筑企业房屋建筑竣工面积

单位：平方米

办公用房屋	科研、教育、医疗用房屋	科学研究用房屋	教育用房屋	医疗用房屋(卫生医疗用房)	文化、体育、娱乐用房屋	厂房及建筑物	#厂房	仓库	其他未列明的房屋建筑物*
2790567	**2446381**	**115528**	**2020626**	**310227**	**272338**	**2250709**	**1438336**	**177015**	**613843**
1075869	1319101	91068	1088780	139253	215574	1061737	733780	59846	185030
90302	92388		90527	1861	1417	149825	82952	12939	26261
104828	273			273		66802	1240	3564	92488
397276	115262	345	81637	33280	12814	265854	223157	25423	7313
119824	104834	1871	101514	1449	1216	66837	66397	53053	27823
30339	134401	14052	111881	8468	55	62682	61649	51	24155
127123	149861		145915	3946	2260	307765	111430		10713
368830	387381	159	289840	97382	8853	138888	96028	11332	96336
89380	36729	4675	23691	8363	7039	34412	10819	7307	27835
115442	70536	1000	55484	14052	5325	48827	35005	1500	99161
271354	35615	2358	31357	1900	17785	47080	15879	2000	16728

建筑企业房屋建筑竣工价值

单位：千元

办公用房屋	科研、教育、医疗用房屋	科学研究用房屋	教育用房屋	医疗用房屋(卫生医疗用房)	文化、体育、娱乐用房屋	厂房及建筑物	#厂房	仓库	其他未列明的房屋建筑物*
4874509	**4159489**	**191325**	**3425879**	**542285**	**708309**	**3940648**	**2709614**	**280163**	**917611**
2290382	2569089	157180	2105978	305931	619769	2244370	1660159	152195	409599
190953	165530		157969	7561	2100	283894	179008	24930	23689
229740	461			461		134262	7527	8983	165335
663247	176724	725	131131	44868	16496	479717	418370	38607	14748
276401	152993	830	149716	2447	1605	63289	62739	29116	22589
30896	161909	21092	121212	19605	98	128993	128665	90	16870
169159	255225		246128	9097	4519	324173	72579		16954
437289	454915	284	336251	118380	14211	121011	103658	13401	117394
122478	55337	4974	32914	17449	6916	50246	21235	8031	34672
162340	102131	1740	86085	14306	7592	41394	33196	2610	65694
301624	65175	4500	58495	2180	35003	69299	22478	2200	30067

2-5-27 各市总承包和专业承包建筑企业施工机械设备情况

地 区	年末自有施工机械设备总功率(千瓦)	年末自有施工机械设备净值(千元)	年末自有施工机械设备总台数(台)	年末从业人数(人)	技术装备率(元/人)	动力装备率(千瓦/人)
全 省	**6097219**	**12337488**	**212416**	**630695**	**19562**	**9.7**
太原市	3141968	6327421	84926	270918	23355	11.6
大同市	155087	275327	10102	37730	7297	4.1
阳泉市	549857	433356	7804	33410	12971	16.5
长治市	205407	475302	8666	28319	16784	7.3
晋城市	183819	367100	8411	26557	13823	6.9
朔州市	258898	698014	10493	29754	23460	8.7
晋中市	506200	1031111	17963	47188	21851	10.7
运城市	219865	771209	15650	61655	12508	3.6
忻州市	213946	490098	12473	30340	16154	7.1
临汾市	291244	708441	17465	38636	18336	7.5
吕梁市	370928	760109	18463	26188	29025	14.2

2-5-28 各市总承包和专业承包建筑企业劳动生产率

地 区	从事建筑业活动的从业人员平均人数(人)	按总产值计算的劳动生产率(元/人)	人均竣工产值(元/人)
全 省	**1053758**	**287957**	**132257**
太原市	610912	327112	140267
大同市	52433	231611	164608
阳泉市	51401	239508	112298
长治市	53173	273166	134257
晋城市	31580	224914	145979
朔州市	33348	194364	112625
晋中市	63065	278130	63775
运城市	57988	202649	128345
忻州市	31880	210899	149801
临汾市	38780	204054	101354
吕梁市	29198	243426	123215

2-5-29　各市总承包和专业承包建筑企业总产值

单位：千元

地　区	企业总产值	#建筑业总产值	在境外完成的营业额
全　省	**313342151**	**303436562**	**2099066**
太原市	201134020	199836379	1962264
大同市	12628243	12144059	
阳泉市	16096263	12310949	
长治市	14751038	14525045	40000
晋城市	10237914	7102798	8465
朔州市	6504402	6481659	46057
晋中市	17558626	17540250	
运城市	12220806	11751197	16500
忻州市	6814713	6723463	25780
临汾市	8222021	7913221	
吕梁市	7174105	7107542	

2-5-30　各市总承包和专业承包建筑企业主要建筑材料消耗量

地　区	钢材（吨）	木材（立方米）	水泥（吨）	平板玻璃（重量箱）	平板玻璃（平方米）	铝材（吨）
全　省	**9913731**	**2247413**	**32076360**	**1213270**	**10049429**	**268237**
太原市	6719055	1390186	20188925	278665	3414018	61650
大同市	278791	115191	879567	181637	551265	19719
阳泉市	146000	21945	766368	4607	468150	706
长治市	498139	112105	1048953	313300	1567019	12869
晋城市	156887	48781	460917	32483	264796	2685
朔州市	184390	76849	737394	19396	244427	29586
晋中市	701200	45108	2491035	67120	494570	4549
运城市	575000	192090	2208286	113286	1231836	69149
忻州市	181483	75521	615705	49985	519384	13050
临汾市	247422	70051	1608598	99421	453560	15954
吕梁市	225364	99586	1070612	53370	840404	38320

2-5-31 各市总承包和专业承包建筑企业资产构成

单位：千元

地 区	资产合计	#流动资产合计	#存货	#非流动资产合计	#固定资产合计
全 省	**342022611**	**261505624**	**46358604**	**80516987**	**27390611**
太原市	220795734	165869071	23267621	54926663	12515512
大同市	16363182	14485065	4614590	1878117	1271952
阳泉市	23078534	18479790	4734184	4598744	1536024
长治市	14151530	12283077	3211210	1868453	1479606
晋城市	9895075	8201287	1590068	1693788	1133094
朔州市	6200741	4790398	823523	1410343	953728
晋中市	16240673	13401367	3867174	2839306	2153960
运城市	9761368	6964857	1267023	2796511	1828283
忻州市	9430755	4904159	735747	4526596	1440661
临汾市	8339752	6451134	1440698	1888618	1454273
吕梁市	7765267	5675419	806766	2089848	1623518

2-5-32 各市总承包和专业承包建筑企业固定资产情况

单位：千元

地 区	固定资产合计	固定资产原价	固定资产折旧	#本年折旧	在建工程
全 省	**27390611**	**40817290**	**17690074**	**3034139**	**2408813**
太原市	12515512	20450537	9769340	1778418	845387
大同市	1271952	1662327	756198	77281	228088
阳泉市	1536024	2337483	1016318	136984	178949
长治市	1479606	1952798	691105	90440	124832
晋城市	1133094	1602593	659698	94904	96693
朔州市	953728	1227039	479980	49032	82496
晋中市	2153960	3263762	1418246	355535	223706
运城市	1828283	2315753	742987	112391	133697
忻州市	1440661	1819507	579163	59333	139101
临汾市	1454273	2169128	907279	169194	144200
吕梁市	1623518	2016363	669760	110627	211664

2-5-33 各市总承包和专业承包建筑企业负债及所有者权益

单位：千元

地 区	负债合计	#流动负债	#应付账款	#非流动负债	所有者权益	#实收资本
全 省	**256501532**	**232056218**	**95912466**	**19721518**	**85521079**	**54182884**
太原市	173658820	156915332	70543044	16412159	47136914	28094947
大同市	12937580	12231504	3055098	572592	3425602	3403110
阳泉市	16544111	14459638	4848048	1265631	6534423	2178662
长治市	10278075	9440015	2577479	474730	3873455	2785601
晋城市	7291888	7156790	2843303	67423	2603187	1870475
朔州市	4766702	4084636	2152529	205255	1434039	1338328
晋中市	11297384	11017725	4589345	223613	4943289	3261992
运城市	5966792	5530164	1026146	156427	3794576	2767053
忻州市	3668133	3212279	716092	12267	5762622	4257714
临汾市	4967866	4840308	1911360	74248	3371886	2361273
吕梁市	5124181	3167827	1650022	257173	2641086	1863729

2-5-34 各市总承包和专业承包建筑企业实收资本

单位：千元

地 区	合 计	国家资本	集体资本	法人资本	个人资本	港澳台资本	外商资本
全 省	**54182884**	**12665748**	**2395073**	**19663565**	**19384360**	**65388**	**8750**
太原市	28094947	7446705	591554	11360056	8663779	29603	3250
大同市	3403110	872656	187827	670607	1672020		
阳泉市	2178662	335979	164810	472549	1205324		
长治市	2785601	610389	203786	1008161	960265	1500	1500
晋城市	1870475	803729	186032	437898	442816		
朔州市	1338328	217993	141035	408774	570526		
晋中市	3261992	1059480	316522	748519	1112306	21165	4000
运城市	2767053	371009	103560	798961	1480403	13120	
忻州市	4257714	327429	237275	2826031	866979		
临汾市	2361273	524937	177515	312994	1345827		
吕梁市	1863729	95442	85157	619015	1064115		

2-5-35 各市总承包和专业承包建筑企业收入情况

单位：千元

地 区	营业收入	#主营业务收入	营业成本	#主营业务成本	其他业务收入	#其他业务成本	#其他业务利润
全 省	**305021842**	**298651697**	**273070337**	**266638937**	**6370145**	**6431400**	**638096**
太原市	200489088	198727275	180535247	178699218	1761813	1836029	311467
大同市	11457758	10979570	10321422	9767900	478188	553522	36379
阳泉市	12155475	11969385	10506267	10342819	186090	163448	23613
长治市	14439847	14387692	12986608	12945132	52155	41476	4544
晋城市	9883332	6735104	8866463	5880302	3148228	2986161	166065
朔州市	6483580	6468747	5729466	5640776	14833	88690	7093
晋中市	17350739	17194464	15564687	15513419	156275	51268	7354
运城市	11590087	11413626	10131959	9870059	176461	261900	34031
忻州市	6547253	6525598	5708088	5654294	21655	53794	4045
临汾市	7828265	7600872	6793920	6577469	227393	216451	41170
吕梁市	6796418	6649364	5926210	5747549	147054	178661	2335

2-5-36 各市总承包和专业承包建筑企业费用情况

单位：千元

地 区	管理费用	#税金	销售费用	财务费用	#利息收入	#利息支出
全 省	**12476325**	**375976**	**917576**	**1683009**	**729760**	**1801949**
太原市	8038157	146900	358157	776088	635123	1329971
大同市	537990	18654	52014	62201	64199	61904
阳泉市	380286	19752	18830	421920	5217	94482
长治市	516961	74868	46306	70745	3491	44524
晋城市	467889	15871	82199	44213	3396	30923
朔州市	283781	32653	80893	31025	944	25457
晋中市	731264	12032	44960	89117	13248	89127
运城市	570321	19892	76635	60901	221	37760
忻州市	267972	9425	62638	43402	152	26016
临汾市	452621	12031	59367	33466	2695	23647
吕梁市	229083	13898	35577	49931	1074	38138

2-5-37　各市总承包和专业承包建筑企业利润及税金情况

单位：千元

地　区	利润总额	#应交所得税	税金总额	主营业务税金及附加	管理费用中的税金
全　省	**8973184**	**1498251**	**9228644**	**8852668**	**375976**
太原市	5999116	649464	5892715	5745815	146900
大同市	107240	45817	394609	375955	18654
阳泉市	472845	186690	342221	322469	19752
长治市	434356	140083	466795	391927	74868
晋城市	263320	67027	189901	174030	15871
朔州市	160255	86718	239166	206513	32653
晋中市	365728	82011	563070	551038	12032
运城市	396659	54164	372014	352122	19892
忻州市	226732	62927	248718	239293	9425
临汾市	240244	44759	263361	251330	12031
吕梁市	306689	78591	256074	242176	13898

2-5-38　各市总承包和专业承包建筑企业营业利润

单位：千元

地　区	营业利润	营业外收入	营业外支出
全　省	**8738050**	**392290**	**157464**
太原市	5836238	241270	78392
大同市	101952	23324	18036
阳泉市	460401	20440	7996
长治市	420596	15782	2639
晋城市	252833	19798	9002
朔州市	162029	3973	5747
晋中市	340666	35419	10357
运城市	390335	13454	7130
忻州市	226625	2937	2830
临汾市	239900	10131	9787
吕梁市	306475	5762	5548

2-5-39　各市总承包和专业承包建筑企业其他经济指标

单位：千元

地　区	应收工程款	应付职工薪酬	投资收益	补贴收入
全　省	**89067626**	**21618294**	**994369**	**104054**
太原市	54022685	9724140	951510	61985
大同市	4580622	2247982	2624	6900
阳泉市	7636081	1194079	-2926	301
长治市	4566381	1054739	755	5
晋城市	3658391	1287631	15884	3459
朔州市	1923240	1038430	-382	
晋中市	3674394	1266781	4946	23184
运城市	2152403	1345115	-181	5597
忻州市	2076384	809361	2973	253
临汾市	2553090	903899	19121	2411
吕梁市	2223955	746137	45	-41

B. 劳务分包建筑业情况

2-5-40 按各种分组的劳务分包

项 目	企业个数(个)	#有工作量企业个数(个)	建筑业总产值(千元)	#装饰装修产值(千元)
总 计	**137**	**96**	**1221267**	**26882**
一、按登记注册类型分组				
内资企业	137	96	1221267	26882
国有企业	1	1	19304	
集体企业	2	1	3012	
有限责任公司	20	17	291034	5
其他有限责任公司	20	17	291034	5
股份有限公司				
私营企业	114	77	907917	26877
私营独资企业	1	1	1480	
私营有限责任公司	111	75	892667	26877
私营股份有限公司	2	1	13770	
其他企业				
二、按国民经济行业分组				
房屋和土木工程建筑业	55	35	186093	3211
房屋工程建筑	41	26	160642	3211
土木工程建筑业	14	9	25451	
建筑安装业	34	22	89325	4927
建筑装饰业	8	6	19399	18739
其他建筑业	40	33	926450	5
三、按隶属关系分组				
中央	1	1	3012	
省(自治区、直辖市)	7	7	66989	
地区(州、盟、省辖市)	4	3	11151	
县(区、市、旗)	3	3	25418	
四、按企业资质等级分组				
劳务分包	137	96	1221267	26882
一级	83	65	779822	5782
二级	20	15	366485	16226
三级及以下	34	16	74960	4874
五、按控股情况分组				
国有控股	7	7	69707	
集体控股	5	4	21889	
私人控股	119	80	1105597	26877
港澳台商控股				
外商控股				
其他	6	5	24074	5

建筑企业生产经营情况

从业人员(人)				
从业人员期末人数	从事建筑业活动的从业人员期末人数	从事建筑业活动的从业人员平均人数	#工程技术人员	#现场施工工人
20716	**17920**	**19146**	**1295**	**18153**
20716	17920	19146	1295	18153
51	51	133	6	45
39	39	39	4	30
7762	7529	6198	542	7254
7762	7529	6198	542	7254
12864	10301	12776	743	10824
15	15	15		
12629	10286	12566	736	10616
220		195	7	208
3091	2372	2554	611	2132
2611	2020	2153	565	1735
480	352	401	46	397
693	641	972	87	551
228	192	137	28	185
16704	14715	15483	569	15285
39	39	39	4	30
1152	990	1161	79	998
190	183	186	17	163
861	859	299	417	613
20716	17920	19146	1295	18153
11626	9133	10901	1127	9669
7212	6946	7070	87	6800
1878	1841	1175	81	1684
864	753	811	30	752
74	63	299	27	36
18456	15843	17453	774	16344
1322	1261	583	464	1021

2-5-41 按各种分组的劳务

项　目	资　产		
	固定资产原　价	本年折旧	资产总计
总　计	**97239**	**9270**	**770957**
一、按登记注册类型分组			
内资企业	97239	9270	770957
国有企业	2481	286	4537
集体企业	649	298	1171
有限责任公司	41556	2777	381093
其他有限责任公司	41556	2777	381093
股份有限公司			
私营企业	52553	5909	384156
私营独资企业	140	5	616
私营有限责任公司	52413	5904	382340
私营股份有限公司			1200
其他企业			
二、按国民经济行业分组			
房屋和土木工程建筑业	17545	3099	283059
房屋工程建筑	13612	2720	255065
土木工程建筑业	3933	379	27994
建筑安装业	39858	2607	117572
建筑装饰业	4726	640	25621
其他建筑业	35110	2924	344705
三、按隶属关系分组			
中央	649	298	1171
省(自治区、直辖市)	35501	2458	109168
地区(州、盟、省辖市)	4977	232	22813
县(区、市、旗)	2728	298	5921
四、按企业资质等级分组			
劳务分包	97239	9270	770957
一级	78023	6543	675341
二级	6267	1039	41153
三级及以下	12949	1688	54463
五、按控股情况分组			
国有控股	27636	2317	244280
集体控股	12820	608	45836
私人控股	53080	5950	448104
港澳台商控股			
外商控股			
其他	3703	395	32737

分包建筑企业财务状况

单位：千元

负　债		损　益　及　分　配			
负债合计	实收资本	营业收入	#主营业务收入	营业成本	#主营业务成本
544208	**179505**	**1245991**	**1208729**	**1164243**	**1127027**
544208	179505	1245991	1208729	1164243	1127027
2106		19533	19533	17191	17191
366	460	3012	2984	1855	1855
317352	45954	328471	291387	309630	273200
317352	45954	328471	291387	309630	273200
224384	133091	894975	894825	835567	834781
9	480	1480	1480	1332	1332
224175	131611	879725	879575	823219	822433
200	1000	13770	13770	11016	11016
214917	61685	180147	179997	151365	150745
206521	41840	154682	154532	129226	128606
8396	19845	25465	25465	22139	22139
62321	45264	122355	85243	110727	74556
8853	13530	19034	19034	17469	17464
258117	59026	924455	924455	884682	884262
366	460	3012	2984	1855	1855
60387	33976	104133	67049	94503	58332
17681	4868	11151	11151	4936	4699
2257	600	25963	25963	22913	22913
544208	179505	1245991	1208729	1164243	1127027
507161	124406	808877	771615	747291	710075
21665	23290	362186	362186	349765	349765
15382	31809	74928	74928	67187	67187
223202	17800	107420	70336	97397	60989
24082	8528	21889	21861	13833	13833
285347	134047	1092655	1092505	1032108	1031322
11577	19130	24027	24027	20905	20883

2-5-41 续表

项 目	营业税金及附加	#主营业务税金及附加	损益及 销售费用
总 计	**18366**	**18284**	**2095**
一、按登记注册类型分组			
内资企业	18366	18284	2095
国有企业	742	742	
集体企业	104	103	
有限责任公司	3691	3610	3
其他有限责任公司	3691	3610	3
股份有限公司			
私营企业	13829	13829	2092
私营独资企业	89	89	
私营有限责任公司	13279	13279	2092
私营股份有限公司	461	461	
其他企业			
二、按国民经济行业分组			
房屋和土木工程建筑业	5744	5744	702
房屋工程建筑	4911	4911	521
土木工程建筑业	833	833	181
建筑安装业	2951	2943	1286
建筑装饰业	353	353	
其他建筑业	9318	9244	107
三、按隶属关系分组			
中央	104	103	
省(自治区、直辖市)	2416	2409	
地区(州、盟、省辖市)	511	511	
县(区、市、旗)	973	973	
四、按企业资质等级分组			
劳务分包	18366	18284	2095
一级	15178	15096	1210
二级	1125	1125	294
三级及以下	2063	2063	591
五、按控股情况分组			
国有控股	2583	2576	
集体控股	525	524	
私人控股	13974	13974	2092
港澳台商控股			
外商控股			
其他	1284	1210	3

单位：千元

分　配					
管理费用	#税金	财务费用	营业利润	利润总额	应付职工薪　酬
51120	**936**	**1076**	**10358**	**7956**	**342537**
51120	936	1076	10358	7956	
1533		-22	89	89	
1051		-1	3	3	495
13250	190	375	1944	994	233850
13250	190	375	1944	994	233850
35286	746	724	8322	6870	108192
90	89		-9	-9	591
35061	657	724	6173	4721	96585
135			2158	2158	11016
17035	270	552	5199	5213	60266
15226	211	553	4685	5030	53613
1809	59	-1	514	183	6653
6516	441	171	956	-49	18881
2596	17	1	-1318	-1363	2943
24973	208	352	5521	4155	260447
1051		-1	3	3	495
5402	145	384	1434	497	30273
5742		3	199	197	609
1781	1	-19	315	315	5722
51120	936	1076	10358	7956	342537
33838	397	873	11351	10391	293789
13062	312	109	-2066	-3562	16836
4220	227	94	1073	1127	31912
6738	174	-15	1033	266	11657
7205		-15	342	342	9256
36230	747	715	8387	6924	304929
947	15	391	596	424	16695

2-5-42 各市劳务分包建筑

地 区	企业个数（个）	#有工作量企业个数（个）	建筑业总产值（千元）	#装饰装修产值（千元）
全 省	**137**	**96**	**1221267**	**26882**
太原市	59	46	787932	14171
大同市	7	4	13018	4165
阳泉市	12	7	34315	1999
长治市	3	3	7185	
晋城市	3	1	1759	
朔州市	2			
晋中市	24	15	121628	
运城市	20	16	245358	5838
忻州市	1	1	237	237
临汾市	6	3	9835	472
吕梁市				

企业生产经营情况

从业人员(人)				
从业人员期末人数	从事建筑业活动的从业人员期末人数	从事建筑业活动的从业人员平均人数	#工程技术人员	#现场施工工人
20716	**17920**	**19146**	**1295**	**18153**
16582	14919	15599	589	14797
33	30	120	20	13
786	306	704	67	690
123	121	92	25	88
11	9	9	1	8
1103	748	1306	101	892
2018	1759	1263	481	1626
20		18	4	15
40	28	35	7	24

2-5-43 各市劳务分包

地区	资产负债					损益及分配			
	固定资产原价	本年折旧	资产总计	负债合计	实收资本	营业收入	#主营业务收入	营业成本	#主营业务成本
全 省	**97239**	**9270**	**770957**	**544208**	**179505**	**1245991**	**1208729**	**1164243**	**1127027**
太原市	60169	4660	310193	171619	100795	816401	779139	777122	740548
大同市	979	147	20270	11243	8820	12978	12978	10879	10879
阳泉市	5130	1249	15270	7255	7724	34315	34315	29540	29540
长治市	1611	225	18094	5905	11925	7475	7475	1356	956
晋城市						1759	1759	1101	1101
朔州市									
晋中市	14705	1881	40129	18557	21462	117598	117598	105816	105596
运城市	13164	950	174632	150853	14755	245654	245654	229943	229921
忻州市	1040	98	2173	1132	1000	237	237	136	136
临汾市	441	60	190196	177644	13024	9574	9574	8350	8350
吕梁市									

建筑企业财务状况

单位：千元

损益及分配								应付职工薪酬
营业税金及附加	#主营业务税金及附加	销售费用	管理费用	#税金	财务费用	营业利润	利润总额	
18366	**18284**	**2095**	**51120**	**936**	**1076**	**10358**	**7956**	**342537**
6389	6381	1189	29622	539	431	2254	115	279273
431	431	25	983	3	-2	667	357	4264
853	853		554	107	20	3412	3379	27158
387	387		5858			-84	-100	2823
60	60	547	6		46	-1	-1	182
4145	4145	193	7008	66	142	488	658	14013
5763	5689	141	5976	177	439	3553	3604	13638
7	7		53			41	41	150
331	331		1060	44		28	-97	1036

C. 资质外建筑业情况

2-5-44 按各种分组的资质以外

项 目	企业个数（个）	从业人员期末人数（人）	#女性
总 计	**3643**	**61614**	**13719**
一、按登记注册类型分组			
内资企业	3641	61583	13707
国有企业	75	8482	1710
集体企业	53	1682	820
股份合作企业	4	60	19
联营企业	2	109	34
国有联营企业	1	65	8
集体联营企业	1	44	26
国有与集体联营企业			
有限责任公司	552	10590	2160
国有独资公司	6	60	18
其他有限责任公司	546	10530	2142
股份有限公司	35	908	156
私营企业	2873	39108	8663
私营独资企业	254	3159	643
私营合伙企业	33	367	61
私营有限责任公司	2528	34590	7794
私营股份有限公司	58	992	165
其他企业	47	644	145
港、澳、台商投资企业	1	8	4
港、澳、台商独资经营企业	1	8	4
外商投资企业	1	23	8
其他外商投资	1	23	8
二、按国民经济行业分组			
房屋和土木工程建筑业	1076	33738	6350
房屋工程建筑	279	9082	1652
土木工程建筑	797	24656	4698
建筑安装业	588	8505	1968
建筑装饰业	1502	12433	4055
其他建筑业	477	6938	1346
三、按隶属关系分组			
中央	8	1274	152
省(自治区、直辖市)	25	815	289
地(区、市、州、盟)	121	3281	887
县(区、市、旗)	169	8273	1743
四、按控股情况分组			
国有控股	123	11171	2212
集体控股	74	2335	994
私人控股	3336	46201	10195
港澳台商控股	1	8	4
其他	109	1899	314

建筑企业业各指标情况

营业收入（千元）	主营业务收入（千元）	营业税金及附加（千元）	主营业务税金及附加（千元）	资产总计（千元）	实收资本（千元）
11525691	**11290384**	**404102**	**393659**	**24640058**	**13159002**
11523391	11288084	404025	393582	24639458	13158352
3482499	3389893	104684	103600	5978046	590642
393657	385749	14156	14147	606536	110412
13930	13930	471	469	37266	2064
12977	12977	685	685	46292	10585
12262	12262	640	640	26260	10000
715	715	45	45	20032	585
1470456	1449901	59326	57208	3568535	2550049
12114	12114	305	305	54923	45841
1458342	1437787	59021	56903	3513612	2504208
149072	141771	5274	5223	303596	192462
5890866	5784287	215735	208556	13964281	9593880
313363	310238	13146	12846	735225	489551
61327	60751	2046	2026	96753	44657
5390613	5317244	197321	190484	12934296	8868862
125563	96055	3222	3200	198007	190810
109934	109575	3695	3695	134906	108259
2000	2000	75	75	500	560
2000	2000	75	75	500	560
300	300	2	2	100	90
300	300	2	2	100	90
7431832	7287578	275594	266442	15608673	6851387
1068229	1066457	48663	48303	3224794	2229596
6363603	6221121	226931	218139	12383879	4621791
1440019	1396980	45794	45399	3535273	2315864
1278553	1237945	49463	48851	3507558	2649068
1375287	1367882	33250	32967	1988555	1342684
326231	322972	11090	11090	261498	135657
254490	251609	6758	6674	696388	391273
763049	758910	30286	29927	1591788	751702
3251987	3150157	94877	94836	5992283	671850
4124440	4025854	124356	122918	7174819	1305025
456657	448749	16451	16442	844265	194314
6744418	6617685	256028	248464	15950775	11146083
2000	2000	75	75	500	560
198177	196097	7191	5760	669699	513019

2-5-45 各市资质以外建筑企业各指标情况

地 区	企业个数（个）	从业人员期末人数（人）	#女性	营业收入（千元）	主营业务收入（千元）	营业税金及附加（千元）	主营业务税金及附加（千元）	资产总计（千元）	实收资本（千元）
全 省	**3643**	**61614**	**13719**	**11525691**	**11290384**	**404102**	**393659**	**24640058**	**13159002**
太原市	1273	19549	4665	3340911	3287378	144140	137382	8377811	6278881
大同市	205	4906	1433	775332	768514	29168	28123	1203220	519238
阳泉市	134	2801	545	228973	224304	7433	7388	1232078	521866
长治市	351	4282	833	455963	446884	20363	20041	1263345	879325
晋城市	361	4432	1088	652284	642397	16116	16058	1328868	844911
朔州市	133	3429	822	375022	345526	12596	12492	801670	506344
晋中市	321	9717	1618	3537950	3443515	108855	108467	5069369	1048309
运城市	246	2736	630	300974	286332	8688	8491	744083	553318
忻州市	190	3140	509	763464	760706	15879	15823	911298	591851
临汾市	301	3531	990	392224	386715	14501	14447	2711153	868556
吕梁市	128	3091	586	702596	698115	26363	24946	997163	546402

建筑业汇总口径及主要指标解释

一、汇总口径和范围

本资料来源于全国第三次经济普查中在山西省境内所有注册从事建筑业生产活动的具有建筑业资质等级并独立核算的建筑业法人企业，和领取了《企业法人营业执照》的建筑业法人，但没有取得建筑业资质的企业。

二、主要指标解释

根据《第三次全国经济普查方案》的规定，建筑业普查资料中的建筑业企业分为资质内企业和资质外企业，资质内企业是指领取了《企业法人营业执照》的建筑业法人，经各级建设行政主管部门审核批准，获得总承包、专业承包和劳务分包《建筑业企业资质证书》的企业；资质外企业是指领取了《企业法人营业执照》的建筑业法人，但没有取得建筑业资质的企业。

本资料数据为 2013 年资质内有工作量的建筑业企业汇总数和资质外全部企业汇总数。

签订的合同额　指建筑业企业在报告期直接同建设单位签订合同的总价款和以前年度同建设单位签定合同的未完工程跨入本年度继续施工工程合同的总价款余额。

本年新签合同额　指建筑业企业在报告期内同建设单位直接新签订的各种国内工程合同的总价款，不包括与其他建筑业企业新签的分包合同额。

上年结转合同额　指以前年度同建设单位签订合同的未完工程跨入本年度继续施工工程合同的总价款余额。

建筑业总产值　建筑业总产值是以货币表现的建筑业企业在一定时期内生产的建筑业产品和服务的总和。建筑业总产值包括建筑工程产值、安装工程产值和其他产值三部分内容。

直接从建设单位承揽工程完成的产值：指总承包企业或专业承包企业直接与建设单位（业主）签订的承包合同（包括报告期及以往年度签订的合同，不包括无效合同和中途解除的合同），在报告期内完成的工程总值。包括企业向其他专业承包企业或劳务分包企业分包出去的工程所完成产值，还包括分包企业缴纳的管理费。

自行完成施工产值：指总承包企业或专业承包企业直接与建设单位（业主）签订的总承包合同或专业承包合同中，自行完成的工程总值。包括总承包企业和专业承包企业自行完成的工作量和分包企业缴纳的管理费。

分包出去工程的产值：指专业承包企业或劳务分包企业与总承包企业或专业承包企业签订的专业承包或劳务分包合同中在报告期所完成的产值。分包企业如果是一个独立核算的经济实体，其完成的产量产值，不包括在总承包企业或专业承包企业自行完成产值中。

从建设单位以外承揽工程完成的产值：指总承包企业或专业承包企业从其他总承包企业或专业承包企业处承揽工程而完成的产值。不包括总承包企业或专业承包企业从建设单位承揽工程中自行完成的产值和分包企业缴纳的管理费。

装饰装修产值：包括装饰、装修两部分产值。装修装饰指对新旧房屋及建筑物进行的内外装修装饰；对新建房屋及建筑物经过施工后，尚未完全达到使用标准，而进行的二次装修装饰；以及对原有房屋经使用若干年后进行的二次内外装饰。包括抹灰、门窗、玻璃、吊顶、隔断、饰面板(砖)、涂料、裱糊、刷浆、花饰等。

企业总产值：指建筑业企业在报告期内全部经济活动的最终成果的货币表现。在企业总产值中除包括建筑业总产值外,还包括建筑业企业从事其他经济活动所创造的价值（如工业产值、交通运输产值、商业服务业产值、其他产值收入和劳务收入等）。

竣工产值　一般是以单位工程为对象，当该工程按照设计所规定的工程内容全部完成，达到了设计规定的交工条件，经有关部门检查验收鉴定合格的单位工程价值，即为竣工产值。竣工产值包括范围应是报告期内竣工单位工程从开工到竣工的全部自行完成的价值，竣工产值不包括附属辅助企业或内部核算的其他单位为外单位生产和服务的价值。

房屋施工面积　指报告期内施工的全部房屋建筑面积，它包括本期新开工的面积、上期跨入本期继续施工的房屋面积、上期停缓建在本期恢复施工的房屋面积、本期竣工的房屋面积以及本期施工后又停缓建的房屋面积。

房屋竣工面积　指在报告期内房屋建筑按照设计要求已全部完工，达到住人和使用条件，经验收鉴定合格或达到竣工验收标准，可正式移交使用的各栋房屋建筑面积总和。

房屋竣工价值　指在报告期内按规定已经上报竣工的房屋本身的建造价值。一般按房屋设计和预算规定的内容计算。一般按结算价格（或中标价）计算。

年末自有施工机械设备净值：指本企业（或单位）自有施工机械设备经过使用、磨损后实际存在的价值，即原值减去折旧后的净额。

年末自有施工机械设备总台数：指年末本企业（或单位）自有的直接用于工程施工的各种机械设备的台数。但不包括附属辅助生产机械设备、运输机械设备、生产试验机械设备的台数。

年末自有施工机械设备总功率：指年末本企业（或单位）自有的直接用于工程施工的各种机械设备年末总功率，按设定能力或查定能力计算。包括施工机械本身的动力和为该机械服务的单独动力设备，如电动机等。但不包括附属辅助生产机械设备、运输机械设备、生产试验机械设备的功率。计量单位用千瓦，动力换算可按 1 马力＝0.735 千瓦折合成千瓦数。电焊机、变压器、锅炉不计算动力。

从事建筑业活动的从业人员平均人数:指建筑业企业(或单位)报告期实际拥有的、与建筑施工活动有关的人员的平均人数，包括参加本企业(或单位)建筑施工活动的非本企业(或单位)人员，但不包括企业内部社会服务性机构的人员以及由本企业支付工资但所从事的工作与本企业主营生产基本无关的人员。

固定资产合计 指企业为生产商品、提供劳务、出租或经营管理而持有的，使用寿命超过一个会计年度的有形资产。包括使用期限超过一年的房屋、建筑物、机器、机械、运输工具以及其他与生产、经营有关的设备、器具、工具等。

资产合计 指企业过去的交易或者事项形成的、由企业拥有或者控制的、预期会给企业带来经济利益的资源。资产一般按流动性分为流动资产和非流动资产。

负债合计 指企业过去的交易或者事项形成的，预期会导致经济利益流出企业的现时义务。负债一般按偿还期长短分为流动负债和非流动负债。

所有者权益合计 指企业资产扣除负债后由所有者享有的剩余权益。公司的所有者权益又称股东权益。包括实收资本、资本公积、盈余公积、未分配利润等。

主营业务收入 指企业确认的销售商品、提供劳务等主营业务的收入。

执行 2006 年《企业会计准则》的企业，如未设置该科目，以“营业收入”代替填报。

销售费用 指企业从事施工生产活动过程中发生的各项费用，包括应由企业负担的运输费、装卸费、包装费、保险费、维修费、展览费、差旅费、广告费和其他经费。

营业利润 指企业从事生产经营活动所取得的利润。

执行 2006 年《企业会计准则》的企业，营业利润为营业收入减去营业成本、营业税金及附加、销售费用、管理费用、财务费用、资产减值损失，再加上公允价值变动收益和投资收益。

利润总额 指企业在一定会计期间的经营成果，是生产经营过程中各种收入扣除各种耗费后的盈余，反映企业在报告期内实现的亏盈总额。

执行 2006 年《企业会计准则》的企业，利润总额为营业利润加上营业外收入，减去营业外支出后的金额。

未执行 2006 年《企业会计准则》的企业，利润总额为营业利润加上投资收益、补贴收入、营业外收入，再减去营业外支出后的金额。

应付职工薪酬 指企业为获得职工提供的服务而给予各种形式的报酬以及其他相关支出。包括职工工资、奖金、津贴和补贴，职工福利费，医疗保险费、养老保险费、失业保险费、工伤保险费和生育保险费等社会保险费，住房公积金，工会经费和职工教育经费，非货币性福利，因解除与职工的劳动关系给予的补偿，其他与获得职工提供的服务相关的支出。